いつも全力。こんな議員が国会にいた

原発、金大中事件、ODA、水俣病、PKO、ロッキード事件…奮闘記

矢田部理
Yatabe Osamu
［著］

梨の木舎

若い世代に――

弁護士となって半世紀余が過ぎました。参議院議員として一九七四年から九八年まで二四年間、民主主義を定着させ、発展させたいとの思いで、多くの有権者、関係者のみなさんのご支援、ご協力を得て、ひたすら頑張ってきました。現在は第一線の国会活動を退いて十数年になります。しかし、政治の状況はまったく好転しておらず、むしろ危険度を増していると思います。

この状況を憂うる知人たちは、〈矢田部理〉がどんな問題にどんな思いで取組んだかを記録として残すべきではないか、との意見を以前から寄せていました。その後、私自身の中に、これまで歩んできた道を振り返りつつ、「こんな問題があった」、「こんな努力があった」ということを今後の社会を築いていく若い人たちに伝えておきたいとの気持ちが強まってきました。そこで、思いきって、幾人かの関係者の協力を得てまとめてみたのが本書です。この本が、若い世代が今後の日本と世界のあり方について考える手助けに少しでもなれば幸いです。

二〇一七年九月

矢田部　理

目次

国会の論戦から

弁護士になった当時の著者
(1959年)

弁護士としての五八年——序にかえて

〈三池と安保〉の現場で

私が弁護士になったのは一九五九年だったが、秋に、総評(日本労働組合総評議会)と炭労(日本炭鉱労働組合)の要請で、所属した黒田寿男事務所から三池炭鉱の争議に派遣された。石炭から石油へのエネルギー政策の大転換により、全国の炭鉱で閉山の嵐が吹き荒れていた。最も優良とされた三井三池炭鉱では、四五八〇人の人員削減案が出され、強力な三池労組の活動家を一掃するため、一二七八人の指名解雇が行われた。三池労働者の闘いは長く激しく続き、とうとう現地に六か月も常駐することになった。その間、私は、三池争議対策本部が置かれた大牟田市内の「大分館」という旅館に滞在し、太田薫総評議長らと行動を共にすることが多かった。

今も強く記憶に残るのは、三池労組から分裂してできた第二組合の就労を阻止する闘いの最中に、会社に雇われた暴力団が組合員の久保清さんを刺殺した事件である。六〇年三月二九日夕方、トラックやバスで乗り付けた約一〇〇人の暴力団員が労働者のピケに襲いかかり、ピケの先頭にいた久保さんを殺害した。怒った労働者は報復を叫んで暴力団を包囲した。現場に駆けつけた私は、大きな宣伝カーの上に立ち、「暴力団を叩きのめすのは可能だが、そうすれば闘いに悪い影響が出る」と組合員を説得

し、警察に対しては「ここにいる暴力団を全員逮捕しろ」と要求した。
これを受けて警察は暴力団全員を連行したので、なんとかその場は収まった。しかし、私はこのままでは警察はすぐに釈放するとみて、荒尾署を包囲して釈放を阻止してはどうかと太田議長に提起したが、容れられなかった。案の定、警察は翌朝、暴力団を全員釈放してしまった。
この就労阻止闘争では、連日乱闘が続き、私は抗議したり間に入ったりして、逮捕されそうになったこともある。組合や主婦会を含め約三〇〇人が逮捕され、私は連日、接見に追われた。勾留理由開示公判では裁判官と毎日やりあった。これだけの逮捕者と支援の傍聴者がいると法廷に入りきれず、私は「最高裁と交渉して体育館を借りてはどうか」と要求した。裁判官はとうとう、裁判所の窓を開けて宣伝カーを横づけし、スピーカーで公判内容が外に聞こえるようにすることを認めた。
六〇年五月になると、安保闘争が山場を迎えたので東京に呼び戻され、連日のように集会やデモに参加した。その中で、東大生の樺美智子さんと女子美術大学の自治会委員長の下樋よし子さんが逮捕された。私は下樋さんを担当し、やがて二人は釈放された。その直後の六・一五の国会突入で樺さんは亡くなった。この時、私は弟の興治とともに駆けつけていて、学生たちとともに国会内の広場に入った。私は、国会近くの社会党本部の法律相談室に詰めてデモに対応していたのだが、逮捕者が多数に上ったので弁護団を中心に「国民警備隊」を結成した。ところが、私が国会内にいる写真があるということで、弁護団をはずれることになってしまった。

右頁左
〈三池の闘い〉に棍棒で襲いかかる暴力団（1960年3月、四山鉱正門で）

右頁右
三池争議を現地で支援する弁護団に参加（正面中央）

百里基地反対の運動は大きくひろがったが

秋になると、再び炭労から要請され、北海道炭鉱系列の閉山問題に取り組むことになり、函館に三か月ほど滞在した。この間、私は裁判所にほとんど行かなかった。

六〇年代の初めには、在日米軍立川飛行場の拡張に反対する砂川闘争で、東京地裁（伊達秋雄裁判長）の無罪判決を最高裁が覆した事件や、自衛隊が射撃訓練は事前連絡するとの約束を破ったため、酪農家の兄弟が演習場の電話線を切った北海道の恵庭事件の弁護団にも加わった。

なお、地元茨城には航空自衛隊の百里基地がある。百里原には戦争中に海軍航空隊の飛行場が置かれ、戦争の激化と共に基地の拡張が相次ぎ、周辺農家は強制的に追い出された。そこに航空自衛隊の基地建設が一九五六年に計画され、六五年に滑走路が完成したが、当初から地元農家を中心に激しい反対運動が起こり、途中では賛成派の町長がリコールされて反対派の山西きよ町長が誕生するなどもした。これに対し防衛庁は、機動隊も投入して基地建設を強行し、反対同盟（百里原基地反対期成同盟）は切り崩されて六〇年代前半には反対運動はいったん終わったかに見えた。しかし、反対同盟の若いメンバーによって反対同盟の旗が再び掲げられ、基地内にある民有地の〈一坪運動〉と裁判を柱に闘いが続くことになった。私も一坪地主の一人である。

裁判では、水戸地裁が七七年に「自衛戦争は認められる。自衛のための戦力も保持できる」が、「自衛隊がそのための戦力かは判断できない」という非論理的な判決を出し、つづく八一年の東京高裁判決は「憲法判断自体、不必要」と住民側の上告を却下、最高裁もこれを支持して住民側は敗訴した。しかし、ジェット戦闘機の誘導路に

百里基地反対同盟の平和公園長の川井弘喜さん（右から２人目）と著者（同３人目）

は土地買収に応じなかった民有地が食い込み、誘導路は「く」の字に曲がったままである。その民有地には「百里稲荷神社」が祀られていて、毎年二月一一日には「百里初午まつり」が行われ、多くの参加者が弁当を食べて歓談するなど、反基地運動のなごやかなシンボルとなっている。

これら一連の基地反対運動にかかわったことで、私には日米安保条約や在日米軍、自衛隊の役割や実態を知るうえで貴重な経験になった。

さまざまな労働争議と東海第二原発訴訟

六一年春に、看護師の賃上げと待遇改善を求める大規模な病院ストが起こり、私は順天堂病院を担当した。ここでは組合役員らがピケの責任を問われて解雇されたが、東京地裁で「解雇無効」という大きな勝利をかちとった。「金融合理化」として金融機関が行った首切り問題では、仮処分で勝ち、和解で職場復帰をかちとった。日本信託銀行の不当労働行為は、組合役員を〈昇格〉させて組合から脱退させるものだったが、都労委で「昇格前の原職復帰」をかちとった。

また、私鉄やＪＡＬ（日本航空）の整備組合、海員組合などが加わる全交運（全日本交通運輸労働組合協議会）や国労（国鉄労働組合）本部の弁護団に参加した。国労青函地本（地方本部）の活動家処分問題では、全国唯一の勝訴をかちとった。ＪＡＬは、外国人パイロットを香港の会社から派遣という形で雇用して、日本人労働者への差別待遇を行っていた。のちに、この問題で顔見知りになったパイロットと国際線の

冬の旭川駅前で歌手の新谷のり子さん（前列右から３人目）とともに国労闘争団の座り込みに参加（1999年２月13日）

飛行機の中で会ったこともある。さらに岩手県教職員組合の学力テスト反対闘争での処分問題に取り組み、越後交通の争議では山花貞夫弁護士といっしょに関わった。

そうする中で、六六年に水戸市南町に「矢田部理法律事務所」を開くことができた。開設当時は私一人だったが、その後、丹下昌子さん、天野等さん、関周行さん、久保田謙治さん、水口二良さん、安井弘さんが相次いで加わり、弁護士は総勢七人となった（天野さんと安井さんは、すでに亡くなられた）。七四年になると、参議院議員選挙で初当選して私の主な活動の場が参議院に移ったため、法廷に立つことは少なくなった。八三年には天野等さんが衆院選で当選した。この間、法律事務所の維持と議員活動の支援に、丹下弁護士はじめ事務所一同で惜しみなく協力してくれた。

しかし、その間も私は茨城県内の主な労働組合の顧問弁護士となり、国労、自治労、県職、教組、中央競馬関東労・中央競馬厩務員クラブなどの多くの労働問題に取り組んだ。

国労水戸地本では八二年の国鉄分割・民営化の問題や、それに伴う清算事業団の問題があり、九四年には国労会館問題で、二〇二億円の損害賠償・明渡し訴訟を和解による移転で解決、水戸市梅香に新しく国労会館を確保した。

また、一〇四七人のＪＲ不採用問題では、二〇〇六年当時、東京・日本橋にあった私の事務所に四つの国鉄闘争団と、組合や共闘会議の四団体の代表者、支援団体の代表者、それに宮里邦雄弁護士、加藤晋介弁護士に集まってもらい、いっしょに闘うことを確認し、二〇一〇年六月の最高裁での和解成立まで、自民党や民主党の関係国会

国鉄労働組合とのつながりは長く深い

議員に働きかけつづけた。

中央競馬関東労とは、一九七七年の東京府中から茨城県美浦村への移転をめぐるさまざまな問題に取り組んできた。美浦関東労の橋本委員長、森川事務局長と栗東全馬労の駒崎事務局長、田村書記長などが東京日本橋の私の事務所で何度も会合を重ね、厩務員クラブの規約などの作成をした。二〇〇八年税制問題では、進上金の扱いで北野弘久日本大学名誉教授などをまじえて対応、労働講座も開いた。二〇一二年には宮里邦雄弁護士をまじえて若手役員の勉強会を開き、労働運動の歴史などを講義した。

私が関東労に関わった当時の入沢委員長、三宅書記長はじめ歴代執行部は、平和運動にも非常に熱心で、憲法を生かす会・茨城には二〇〇〇年の発足当初から参加し、水戸での憲法集会には毎回、五〇キロも離れた美浦村から多数の組合員や家族の皆さんが参加している。また、福島原発事故後の二〇一二年六月に「脱原発社会をつくる会」をたちあげた際にはいち早く賛同し、一三年一〇月の再生可能エネルギーの現地視察には、佐々木委員長や渡邊副場長、中央競馬本部からも参加、馬糞や藁などの活用などを模索し始めている。

他方で私は、七三年一〇月に、東海第二原子力発電所の原子炉設置許可処分取消し請求訴訟の弁護団長となった。この訴訟は二〇〇四年の最高裁判決で敗訴が確定したが、全国の反原発訴訟の中でも最も早い訴訟の一つだった（伊方訴訟は同年八月）。

東海第二原発の訴訟は、その後、二〇一一年三月の福島原発事故の深刻な被害を踏まえ、「人格権の侵害」として、①原子炉設置許可処分の無効、②国による停止命令、

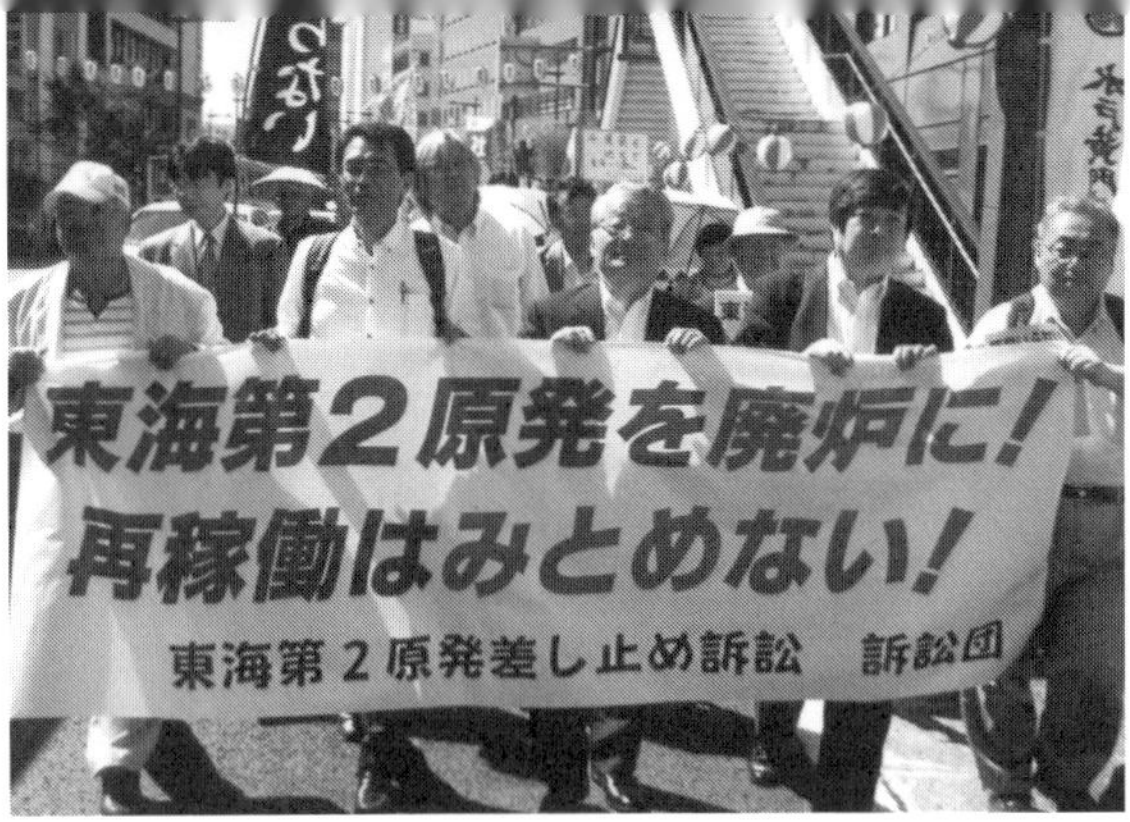

東海第二原発の差し止め訴訟で水戸地裁に向かう訴訟団　（2012年5月27日）

③原電の運転停止、を求める「第二次」訴訟が一二年七月に提起され、一七年現在、水戸地裁で審理が行われている。

東海第二原発が事故を起こせば、被害は関東一円に広がる。それゆえ原告は、東海村や茨城県という〈地元〉だけでなく、関東全域から二六二人、賛同者は六四一人と大規模になっている（一六年三月末現在）。私は、この弁護団で河合弘之、海渡雄一両弁護士とともに共同代表を務めている。この訴訟は、脱原発社会への力強い歩みの一つとなっている。

こうした活動を経て、私は八四年に水戸弁護士会会長に選任され、九六年には丹下昌子さんが初の女性会長に、その後、関周行さんと水口二良さんも会長に選ばれた。なお、日弁連会館が一九九五年に立て替えられるとき、敷地が国有地であったため、私は大蔵省や法務省と交渉して払い下げを実現し、現在の立派な会館となった。

憲法と平和で論戦

私が参院議員になった翌年、七五年五月三日の憲法記念日に、稲葉修法相が改憲派の集会に参加し、激励演説を行った。これは憲法の尊重擁護義務を負う国務大臣として許されないと国会で問題になった。稲葉氏は、前々から名だたる改憲論者で、「現行憲法は欠陥憲法だ」とか、「参議院は（衆院と）同じことを繰り返してうんざりだ」などと公言してはばからなかった。

稲葉氏は、私にとっては中央大学真法会の大先輩で、国会の場で面と向かって論争

稲葉修法相の改憲派集会への参加と発言を追及、謝罪させた。

するのは気が重かったが、憲法に関わることなので、法務委員会で本人を追及する一翼を担った。この問題は、三木武夫首相が「法相が慎重を欠いたのは事実だが、憲法を遵守すると誓約している」とかばい、稲葉氏も慎重さを欠いたと反省し、遺憾の意を表明したことで落着した。

今では、歴代内閣が定着させてきた憲法解釈を勝手な論理でくつがえし、首相自ら「新憲法の制定」を呼号することがまかり通っている。

憲法九条にかかわる国会質疑で忘れられないのは、中曽根康弘首相との論戦であった。三木内閣は防衛費をGNPの一％以内と公約し、日本が軍事大国にならない歯止めとしていた。しかし中曽根首相は、「戦後政治の総決算」を唱え、防衛政策の根本的な転換を図ろうとした。歴代内閣の「専守防衛」の原則を「前方防衛」戦略に切り替え、日本をアメリカの対ソ戦略の前進基地とし、西太平洋地域の防衛を分担するとして「日本列島不沈空母」論を唱え、防衛費一％枠の突破をめざした。私は、中曽根首相と何度も対決し、イージス艦やＰ３Ｃなど高価で高性能の兵器を配備して海峡封鎖やシーレーン防衛へと軍事行動を拡大することの危険性を指摘し、軍縮こそ必要と主張した（３章１「中曽根首相と安倍首相の軍事大国主義を問う」参照）。

議員立法の努力

弁護士は、法律家として平和、人権、環境、民主主義などの価値を人びとの生活と社会で守り生かすために、憲法や法律を駆使してたたかう存在である。

一方で、立法府としての国会の議員は、政府が憲法を遵守しているか、提案、制定される法律が憲法や平和、人権、環境、民主主義などの価値を拡充するのか損なうのかを監視し、調査し、吟味し、必要なら阻止し、正す責務を負っている。また、「立法府」という名の通り、国会議員は自ら法案をつくり提出することができるし、そうする任務を持っている。そして私は、立法府のメンバーであると同時に、法律を実生活や現場で生かす弁護士という二重の役割を持っていた。

私の議員時代のほとんどは野党だったため、政府に質問、追及することが圧倒的に多かったが、議員立法を行う必要性に何回か迫られ、そうする機会に恵まれた。

一九九〇年の湾岸危機の平和解決と、九一年の湾岸戦争の防止のために苦心した経験から、私は「武力で平和はつくれない」ことを確信していた。しかし、アメリカからの派兵圧力と、国内での自衛隊海外派遣の欲求から、政府はPKO法案（国連平和維持活動等に対する協力に関する法律案）を提出した。その柱が自衛隊の海外派遣であることから、私はそれへの対案として急きょ、自衛隊派遣をしない「国際平和協力活動等に関する法律案」をつくり、九一年一二月に参議院に提出した（3章2「PKO法をめぐる攻防」参照）。

九三年六月には、「国際開発協力基本法案」（ODA基本法案）をまとめ、当時、参議院で多数だった野党の共同で提出した。それは、八五年のフィリピン現地調査から八年をかけた努力の成果だった（3章4「ODA基本法の制定をめざして」参照）。

さらに、ロッキード疑獄、航空機疑獄、リクルート疑獄など、あいつぐ大規模な汚職、政治腐敗を防止するため、九四年に「あっせん利得処罰法案」をつくった（4章4「小選挙区制にすり替えられた政治改革」参照）。

　これらの法案策定にあたっては、法律家としての知識と経験がなければ、もっと作業は難航していただろうと自認している。これらは、いずれも法制定には至らなかったが、今でも意味を失っていないと考えている。

1章　いのちと環境と人権のために

私は一九七四年七月に初当選し、参議院の公害対策・環境保全特別委員会に所属した。そこで最初に直面したのは、自動車の排ガス規制問題だった。また、地元・茨城県東海村の原発や原子力研究施設の問題にも取り組むことで、私の活動は公害・環境問題と強いつながりを持つことになった。

環境問題は自然相手のものばかりではなく、〈文明化〉による開発に伴うマイナスや、技術面からの弊害など人為的な課題が少なくない。その内容が技術的に難解だったり、複雑な利害が絡むなど、壁は厚く、取り組むには難しいものがある。政府・行政官僚や経済界は、資本の論理を優先し、実態を隠蔽したり過小評価したり、技術上の困難さを理由として対策や改善を拒否するなど、人びとの生命にかかわる環境を守ろうとしなかった。私は、権力にはそのような側面がつきものであると覚悟はしていたが、それにしても障壁はきわめて大きく強固だった。

私が初当選したのは、田中角栄内閣の時だった。すでに公害問題が深刻になり、経済発展の陰に潜む環境悪化が問題となっていた。田中首相の言う「日本列島改造」が実行されれば、こうした不安を加速、拡大する危険があった。田中首相は参院選の際に、自動車の排ガス規制の先送りはありうると発言をしていたが、排ガス問題での私の暴露と追及は、若干ながらその動きにブレーキをかけられたのではないかと思う。

その後も私は、社会党では環境部会長、国会では参院環境特別委員長といったポジションに就くことができたので、いろいろな分野の環境問題に取り組んだ。

1　自動車排出ガスの規制問題に取り組む

グールド社の資料を入手し追及

一九七〇年代には、自動車の普及が進むにつれて排出される窒素酸化物（NOx）が大気汚染を加速させ、光化学スモッグを発生させるなど、深刻な健康障害を引き起こす事態が広がった。アメリカには大気浄化法があったが、マスキー上院議員の提案で七〇年に大改正が行われ、厳しい排ガス規制が法定された。彼は、この〈マスキー法〉成立にあたり、「自動車産業の都合より、人間的必要が先だ」と述べている。

日本では、運輸省が六〇年代に日本初の排気ガス測定装置を設置して研究を行い、一酸化炭素（CO）濃度三％以下という規制を決め、六八年には大気汚染防止法を成立させた。そして、七六年度から規制を強化することになった。

七六年四月からの規制は、この時期から新たに売り出す自動車は排ガス中のNOxを、当時の一〇分の一にあたる、走行一キロ当たり〇・二五グラムにしようとするものだった。中公審（中央公害対策審議会）は七二年にこの方針を打ち出していたのだが、自動車の国産メーカー九社は連名で、「現時点での技術水準では、規制基準の達成は無理」として二年間の猶予を主張した。田中角栄首相も「技術的に無理だから、

排ガス規制問題の追及で朝日新聞の「ひと」欄に紹介された

規制の実施は延期もやむをえない」と述べ、さらに暫定値による実施論などが出て、中公審も容認しかねない状況にあった。しかし、三木武夫環境庁長官は「環境庁に任せてくれ」と言い、中公審は「技術的には困難だが不可能ではない」と答申した。

七四年九月、私は参院の公害・環境特別委員会で質問に立った。この日は、トヨタ、日産など自動車会社の社長ら四人を参考人として招致していた。

質問の直前に、自動車の欠陥問題などを調べている知人から、自動車メーカーと環境庁は、昭和五一年度（一九七六年度）の排出ガス規制の実施は技術的に困難としているが、「実は技術的に可能という資料をアメリカのラルフ・ネーダー弁護士のグループから入手した」との連絡が入った。

この資料が私の手元に届いたのは質問の前夜だった。九〇頁もの英文資料だったので、のちに水戸市長となる佐川一信氏、茨城大学教授になる梅田武敏氏に協力を求め、翻訳と問題点の分析、そして質問の準備を徹夜で整えた。

資料の内容は、アメリカの合金・電子機器メーカーであるグールド社が、窒素酸化物を取り除くための還元触媒の素材となる新合金をすでに開発しており、その触媒を使ったテストは日産のブルーバードをはじめ各社とも行っており、その報告書はグールド社から日本の環境庁に届けられている、というものだった。私はこれを自動車会社の社長たちに突きつけて、自動車メーカーや環境庁官僚の「技術的に規制は困難」というウソの答弁で規制を先送りする意図を崩すことにした。

最後まで手間どったのは、この文書が本物であるかどうかという確認作業だった。

車メーカーの「データかくし」を
参院の委員会で追及した

矢《や》田《た》部《べ》 理《おさむ》

ひと

光化学スモッグの"元凶"窒素酸化物（NOx）を大幅に減らすための五十一年度規制は、技術的に不可能だという自動車メーカーの抵抗で、よろめきそうな気配である。ところが、規制値にたえられそうな排ガス浄化装置がアメリカで開発され、データはすでにわが国の環境庁やメーカーに送られていた。その「データかくし」を二十一日の参院公害対策特別委で追及した。

「コストダウンのためならいくらでも投資するが、排ガス浄化のためには投資を惜しむ資本の論理です」。一見いかめしいが、語り出すと童顔にかえり、論旨も明快。「排ガス規制の手本になったマスキー法の精神は人間のいのちと健康が第一であって、現在の技術水準など問題にしていません」

略歴　茨城県生まれ。中央大法学部卒。昭和34年弁護士となり、黒田寿男法律事務所へ。松川、三池、砂川・百里両基地闘争などの弁護活動、参院当選1回、社会党。42歳。

国会の論戦で虚偽の資料による質問をすれば、政治生命にも関わるし、社会党の面目も丸つぶれとなって、逆に規制延期論を加速させることになりかねないからだった。さいわい、グールド社の支社が東京にあることが土壇場の朝方にわかり、あわただしいなかで資料の実験結果も確認できたので、自信をもって追及することができた。審議の結果、グールド社による実験成功の報告は環境庁や提携先の日産に届けられていたにもかかわらず、メーカー側がこのデータを隠して、規制を先送りさせようとしていたことが明らかになった。

この質問内容は大きく報道され、駆け出しだった私のプロフィールが朝日新聞の「ひと」欄（七四年九月二七日）に紹介されるなど、メディアに注目されることになった。この記事では、光化学スモッグの〈元凶〉とされたNOxを減らすための五一年度規制は、技術的に不可能だという自動車メーカーの抵抗でよろめきそうな気配である、との解説と、「庶民は安全検証の術を持たない。危険という証明がなければ安全だ、というのが政府や企業の考えでしょう。庶民は無害の証明がなければ安心できません」という私の考えを載せている。

官産学の「経済との調和」の仕組み

コストダウンのためならいくらでも投資をするが、排ガス浄化のためには投資をケチる資本の論理こそが問題である。排ガス規制の手本になったアメリカのマスキー法の精神は、人間のいのちと健康が第一であって、技術水準などを理由に規制を避けることなど許されない、というものであった。

しかし、環境庁幹部の当時の国会答弁は、「これ以上に安全率をかけると……東京、大阪の発生源九割カット、自動車の交通半減、中小煙源は三割以上ストップしなければならない。……総合政策的には適切ではない」と、脅しととれるものだった。「経済との調和」論を打ち出すことで、健康被害や大気汚染を正当化し、国民に我慢を押しつけようとしたのである。中公審がこの問題で答申を出すにあたっても、専門委員会、大気部会などの検討を経るなかで、中身は次第に骨抜きにされていった（「月刊社会党」一九七八年一〇月号の拙稿参照）。

その背景ははっきりしている。中公審の委員八八人中、二〇人余りが産業界代表、大気部会では二二人中一六人が産業界代表、その下の専門委員会の委員二〇人に直接の産業界代表はいないが、業界側と見られる者八人、良心的学者と思われる者八人、中立四人で、いずれも産業界の意見が大きく反映される仕組みになっていた。

たとえば、「測定、分析、化学反応の大家」とされる専門委員の慶応大学工学部の某教授は、鉄鋼連盟のNOx技術開発基金の技術委員として研究費七二〇万円をもらっていた。彼は、最終段階で産業界の見解を集大成した意見書を配り、「NOxの毒性を誇大に表現することは理論上成り立たない」、「規制強化にムダな投資が行われたら、混乱が増大し、政治的社会的に大問題になる」、「今後、住民訴訟、公害健康被害補償制度が窒素酸化物の汚染にまで対象拡大し、政治的、社会的闘争に一層利用されやすくなる」、さらには「委員長が環境基準値を認めるよう委員一人一人に強要し、

国会の論戦から ①

中公審を隠れみのにした51年排ガス規制の後退を追及

1975年2月21日（金）参議院公害対策及び環境保全特別委員会から

矢田部理　三木さんは（中公審総会前日の1974年）12月26日（中略）、川又克二経団連副会長、日産自動車会長に次のように述べたとある雑誌が報道しています。「明日の件ね、そう心配することはないと思うよ」と。もちろん川又会長はすぐにその意味がわかって深々と頭を下げたという。（中略）

小沢辰男環境庁長官　そういうお話をされたか知りませんが、総理が、私に辞令を渡しながら、この問題は（中略）特に慎重に審議をお願いしてくれということもございまして、総理のお言葉のほうを信用したい。

矢田部　後退に後退を重ねておるのが排ガス規制の今日的問題じゃありませんか。中公審を隠れみのにしておる。（中略）中公審として環境庁から検討を求められた課題は何だったのか。

和達清夫中公審会長　51年自動車排気ガスにつき、この前に目標値として答申いたしました。これが、実際には困難であるというので、再び（中略）検討を開始したものであります。

矢田部　51年規制が技術的、専門的に可能かどうかを諮問されたのか。

和達会長　専門部会は専門的知識をもって審議をいたすところであります。しかし、本件が非常に実際問題とつながっておるので、報告が相当に広い範囲を考えたものになったことは事実であります。（中略）いまお尋ねの件は環境庁からお聞き願いたいと思います。

矢田部　あなた方がどの検討を依頼されたのかがわからずに、環境庁に聞いてくれというのは無責任では。（中略）

和達会長　私は、あれが新しい諮問でありますかと伺いに環境庁に行きました。私は新聞で知ったのであります。

矢田部　（中略）環境庁に尋ねに行ったり新聞で知って諮問を受けたのですか。何を言っているのですか。（中略）（専門委員会の）八田委員長から、エンジンの専門家を呼んで51年規制や暫定値について意見を聞こうと提起したら、形山委員は技術上の問題は専門家の先生がメーカーより優れているとは思えない、メーカーの方が上だと言う。（中略）石油連盟の代表や環境庁の役人の手によってつぶされてしまった。その後、エンジン問題で専門的な研究をほとんどやった形跡なしに答申が出され（中略）、政治的な配慮だとか経済問題だとか、専門家でもない人たちが議論して、配慮をしている。これでまともな答申と言えるんですか。

和達会長　議事録を見て、私は遺憾な点があったと思いまして、率直に反省します。（中略）しかし、答申を白紙に戻すのは重大なことで、お言葉を中公審委員に伝え、意見をまとめたい。

矢田部　（中略）三年延期という要求があったが二年先にもう一回暫定値を考えればいい、いま必要なのは政治的配慮だと発言があり（答申は）二年延期に決まったと議事録は伝えている。

しぶしぶ承知させたので、科学的に納得されたのではない」などと主張した。

それ以外にも、業界系の団体などから研究費をもらい、業界寄りの見解を示した学者が何人も出ている。これでは「公正」な科学的判断に基づく答申などできるはずがない。科学的論拠を必要とする問題では、経済事情、費用対効果、技術など業界の意見を聞く必要もあろうが、それならそのつど参考人として招けばいい。だが、実際には妥協点を最初から考えたような仕組みなので、いのちと健康を第一に考える姿勢はもともと欠落していたのである。

これは、原発の規制、再稼働問題での政府や東電（東京電力）などの姿勢とほとんど同じだ。虚構の「安全神話」への真の反省がないことが〈フクシマ〉を引き起こしたということが、まるでわかっていない。〈危険だという証明がなければ安全なのだ〉という政府や企業の姿勢こそが問題である。私たちは、〈無害であるという証明〉があって初めて安全だと思うことができるのである。

2　中海・宍道湖と長良川、環境基本法制定

霞ヶ浦の教訓から中海・宍道湖干拓を中止に

島根県の中海・宍道湖干拓による淡水化事業の問題は、なんとか踏みとどまったまれなケースの一つだった。

中海は、島根県松江市、安来市、さらに鳥取県の一部にも広がる周囲四五キロの汽

「霞ヶ浦の水を守ろう」の声は大きくひろがっていった（1974年）

水湖で、海と水路でつながっているので、湖水には海水の半分ほどの濃度の塩分が含まれている。一九五〇年代に島根県が干拓を計画し、六三年に国営中海土地改良事業として始まった。この計画では、干拓で二二三〇ヘクタールの農地を作り、淡水化により沿岸の農地七三〇〇ヘクタール分の農業用水を確保する、というものだった。

本格的な工事が始まったのは六八年だが、七一年にはコメの過剰生産から減反政策が始まって、水田化から畑地造成へと計画は修正された。湖内の堤防などが次第に整備されていったが、一方で、宍道湖はヤマトシジミの一大産地であり、スズキ漁などの漁業も盛んで、また多くの鳥類が生息し、飛来するところから、水質汚染や環境破壊を懸念して干拓・淡水化への反対運動が高まっていった。

私が中海干拓問題にかかわることになったのは一九八五年、参院環境特別委員会委員長として現地を視察したことから始まった。しかし、私にはその前史ともなる経験があった。それは地元茨城の霞ヶ浦の〈水がめ化〉問題に取り組んでいたからである。

霞ヶ浦は茨城県の面積の約三分の一を占め、漁業や農業の基盤となり、重要な観光資源でもある。しかし富栄養化によるアオコの大量発生など水質汚濁が進み、養殖コイの大量死も起こった。その最大の原因とみられたのは、県が行ってきた海水の遡上を阻む逆水門の閉鎖による〈淡水化〉事業だった。このため水戸弁護士会は七四年夏に実態調査を行い、私の法律事務所も参加して報告書を作成、七五年には私が団長になって社会党調査団が入り、環境庁に対策を提言した。その一〇年後の八五年、私が中海と霞ヶ浦を視察地に選んだのも自然ななりゆきだったと言えよう。

参院環境特別委員会で霞ヶ浦を視察（1985年5月）

中海干拓では、地元で強い反対の声があった。参院環境特別委員会が視察した当時は工事が進行中で、淡水化計画の延期や工事中止の見通しは立っていなかった。視察では、両県の説明を聞き、賛否の住民の声や自然保護関係者の見解などに耳を傾けた。その前年、農水省が示した中間報告は、「現況程度の水質を維持しながら淡水化することは可能」というものだったが、あまりにも楽観的だった。私は、地元の霞ヶ浦が淡水化によって死の湖になったことを知っていたから、むしろ海水と混じることで浄化作用が働くのではないか、淡水化すればアオコの発生などによる水質汚染は必至だと考え、実際にそのように発言した。

私だけではなく、各党の委員からも、「淡水化は問題が残る。用水だけのためなら、こんな事業はしなくてもいい」、「行政は都合のいい学者の意見だけに頼る傾向がある。住民の反対意見もよく聞いて努力すべきだ」などの意見が出された。その結果、国会での視察報告では、「いったん破壊、汚染された自然の回復は極めて困難。淡水化の試行については、専門家の有力な反論があり、住民に強い危惧がある以上、拙速は厳に避けるべきだ」との立場を示した。

そこで、島根、鳥取両県は八八年に、農林水産省に淡水化の延期を申し入れた。二〇〇〇年に入ると、公共事業見直しの機運が高まって、農水省は「社会状況の変化」を理由に干拓事業の見直しに踏み切り、島根県も財政逼迫を理由に事業を凍結した。こうして〇二年、農水省は事業の中止を決定、〇九年には水門の撤去が完了した。

地元の住民や行政担当者、公正な学者たちの意見を直接に聞いたことが、この計画

参院環境特別委員長として中海干拓事業を視察（1985年9月）

にブレーキをかける一助になったと、ひそかに達成感を感じることができた。

長良川河口堰問題

〈ダムのない清流〉として有名だった長良川に、巨大な河口堰が建設されることになったのは、正式には一九六八年の閣議決定からである。長良川は日本三大清流の一つとされ、鵜飼いで有名だが、昔から大きな洪水被害が多かったことを理由として、河口に堰が設けられることになったのである。歴史的には、江戸時代に徳川幕府の命により、薩摩藩が木曽、長良、揖斐の三川の治水工事にあたり、巨額の出費と人的被害に泣かされた難所でもある。

この河口堰の狙いは、海水の遡上を止め、川底を浚渫して、洪水があっても安全に流下させるという「治水」が第一とされ、また、淡水を確保することで工業用水、水道用水に利用するという「利水」も目的とされた。建設省の説明では、重化学工業にウエイトを置く四日市コンビナートに工業用水を供給する、また中京一帯に大都市ができると、そこに水道用水を供給するというものだった。しかし、事業計画の閣議決定後のオイルショック（第一次）による景気の低迷や工場誘致の不振などもあって、水の需要は想定通りには伸びなかった。

本来なら、需要がなくなった以上、計画の見直しは当然なのだが、閣議決定までした建設省官僚のメンツと、建設業界の強い要望、それに同調する政治家などの力で、閣議決定から二〇年後の一九八八年に着工され、九四年に竣工、翌年から運用が開始された。可動堰は長さ六六一メートル、高さ八・二メートルもの巨大な構造物である。経費も、一五〇〇億円の予定が三四〇億円上回った。

これに対し、地元では、シジミ漁などで生計を立てる漁業者への影響や、サツキマスなどの希少生物などの生態系への悪影響など、とりかえしのつかない環境悪化を招くとして、根強い反対運動が起こり、原告二万六〇〇〇人というマンモス訴訟が起こされた。洪水対策の点でも、この地域の住民は「輪中《わじゅう》」という独特の工夫で生きてきた長い歴史を持っていた。美しい川を守ろうというカヌー隊が現れたのもここが最初だったと思うが、いまでは沖縄・辺野古の海を守る行動でも再現されている。

河口堰反対運動にかかわる

私がこの問題にかかわったのは、河口堰の完成も近い一九九三年で、すでに自民党政権は倒れ、細川護熙内閣のころだった。非自民時代になったことで、地元で反対運動を長く続けてきた天野礼子氏たちが、社会党出身の五十嵐広三建設相に協力を要請し、建設相は「長期公共事業の再検討」のために機関を設けることを表明した。

こうした動きを受けて、社会党環境部会長だった私も現地入りして実情を把握することにした。一九九四年一月のことで、その時期には工事はほぼ終了していた。河口堰反対で熱心に動いていた旭堂小南陵参院議員をはじめとする社会党の衆参議員一二人とともに現地を視察し、反対、賛成両派の意見を聞いた。そして、社会党が提起していた「工事をいったん停止し、見直す」という方針に基づいて、まず建設省と反対

巨大な長良川河口堰はできたけれど（水資源機構のウェブサイトより）

派の間に対話の道を開き、不十分ながらも四月には全ゲートの閉鎖による「試験湛水」の延期や、堤防からの漏水検査を実施するなどの措置をとらせることができた。社会党環境部会として申し入れたのは、①工事の一時中止、②新年度の工事予算の凍結、③第三者機関による総合的調査の実施だった。この提言は波紋を呼び、各紙が報じた。しかし建設相は、工事を継続しながら追加調査をするとの方針で、結果的には翌九五年七月には堰は稼働し、本格的な運用が始まってしまった。

この計画自体は自民党政権下で決められ、建設業界や地元経済界などの利益享受側の強い支持のもとに長い歳月をかけて進められてきた。この問題のもう一つのむずかしさは、各党の政治家たちの立場が賛否両方に分かれ、一本にまとまらなかったことにある。社会党内では慎重論が強かったものの、一方では地元三重県選出の山本正和参院議員（のちに社民党副党首、参院議員会長などを歴任）や、やはり地元の岐阜県選出の渡辺嘉蔵衆院議員（橋本内閣で官房副長官、民主党結党に動く）らがいて、彼らは計画推進の一翼を担っていた。このため、村山富市首相の腰が定まらないというのが実態だった。自民党内も同様で、建設族などを抱えて推進論が根強かった一方で、北川石松氏（元環境庁長官）や鯨岡兵輔氏（衆院副議長）のように先頭に立って河口堰反対の立場を貫く政治家もいた。

あれから二〇年以上がたつ。最近の調査では、長良川のアユが遡上路の変化によって十分に成長できず、体長が短くなったという。工業用水や水道用水の需要が見込み違いだったことは明らかで、洪水対策にどれだけ役立っているかも不明である。そして巨大な河口堰だけが残った。

長良川と中海・宍道湖の計画は正反対の結果になったが、共通しているのは、

①立案した官僚、利害の絡んだ政界は、いったん計画が走り出すと、見直したり、反省したりすることはなく、ひたすら進めようとする、

②計画の推進にあたって、官僚たちはとかく都合のいい学者、専門家を動員し、反対の意見をなかなか受け入れようとしない、

③背後に、工事を請け負った建設関係の業者がおり、反対意見を牽制したり、事業の継続のために役所をバックアップしたりしている、

などである。この病弊は今日も蔓延し、日本の政治と社会と財政をからめとっている。

充実した環境基本法の成立をめざす

各地で深刻な公害に苦しみ、不安にかられた国民からは「環境基本法」制定の声が大きかったが、自民党政権の歩みは遅かった。それでも宮澤内閣が環境基本法案を九三年の衆院選挙前の国会に出したが、衆院解散で廃案となった。しかし、その衆院選で自民党が大敗し、八野党・会派連立の細川政権の誕生によって、環境基本法制定の可能性が強まった。私は、連立与党の第一党になった社会党の環境部会長として、この機に環境基本法を成立させるため、連立与党や行政省庁に強く働きかけた。

それまで環境関係の法制は、公害対策基本法と自然環境保全法の二系統となっていたが、別の分野とされていたため、それらを統合した統一的な基本法制をつくる必要

長良川河口堰の工事停止と見直しを社会党環境部会として建設省に要請（1994年1月13日）

があった。環境基本法は、国、地方自治体、企業、国民のそれぞれに環境を守る責任があることをうたい、国が環境基本計画をつくり、自治体には公害防止計画をつくるよう定め、また環境影響評価（アセスメント）の推進や、環境保全のための経済的措置、環境保全教育、民間団体の自主的活動の促進、情報提供なども盛り込まれた。

しかし、産業界などの否定的態度と、それを受けた環境庁などの抵抗もあって、基本法案は政策の方向を示す規定が中心のものとなり、策定過程から市民団体や学者、法律家などが指摘してきた多くの問題点や不十分さを残すものにとどまった。そこで私は、社会党環境部会としての「意見書」をまとめ、最後の段階まで、与党間協議や環境庁との交渉を続けた。

ポイントは、①事業者による環境アセスメントの公的審査または国・県などによる独自アセスメントができるよう法制化する、②環境基本計画は国会承認とし、自治体は「地域環境基本計画」を定める、③企業などの海外事業への環境行動指針を策定する、④生物多様性の保護の見地からの調査を重視し、研究を実施する、⑤国際協力での環境への国の配慮や措置を義務規定とする、の五項目だった。

九三年の臨時国会で成立した環境基本法では、これらの修正はできなかったが、環境アセスメントの準備期間三年を短縮するなど、できるだけその方向に沿うようにするとの答弁を引き出した。また私は、与党環境予算責任者会議の座長となり、基本法を具体的に推進するための予算確保に努めた。

基本法はできたものの、それがどれだけ機能するかは、直接には各種事業を所管す

社会党水俣病調査団として
現地調査（中央左、1994 年）

る省庁と、それらを環境保全の観点から監視、監督すべき環境庁の意識と行動にかかっている。環境庁が設置されたのは一九七一年で、日本の政治と行政における環境問題の位置づけは低く、遅れていた。「国策」優先で、環境は単なる従属変数としか見ない意識はいまも強い。福島原発事故による放射能汚染問題や、沖縄での新基地建設問題などでも、「環境＝いのち」の軽視は著しい。だからこそ、住民、市民の声と行動、そしてそれと結ぶ国会や自治体の議員の活動が不可欠なのである。

3　難航した水俣病問題の「政治決着」

水俣病とは――主な経過

熊本、新潟で発生した〈水俣病〉は、今も全面的な解決はなされていない。この人為的な公害によって人生を狂わされ、一刻の安らぎもない苦界に身を置かされた患者の姿に、いまも胸が痛む。

〈水俣病〉は、熊本県水俣で最初に確認されたことから名づけられた。その後の新潟の水俣病、北陸の神通川流域に多発した大正時代からの〈イタイイタイ病〉、そして愛知の〈四日市ぜんそく〉とともに、四大公害病と言われている。〈イタイイタイ病〉のように、鉱山開発などに伴って被害の出るものは古くからあった（最も早いのは明治初期の足尾鉱毒事件）。しかし、〈水俣病〉や四日市ぜんそくのように人為的な過誤ないし不注意、研究不足と対策不備などによるものは、戦後の経済活動の活発化

に伴って多発するようになった。そして、その被害が特定の地域一帯に広がったのも特徴である。

〈水俣病〉が熊本県水俣に発生したのは一九五〇年代で、メチル水銀が原因と確認されたのは五六年だった。その原因物質は、新日本窒素肥料（現チッソ）がアセトアルデヒド生産の触媒として使った無機水銀から発生したとされるメチル水銀だった。その原因物質を長期にわたって海に垂れ流していた結果、魚介類を常食としていた地域一帯の人びとに害毒をもたらしたものだ。裁判では、企業側の過失責任を認め、長い歳月を経て損害賠償が行われている。

七三年の補償協定で対象となった認定患者の数は、死者を含めて約三〇〇〇人に上った。翌年には一〇〇人もの死亡者を出している。七九年には、熊本地裁がチッソ関係者に対して業務上過失致死傷害罪で有罪判決を下している。八七年には、同地裁はチッソとともに国と熊本県に発生と拡大の責任を認めて、総額六億七四〇〇万円の支払いを命じた（第三次訴訟）。画期的な判決だったのは事実だが、発生の時点から四〇年近くの歳月が経っていた。最高裁がチッソ元社長と元工場長の上告を棄却して懲役二年・執行猶予三年とした有罪判決も、起訴から一二年が過ぎていた。

二次、三次と訴訟が起こされ、被害患者側への補償が認められていったが、長い歳月で亡くなる人も増えていった。また未認定の被害者、非確定の患者、あるいは補償を求めてこなかった人びとからも、相次いで救済措置を求めたり被害を訴えたりする動きが続出した。泥沼のように悲劇は悲劇を生み、救済を求める声は広がるばかりで、解決のめどはいっこうに見えてこなかった。

新潟・阿賀野川河口に発生した第二（または新潟）水俣病は、熊本での発生確認からほぼ一〇年後に表面化した。上流にある昭和電工鹿瀬工場が廃棄用のメチル水銀を垂れ流し、汚染した魚介類を食べた河口付近の住民を多数巻き込むことになった。〈新潟水俣病〉の第一次訴訟では、一九七一年に昭和電工の過失責任が認められて、原告勝訴の判決が出されたが、これは企業の過失責任を前提とする損害賠償を認めた画期的な判決だった。この訴訟では、私と同期の坂東克彦弁護士が奮闘した。なお、イタイイタイ病訴訟では、黒田寿男事務所で私の同僚だった近藤忠孝弁護士（のち参院議員）が東京から富山に移り住んで取り組んだ。

村山政権下で打開に動く

そんな中で、非自民の細川護煕、羽田孜政権が終わり、一九九四年六月に自民・社会・さきがけによる連立の村山富市政権が生まれた。青天の霹靂で、社会党は野党から与党へ、政権を支える立場に様変わりしたのだった。そうして私は、水俣病問題の「政治的打開」を講じる枠組みに参加することになる。ひとつには、社会党環境部会長の任を負っていたためだった。

村山内閣発足からまもない八月、箱根のプリンスホテルで静養中の村山首相から、私と岩垂寿喜男衆院議員、佐藤三吾参院議員の三人が呼び出された。要は、村山政権として何をやるべきか、という相談だった。私は即座に、「水俣病問題に積極的に取

社会党調査団は新潟の現地にも訪れ〈新潟水俣病〉の現地調査を行った
（1994年11月）

り組むことです。首相は九州・大分の出身者として、この問題こそ課題でしょう」と強く主張した。というのは、細川氏は熊本県知事時代に「水俣病問題は国の責任で解決すべきで、これ以上遅らせるわけにはいかない」と言っていたにもかかわらず、首相在任中にはほとんど何もしなかったからである。私には、このタイミングを逃してはならないとの思いが強かった。さいわい、村山首相はすぐに「分かった、ぜひやりたい。矢田部さん、頼むよ」と言ったので、私も「努力します」と応じた。

村山さんは逆らうことなく人の話をよく聞いてくれるが、本当にそのままやるか、抜け落ちるようなことはないか、懸念もあった。もう一度よく話して確認しておこうと、改めて二、三日後に首相公邸を訪ねた。その対応は真摯であった。「同感だ、ぜひ進めてほしい」。

さらに、知人も多い水俣病訴訟弁護団などからも、解決のために努力してほしいとの要請もあって、さっそく現地調査を行い、患者のみなさんや弁護団、行政関係者など各方面の意見を聞くなどの取り組みを始めた。その際の基本は、「早期に、全面的に、話し合いで」解決することだった。また、参院の同僚だった大脇雅子議員（弁護士）には、水俣病関西訴訟のみなさんとの連絡、調整に当たってもらったが、関西訴訟団は最後まで和解に応じず、勝訴するまで裁判を貫いた。

環境庁と自民党の妨害を乗り越える

水俣病問題は長い時間がかかっているため、その経緯は複雑で、こじれたり、責任逃れがあったり、ねじれや誤解もあり、国や関係省庁、企業ばかりでなく、患者団体の対応も濃淡さまざまであり、全方位での解決など簡単にいくわけがなかった。

九四年一二月、自・社・さの与党政策調査会からも早期解決案をまとめてほしいとの要請があり、水俣病問題を扱う与党の水俣病問題対策会議を設置して、私が初代の座長に就くことになった。村山政権ができていなかったら、解決までもっと時間がかかったに違いない。しかし、与党三党の合意への調整はかなり大変だった。対策会議に出ていた自民党議員が、解決案を出すのではなく、「ニセ患者もいると言われており、それに補償金を出すのは私の選挙区の納税者に説明できない」などと発言し、連日のように激論が続いた。会議室のドアに耳をつけて聞いていた記者たちから、「がんばってくださいね」と声をかけられたこともある。

このプロセスを注目し続けた弁護団の千場茂勝弁護士は、次のように書いてくれている。

「社会・自民・さきがけの三党間で激しい議論が交わされていた。その議論は一進一退を繰り返し、なかなか光明を見出すことはできなかった。だが、このように三党間で水俣病問題の協議を行う土俵ができたのは、社会党が提案した『水俣病問題の即時解決（未救済患者の救済）について—解決素案—』が大きなきっかけとなった」（同氏著『沈黙の海　水俣病弁護団長のたたかい』）。

翌九五年二月には、〈新潟水俣病〉に関して、昭和電工側から「東京高裁から和解勧告があれば真摯に対応する」と、和解の方向が示され、また被害者団体も昭和電工

〈自・社・さ〉の与党水俣病問題対策会議は合意に難航した

と国の謝罪、その責任の明示、原告全員の患者認定、継続的な医療保障などの原則のもと、話し合い解決に臨む姿勢を示した。

このような動きを受けて九五年三月に、私は次のような「座長見解」を提示した。

・政府が今国会中に遺憾の意を表明する。
・救済対象は総合対策医療事業対象者で、裁判上の和解の対象者も含む。
・一時金はチッソの負担で、国が金融支援措置をとる。
・水俣病全国連については裁判所での和解により解決する。
・患者団体ごとに話し合いの場を設定する。

報道では、「救済対象者や国の責任などについて踏み込んだ内容」と評価され、私も「だいぶ煮詰まってきた。金融支援の問題は与党で議論しても決まらないので、政治決断が必要だ」と述べた（九五年三月三一日朝日新聞）。しかし環境庁と自民党はこれを拒否、議論はかみ合わず、調整は暗礁に乗り上げた格好だった。

座長は、そこで堂本暁子氏にバトンを渡した。与党対策会議の議論はなおも一進一退が続いたが、この機会を逃せば取り返しがつかない、という危機感は自民党内にもあり、私もその懸念に追われて調整に動き回った。その結果、六月になんとか与党三党間で見解を取りまとめることができた。

七月の参院選では、村山首相が現地入りした際に、「遺憾の意」を表明するまでになったが、今度は環境庁が勝手に「首相の個人的な見解だ」とするなど奇怪な対応をした。とにかく、行政側の不誠意はひどいものだったが、粘り強い説得と交渉で、少しずつだがまとまりを見せていった。

ところが八月、環境庁は未認定患者の救済問題に関して、現地での被害者への説明会で、一時金の支払い額が一律で最高約一七〇万円と推定されるような考え方を示して批判が噴出し、社会党が撤回を求めるといった事態となった。結局、大島理森環境庁長官が私に「最大限の修正をする」と回答したため撤回要求は取り下げたが、一時は合意解消かという緊迫した状況になった。

やっと九月二九日に、社会党の私と関山信之、自民党の山崎拓と福永信彦、さきがけの菅直人と堂本暁子の代表者会議で「水俣病問題の解決について」という基本的な合意がまとまった。

「政治決着」がついに成立

患者団体は当時、最大の約二〇〇〇人を擁する水俣病全国連（水俣病被害者・弁護団全国連絡会議／新潟分を除く）のほかに四団体があり、水俣病患者連合三七五人、水俣病患者平和会二八〇人、漁民未認定患者の会六三人、茂道同志会六三人とされていた。その各団体も、患者のみなさんは高齢化や生活の困難などに苦しんでおり、十分とは言えないものの三党合意をもとにした和解案を受け入れることになった。

こうして、村山首相は一二月一五日、与党合意に基づいた「政府和解案」をまとめ、水俣病問題の解決についての首相談話を閣議決定した（この首相談話の作成には、私も協力した）。それは、四〇年にわたったこの問題で当事者の合意が成立したことに

謝意を示すとともに、長い期間を要したことを反省し、二度とこのような事態を招かない決意を表明するものだった。特に、認定患者とは別に、補償を受けられないでいた未認定の人たちの救済にめどをつけたことを評価している。

政府和解案は、①救済対象者は、総合対策医療事業の対象者と、判定検討会がこれに該当すると認めた者とする、②その対象者（約一万人）に企業側（チッソ、昭和電工）が一人当たり一時金二六〇万円と医療費、療養手当を支払う、③国と熊本県はチッソに対し、一時金支払いの原資を作るため金融支援措置をとる、などだった。

そして九六年五月に、水俣病全国連とチッソの間で協定を締結するに至った。調印式は、水俣市文化会館に約一〇〇〇人が出席して行われた。この日までに、原告だけでも三八一人が亡くなっていた。原告患者二〇〇〇人、未認定患者一万二〇〇〇人の四〇余年にわたる闘いであった。それでもなお、二二七七人の認定に対し、申請しながら退けられた人は一万五〇〇〇人に及ぶとされる。

これに続いて福岡高裁で和解が成立、さらに熊本、福岡、京都の各地裁、大阪高裁、続いて東京地裁、同高裁でも和解が成立した。これで関西以外のすべての水俣病訴訟が終結することになった。

村山内閣が閣議で決めた解決案について、水俣病全国連の豊田誠事務局長（弁護士）は、「政府解決案の受入れは、患者たちにとって苦渋の選択だった。しかし、生きているうちに救済を求めて命がけで闘った結果、連立与党の支援を得て切り捨て政策を転換させた

水俣病問題の政治決着にこぎつけ、首相官邸で確認する村山首相（左）、菅直人衆院議員（さきがけ、中央）と筆者（右）
（1995年9月29日）

という確信が、受入れにつながった。政府決定まで連立与党内でも激論がかわされたことを振り返ると、よくもここまで前進できたとの感慨がある。矢田部さんは当時の社会党環境部会長として、与党調整会議では患者救済の立場でがんばり通した。特に（九五年）三月までの二か月間、調整会議の座長を務め、『中間とりまとめ』をされたことが連立与党の流れを決め、政府決定につながった」と語った。

村山政権によるこの政治決着は、長い水俣病問題にとっては画期的な措置であった。しかし、「訴訟で勝った患者たちは一〇〇〇万円から二〇〇〇万円の一時金を受け取っている」といった不満が和解に応じた患者さんの中にあるとか、訴訟を続行する人たち、未確定患者の集団提訴、補償請求をしてこなかった住民の救済要請、胎児期や幼少期の被害に対する損害賠償、一時金受領による生活保護の支給打ち切りなど、さまざまな問題が残り、残念ながらなお全面的な解決に至っていない。

当初から企業（チッソ）は被害を隠蔽し、補償を拒み続けた。また、行政の対応が企業寄りであったから、健康を失った苦しみを深くする患者が増大したばかりでなく、行政や企業の対応の不誠実さに怒りと怨念、疑惑と不信が蓄積し、それらが解決の道を遠ざけたことは間違いない。

企業が謙虚であるべきことはもちろんだが、政治も行政もものごとの判断の前提として、「いのちと健康が第一」という当り前の原則を持つべきだ——このことを私は何度も痛感させられた。

なお続く新潟水俣病問題

二〇一五年五月で五〇年を迎えた〈新潟水俣病〉は、熊本の水俣病、神通川流域のイタイイタイ病、四日市ぜんそくとともに四大公害病の一つとされながら、救済策は十分にとられていない。国の基準で患者として認められない人びとが、いまも訴訟を続けている。行政や企業は、患者たちが五〇年間も背負い続ける心身の痛みや苦しみをどう受けとめるのか。

〈新潟水俣病〉の場合、二五〇〇人余の認定申請に対して七〇二人しか患者と認められていない。訴訟も五次にわたり、二〇一五年の時点で七六人が争っている。

新潟では、熊本水俣病の公式確認から九年後の一九六五年に確認されたが、実は終戦直後の一九四七年には、この地域にしびれ、けいれんなどの同じ症状の患者が出ていた。この人災の病気を放置してきた行政や関係企業の罪は重い。また、魚の摂取量や感覚障害などの国の認定基準のハードルは高く、司法の判断が出ると、やっとその場しのぎの〈救済〉となるが、症状判定には難しさがあり、また差別や「ニセ患者」などの誹謗中傷もあって、名乗り出にくい事情もからんでいる。

水俣病問題の政治決着にあたって、私自身は、患者のみなさんの思いと要求に対して精一杯の努力をしたつもりである。そして三党合意が、遅々とではあったが、この問題の打開に歩を進める大きな足掛かりになったことは、当時の関係者からそれなりの評価をいただいた。しかし、自民党との連立や、公害企業側に立つ環境庁などの官僚の体質という条件の中での闘いであり、いまだに全面的な救済の措置が取られていないことには、いまも忸怩たる思いである。

二〇一七年二月、カナダ・オンタリオ州の製紙工場が川に流した排水中の水銀による〈カナダ水俣病〉の先住民が熊本を訪問した。住民の大多数の三〇〇〇人近くが被害を受けた可能性があるが、補償金の受給者は住民の約二割で、カナダ政府は〈水俣病〉と公式に認めていないという。こうした企業活動による公害病と、それに伴う偏見や差別は、世界各地に存在するにちがいない。

一七年五月一日は、〈水俣病〉の公式確認から六一年になる。メディアは、「今なお、熊本、鹿児島両県で約二千人が患者認定を申請中」と報じている。また、未認定患者ら一五〇〇人以上が認定や損害賠償を求めて熊本、東京、大阪の地裁などで係争中で、三月には約三〇の患者・被害者団体が連絡組織を結成したという。〈水俣病〉は決して終わってはいない。

4　原発の危険とたたかう

私のふるさと茨城県には、早くから原子力発電所が置かれていた。

原発の危険性はかねて学界でも指摘されていたし、懸念する世論は広く、深く存在してはいた。しかし、二〇一一年三月一一日に発生した東日本大震災と福島原発事故〈〈フクシマ〉〉によって生じた被災状況を目のあたりにして、あらためて原発の恐怖が明確に示され、人びとのあいだに脱原発の機運が生まれた。

福島第一原発周辺の町には「通行止め」の立て札が

私は、原発の危険について国会の審議で取り上げ、また反対の立場から長く訴訟（東海第二原子力発電所廃止訴訟）に関わり、多くの人びととともに廃止と撤去を求めてきた。全国各地のほとんどの原発は、いまは運転を中止しているが、政府や電力会社などは危険を黙殺するかのように再稼働の動きを強めている。さらに安倍政権は、トルコやインドなど海外にこの危険物を輸出しようとしている。

危険と疑問だらけの原発

日本は地震が多く、とくに茨城県では頻繁に大小の地震が起こる。平安時代から地震の記録が残され、各地に地震の伝承が存在している。遠くない時期に、太平洋側を襲う南海大地震も予測されている。このような日本の地球物理的な環境からすると、どんなに防備しても安全とは言い切れない。

日本という小さな島国は海に囲まれているだけに、津波の強襲を想定せざるをえない。先の東日本大震災では「想定外」の波の高さと言われたが、自然の力を過小評価した「想定」だったことが幾多の犠牲で再確認された。日本では、すべての原発の立地場所は海に近い。また、鹿児島県の川内原発などは、火山学者が懸念するような火山の大規模噴火に見舞われる可能性もある。

原発は、原爆よりはるかに大量の放射性物質を内蔵しており、事故が起これば被害は原爆よりはるかに広く、長期に及ぶ。チェルノブイリ原発事故による放射能汚染はヨーロッパ全域に及び、事故から三〇年経っても現地に人が住むことはできない。これを教訓としなかった日本は、悲劇を繰り返すことになった。

〈フクシマ〉まで、「日本の原発は安全だ」という〈神話〉がまかり通っていた。学者たちが動員され、事故や災害の考慮は不要とするような「安全」の宣伝が長年続けられた。メディアも大勢に流され、ほとんどが原発依存の論調を続けた。これに疑問を唱えたり反対したりする者は異端視され、嘲笑される状況さえあった。加えて、原発関係者らは「安全」と言いつのってきた手前、不安な部分があっても手直しや修正などの方向にかじを取ることができなくなった。〈フクシマ〉の直後は原発利用の慎重論や廃絶の声も強かったが、事故から六年も過ぎると反省の想いは薄れ、またもや原発回帰の風潮が強まってきている。

「原発の電力料金は安い」、「風力や火力のコストは高く、経済を圧迫する」と言われてきた。だが、事故が起きた場合の処理コストを考えると、「安い」どころではない。移転を含めた被災者への補償、四〇〜五〇年以上続きそうな事故現場の処理、除染や放射性廃棄物の処理や管理など、莫大な費用になろう。経産省は二〇一六年に「二一・五兆円」という試算を発表したが、その三年前の試算の約二倍にふくらみ、実際はいくらになるかだれにもわからない。これらの費用は電気料金に上乗せされ、また税金が投入される。

東電（東京電力）をはじめ、各地域の電力会社や電事連（電気事業連合会）は、地域の経済社会に強い影響力を持ってきた。だが、〈フクシマ〉以来、学者や研究者の抱き込み、原発の地元自治体や有力者などから暴力団に至る各層への裏金の流れ、都

住宅のそばでも除染基準の約40倍〈9μSv/h〉の放射線が

合の悪い事例の隠蔽や虚偽報告など、さまざまな疑惑が暴かれてきた。事故の実態さえ、隠されたり、偽りだったりしている。

破壊された福島原発の汚染機材などはどうするのか。放射性物質の最終処理はどうするのか。ドラム缶に入れて地中深くに埋め込む、あるいはガラス状のもので固めると言うが、数万〜数十万年にもわたって存続する有害な汚染物質は後世の人びとへの負の遺産となる。福島第一原発の汚染水の処理施設もうまく機能していない。海に流せば海水を汚染し、魚介類に害を及ぼす。原発は「トイレのないマンション」と言われるように、使うだけ使って、あとは知らないというのが実態である。

日本に原発を導入した人脈

一九五四年三月、国会の閉会間際に、中曽根康弘衆院議員が中心になり、自由党、改進党、日本自由党（鳩山自由党）の保守三党が予算案の共同修正案を提出し、原子炉築造、ウラニウム資源調査などの経費が計上された。当時は吉田茂内閣で、与党自由党内の反吉田派と鳩山自由党、野党だが閣外協力の改進党が組んだもので、改進党の中曽根氏は渡米して原発に強い関心を持っていた。この突然の予算化に、原子力利用に慎重な日本学術会議の学者たちの間では反対論が渦巻いた。

裏で原発導入に動いていた正力松太郎・読売新聞社主は、五五年に衆院議員に初当選。彼もまたアメリカが開発する原子力発電に大きな関心を持っていた。当選後すぐにアメリカから使節団を招き、「原子力平和利用博覧会」を読売新聞社、日本テレビなどのもとで開催、大いに世間の関心を呼んだ。なお、正力氏は警視庁官僚時代、関東大震災時に「朝鮮人が暴動」というデマを流し、また、太平洋戦争中、大政翼賛会総務だったことを問われて戦後、A級戦犯の容疑者として拘束された人物である。

その前年の五四年三月に第五福竜丸がビキニ環礁で被曝し、ヒロシマ、ナガサキの記憶も鮮やかだった日本社会に放射能への大きな懸念が広がっていた。正力氏の思惑は、原爆反対の世論に対して「原子力の平和利用」をアピールすることで「毒を以て毒を制す」ことだったと言われる。

正力氏は手持ちのメディアを思いのままに活用、初当選の九か月後には鳩山一郎内閣に入閣し、中曽根氏らと「原子力基本法」を成立させるとともに原子力委員会の初代委員長となり、「原子力発電所を五年以内に建設する」と打ち上げた。日本学術会議の研究者やノーベル賞の湯川秀樹氏らには慎重論が強かったが、こうして政治が強引にリードするかたちで、原発導入が急ピッチで進められた。

原発の土地選定では、茨城県東海村と神奈川県の横須賀などの間で激しい誘致合戦があり、閣内対立も取り沙汰された。茨城交通の会長で地元経済界の重鎮だった竹内勇之助氏は正力氏の東大の後輩であり、誘致を策して正力、竹内、友末洋治茨城県知事の密会もあったという。五六年三月には経済界が「日本原子力産業協会」を発足させている。これらを経て、同年四月に原研の敷地が東海村の村松海岸の国有・県有地一〇五万坪に決まった。

茨城と原発――〈日本の原子力発祥の地〉東海村

地元・東海村は、村長をはじめ、初めて聞く原発設置を大歓迎し、急ピッチで建設が進んでいった。しかし、「原発による村の大発展」というイメージをまず壊したのは、海岸の見事な松林が次々となぎ倒され、砂浜や一帯の広い地面が剝ぎとられていく姿だった。子どものころの思い出も、日頃の心の休まる海の光景も損なわれていった。これは、原発推進派の人たちでさえもビックリする光景であったという。

五七年八月には、原研（日本原子力研究所）の研究用原子炉「ＪＲＲ－１」が臨界に達し、エネルギーを発生する核分裂反応が継続して起こった。そして一一月、原電が九電力会社八〇％、電源開発二〇％の共同出資で設立され、この地に最初の原子力発電所（東海〈第一原子力〉発電所）を建設することになった。六〇年に着工、六六年七月に営業運転が始まる。六〇年代は高度経済成長で電力需要が高まる時期で、国民の間には原子力の魅力にとらわれる風潮が強まりつつあった。

だが実際は、難工事や設計変更で予定は遅れ、予算は大幅に増額され、発電コストは火力よりも高く、このイギリス型の原子炉はきわめて不評だった。このため、他の原発はアメリカ型になっていく。

九八年三月、東海第一原発は廃炉となった。廃炉作業は計画では、炉の周辺の解体、建屋の解体撤去などを経て、放射性廃棄物の処理を二〇二〇年までに終える予定だが、汚染濃度が高く予定通りにはいかないとの見方が強い。廃炉コストが八八〇億円ですむのかも疑問である。

さらに、廃炉後の高レベル放射性廃棄物の恒久的な処理、隔離、管理などは数万～数十万年が必要とされ、いまだに納得のいく処理計画はできず、解体後の大量の汚染物の行方も定まらないのが現実である。

東海村を中心とする原子力ムラには現在、研究施設、民間企業などの原子力関連事業所は一二を数える。海岸地帯とはいえ、いずれもフェンスに囲まれ、外部からは見ることができない。

東海村の人口は一七年一月現在で三万八〇〇〇人弱で、沖縄の読谷村に次ぐ規模である。また、固定資産税や法人住民税など財政は潤沢で、公共施設などのサービスに恵まれているうえ、なんらかのかたちで原発に関係する人びとが多く、原発抜きの生活など考えられないという空気がある。

多発する原発事故

東海第一原発の隣接地に第二原発が七三年に着工され、七八年一一月から営業運転を始めた。出力一一〇万キロワットで、第一原発の一六万キロワットに比べてはるかに性能が高い。だが、事故が起こる。

二〇一〇年五月、放射性物質処理の排水管と非放射性廃棄物の排水管の接続を誤っていたため、トリチウムを微量に含む水が排水されたという。

そして、翌一一年三月一一日の東日本大震災の際には、原子炉が自動停止した。非常用のディーゼル発電機で必要電源を確保したが、一部工事が残されていた小さな

東海原発の海側堤防は3・11東日本大震災で崩壊した　（2011年）

ケーブル孔から海水が入り、三台のうち一台は冠水して停止した。そのため、二系統ある残留熱除去用の一つが使えなくなった。津波の被害は少なかったが、高さ四・九メートルだった防潮堤が六・一メートルにかさ上げされたのは地震発生の数日前のことだった。このあたりの津波は五・四メートルだったので、深刻な事故からきわどく逃れたにすぎなかった。

また、東海村には、二〇〇五年に原研と核燃料サイクル開発機構、動力炉・核燃料開発事業団（動燃）が統合した日本原子力研究開発機構がある。核燃料サイクルの中核施設で、高レベル放射性廃棄物と使用済み核燃料の再処理の工場がある。福井県敦賀市には、高速増殖炉〈もんじゅ〉を持つ。

一九九七年、奇しくも福島原発事故と同じ三月一一日に、再処理施設で火災爆発が発生した。壊れた窓やシャッターから放射性物質が漏れて、三七人の作業員らが被曝するという惨事となった。しかも、動燃（当時）は、消火時間などで虚偽の報告をして強制捜査を受け、動燃と東海事業所の六人が原子炉等規制法違反容疑で書類送検された。さらに、動燃自体の調査で、東海事業所だけで放射性物質のずさんな管理など二八四件が発覚したという。敦賀の〈もんじゅ〉では、その二年ほど前に、冷却材のナトリウムが漏れる事故があり、しかも事故を撮影したビデオを隠蔽し、二人が略式起訴されている。

九九年九月、東海村でさらに大きな事故が発生する。いわゆる「ＪＣＯ臨界事故」である。住友金属鉱山の子会社で、核燃料加工会社のＪＣＯが起こしたもので、日本で初めての事故被曝による死者二人、重症一人、被曝六六七人という未曽有の事故だった。現場から一〇キロ以内の一〇万世帯に屋内退避が呼びかけられ、県道や自動車道の閉鎖、JR線の運転見合わせ、陸上自衛隊の出動要請という事態になった。このとき、私は社会党をすでに離脱しており、新たに結党した新社会党で調査団を組織して現地を視察した。

この臨界事故は、燃料加工の工程で正規のマニュアルに従わず、裏マニュアルを作ったうえに、これをさらに改悪して起きたものだった。原子力関係では初めて刑事問題となり、会社側の六人の被告に執行猶予つきの有罪判決が出された。

なにしろ、原発から三〇キロ圏内に一〇〇万人に近い住民がおり、爆発でも起これぱヒロシマ・ナガサキ級かそれ以上の被害が予想される土地なのだ。科学技術庁の委託で、原発推進の立場にある原子力産業会議が行った、一九六〇年時点の出力一六万キロワット（最初の東海原発規模）の災害試算を見ると、急性障害による死者五四〇人（遅れて発生するがんなどを除く）、被害者二九〇〇人、財産被害三兆七〇〇〇億円だった（高木仁三郎著『原発事故はなぜくりかえすのか』岩波新書、二〇〇〇年一二月）。一〇〇万キロワットの第二原発で事故が起これば、こんな規模ではすまない。それにもかかわらず、原電などは東海村での説明で、事故の可能性は「一万回に一回」と、虚偽でしかない〈安全神話〉を流していた。

また、東海村の周辺には、国立研究開発法人・量子科学技術研究開発機構（那珂核融合研究所、放射線医学総合研究所などを統合）、独立行政法人・日本原子力研究開

茨城県神栖市にあるバイオマス発電所を視察（2013年10月）

発機構の大洗研究開発センターがある。この大洗研究開発センターでは一七年六月に、放射性物質の貯蔵容器の点検作業で容器内のビニールバッグが破裂し、作業員五人が放射性物質を吸い込む内部被曝事故が起きた。作業の基本的ルールが守られなかったためだ。また同機構は、大洗研究開発センター、核燃料サイクル工学研究所、原子力科学研究所、人形峠環境技術センターの四か所で、計四五七一個の核物質容器を「長いもので三五年以上」（原子力規制庁）も貯蔵場所の外に放置していた。同機構は〈もんじゅ〉の廃炉を担う予定で、原子力資料情報室の伴英幸共同代表は、「安全に廃炉作業が行えるとはとても言えない組織」と指摘した（東京新聞、一七年七月六日）。

東海原発裁判に参加

原発設置に対する反対運動は、原発のもたらす不幸を子々孫々に伝えてはならないという考えから、地元を中心に早くから続けられていた。私は、東海村の人たちの闘いに、東海原発（第二）の裁判から弁護士として直接に関わり、次いで東海第二原発をめぐる裁判にも関与することになった。

東海第二原発は、一九七一年六月に建設工事の認可が下り、年末に日本原電（日本原子力発電）が設置許可の申請書を提出して、翌七二年一月に原子力安全審査会が八四の部会に分かれて審査を始めた。これに対し、反対派はまず、茨城県建築審議会に異議を申し立てるが、却下。さらに、水戸地裁に設置認可の取り消しの訴状を提出した。だが、この年の一一月、早くも安全審査会の部会が「安全性は確保できる」との報告書を提出し、政府はただちに設置許可を決めた。

七三年二月、周辺の住民五八人余が行政不服審査法にもとづいて「異議」を申し立てた。七月、政府はこれを却下した。そこで一〇月には、住民一七人を原告として「東海第二原子炉の設置許可処分の取り消し」を求めて、その訴状を水戸地裁に提出した。これが東海第二原発訴訟の立ち上げとなった。

原発が稼働するまでには、土地取得、漁業補償、環境評価、国への許認可申請、国の安全審査、公開ヒアリング、電気事業法による詳細設計の確認、検査、試運転、使用前検査、といった手続きを経て本操業に行きつく。だが、設置の方針が固まれば、政府はひたすら手続きを急ぎ、営業運転にこぎつけようとする。これを阻むとすれば、裁判の結果を待つしかない。だが、民事訴訟にしても行政訴訟にしても、一般的に司法の姿勢は住民側に厳しくなりがちである。

水戸地裁での第一回口頭弁論は七四年二月に始まった。そのなかで、住民グループと労組が一緒になって「裁判支援の会」が生まれた。地元出身である私は、この裁判の代理人代表、弁護団長を務め、第一回口頭弁論の冒頭陳述に立ち、この原発の不安全性、非経済性、反社会性を主張し、国や原電など推進側の強引な姿勢を追及した。長期の裁判であり、弁護団には六〇余人が加わっていた。

この最初の口頭弁論では、三人の原告が意見陳述をし、報道記者席が特設されて報道の写真撮影が許され、三人の司法修習生が入廷するなど、裁判所側の配慮や関心の高さがうかがわれた。また、地元の関係諸団体などが多く傍聴し、伊方原発訴訟に取

東海第二原発差し止め訴訟のスタートを確認（1973年10月）

り組む人たちも姿を見せていた。

この裁判での争点は少なくないが、①巨大原発、②原子力施設の過密化、③人口過密地帯の原子炉設置、の三点に集約される。前にも一般論を述べたが、私が東海第二原発に特有の危険性と考える要素について述べておきたい。

1、位置　首都圏で唯一の原発であり、周囲には大小含めて一八の原子力施設が過密に集中している。人口密度は全国一であり、三〇キロ圏内に一〇〇万人近い人口を擁している。

2、老朽化　一九七八年の営業運転から二〇一六年までで、すでに三八年。寿命は四〇年とされているが、配管等の劣化、水漏れ、火災事故歴など、老朽化して危険は目の前にある。

3、地震　東日本大震災では、外部電源が切れて冷却不能寸前になり、まさに危機一髪だった。非常用電源の一つは水没して使えなかった。また、震災直前に防潮堤を補強し、かさ上げしたが、あと七〇センチ高い波が来ていたら、〈フクシマ〉同様の大事故になっていただろう。

4、津波　三陸沖から房総沖にかけての巨大地震の発生が学界でも想定されており、津波の高さは五〇メートルに達するという試算さえある。仮に防潮堤で防ぐにしても、原電側はその対応策などを明らかにしていない。

5、避難　三〇キロ圏内に一〇〇万人弱、一一〇キロの首都圏では四〇〇〇万の人がおり、ひとたび原発事故が勃発すれば、日本のほぼ半分は壊滅しかねない。茨城県内にある動員可能なバス七〇〇〇台を全部動かせたとしても二〇数万人の避難がせいぜいであろう。渋滞と混乱も想定しなければならない。さらに一〇〇万人もの人びとの受け入れ先は確保できない。

6、資金　原電には独自の資本も資産もない。大事故ともなれば、救済や緊急対応策、復旧、補償などをまかなう資金能力は乏しく、被害者は救援や補償を受けられずパニックにもなりかねない。

7、廃棄物　最大の課題は、使用済み核燃料などの放射性廃棄物の処理である。現在まで、その解決策は見出されていない。何万年、何十万年後まで禍根を残すという大問題を棚上げしたまま、再稼働の道をたどっていいはずがない。

しかし、この裁判は、総力を挙げて闘ったが、八五年六月の水戸地裁判決で住民側は敗訴した。それなりに住民側の主張が認められたところもあったが、裁判所の言い分は、「国の裁量に間違いがなければ良し」というものだった。七三年一〇月の提訴から一二年目のことだった。

東京高裁、最高裁での闘い

水戸地裁での敗訴から一〇か月後、新たな準備と検討を重ねて八六年に控訴し、四月には東京高等裁判所で最初の口頭弁論が持たれた。

その直後の四月二六日、ソ連（現ウクライナ）のチェルノブイリ原発で原発史上最悪の事故が発生した。原子炉がメルトダウン（炉心溶融）のあと爆発して、放射性の

日本には未利用の膨大な再生可能エネルギーがある

降下物が広範に飛散し、欧州各地の広大な地域を汚染した。国際原子力機関（ＩＡＥＡ）の資料は、広島に投下された原爆〈リトルボーイ〉の放射性物質放出量の約四〇〇倍という数値を示している。

ソ連側は、直接の死者は三三人としたが、処理に当たった軍人、労働者たちにも多くの犠牲者が出ているという。また、長期的にみると、がんや白血病などで死に至る人は数万とも数十万とも言われている。いまも原発から半径三〇キロ以内では居住が禁止されているし、原発から東北方向三五〇キロの範囲内には、ホットスポット（局地的高濃度汚染地域）が約一〇〇か所あるという。

東京高裁の裁判でも、このチェルノブイリ事故にからんだ弁論が行われたが、現実に発生した事故の規模の大きさと影響を考えるとき、東海村の恐怖がいかに大きいかがわかる。ソ連ばかりではない。この裁判の間には、先に触れたとおり、ＪＣＯの臨界事故（九九年）が起きている。

その前には、福井県敦賀市の高速増殖炉〈もんじゅ〉（日本原子力研究開発機構）で、冷却材のナトリウムが漏れて火災事故を起こしている（九五年一二月）。この事故の際、現場の様子を撮影したビデオを隠すなど、またも隠蔽工作が問題になった。事故への対応の遅れも指摘されている。その後も、放射性ガス検知器の誤作動（二〇一〇年五月）、原子炉容器内に重さ三・三トンの炉内中継装置が落下する事故があった（同年八月）。その後に〈フクシマ〉があり、さすがに原子力規制委員会も一五年一一月、同機構は〈もんじゅ〉の運営主体として「不適格」と断定した。〈もんじゅ〉は運転休止がつづき、安倍内閣はついに二〇一六年一二月、廃炉を決定した。同機構は、茨城県に高速実験炉〈常陽〉（出力一四万キロワット）を保有しているが、再稼働申請で出力を「一〇万キロワット以下」と低く記載していた。一〇万キロワット以下なら避難計画の策定範囲は半径五キロ圏だが、一〇万キロワット超だと三〇キロ圏に大幅拡大となる。規制委員会は一七年五月に「リスクを過小評価する恐れがある」として申請のやり直しを指示したが、機構の姑息な体質は変わっていない。

もともと〈もんじゅ〉の原子炉設置の許可をめぐっては、住民から国の設置許可を無効だとする行政訴訟が起こされ、名古屋高裁金沢支部が「無効」と確認する判決を下している（二〇〇三年）。だがその後、最高裁は「国の安全審査に見過ごせない過誤や欠落があったとはいえず、設置許可は違法ではない」との判決を出して、国の勝訴になっている。

また、同じ福井県の美浜原発でも、原子炉が自動停止して、緊急炉心冷却装置が作動するという事故が発生している（九一年二月）。これは蒸気発生器の伝導管の金具が設計通りに挿入されず、金属疲労を起こして破断したとわかった。美浜原発では七三年に核燃料棒の折損事故が起きたのに、原子力委員会は明らかにしようとしなかった。評論家の田原総一朗氏がこの事実を暴いて、原子力委員会がこれを認めたのは四年近く経ってからである。

こうした経過の中、東京高裁での東海第二の裁判は、一五年間に六二回の口頭弁論が行われたが、二〇〇一年七月に住民側敗訴となった。これに対して住民側は〇一年

JCOの臨界事故の直後に村東海村上達也村長（中央）と

九月、最高裁への上告を決め、上告理由書などを提出した。しかし〇四年一一月、最高裁は上告を不受理、棄却の決定を出す。これによって、三一年間に及ぶこの法廷闘争は終わることになった。

それからも新たな訴訟が動き出した。東日本大震災と福島原発事故で東海第二原発は稼働を停止し、いまもそのままだが、原電は再稼働の構えで原子力規制委員会に申請中である。このため、再稼働の停止を求める訴訟が一二年七月に水戸地裁に提起され、係争中である。原告二六二人で、弁護団七〇人が総力を挙げており、河合弘之氏と海渡雄一氏、そして私が共同代表を務めている。

東海原発との闘いで、忘れてならない人物がいる。この人の体験から生まれた「脱原発」の思想と決意は多くの人びとを動かしている。その人は、前東海村村長の村上達也氏である。

村上氏は一九四三年、東海村に生まれ、一橋大学を出て常陽銀行に勤務。一九九七年から二〇一三年まで四期、村長を務めた。ＪＣＯの臨界事故（九九年）の際には、国や県の対応がなく、人命尊重の立場から自らの判断で村民に避難を呼びかけた。原子力事故での避難は初めてのことだった。この危機感から、二〇一一年の東日本大震災のあとは、第二原発の老朽化や人口密集地などを理由に、原発の撤廃や第二原発の廃炉などを政府などに強くアピールし、行動を起こした。一二年四月に「脱原発首長会議」を提唱、結成し、現在も活動を続けておられる。

村上氏が村長時代に経験した電力会社や政府、御用学者など〈原子力ムラ〉のおぞましい言動とそれへの鋭い批判の目は、『東海第二原発を廃炉に』（村上村長を支え原発ゼロをすすめる会編・本の泉社刊・二〇一三年一月）にまとめられている。ぜひ、ご一読いただきたい。

また、村上氏の行動とともに、東海村村議の相沢一正氏たちの呼びかけに一二団体などが賛同して、「東海第二原発の再稼働中止・廃炉を求める」署名運動が進められ、三〇万人の署名が集まっている。

2章

「平和を!」——世界を駆ける

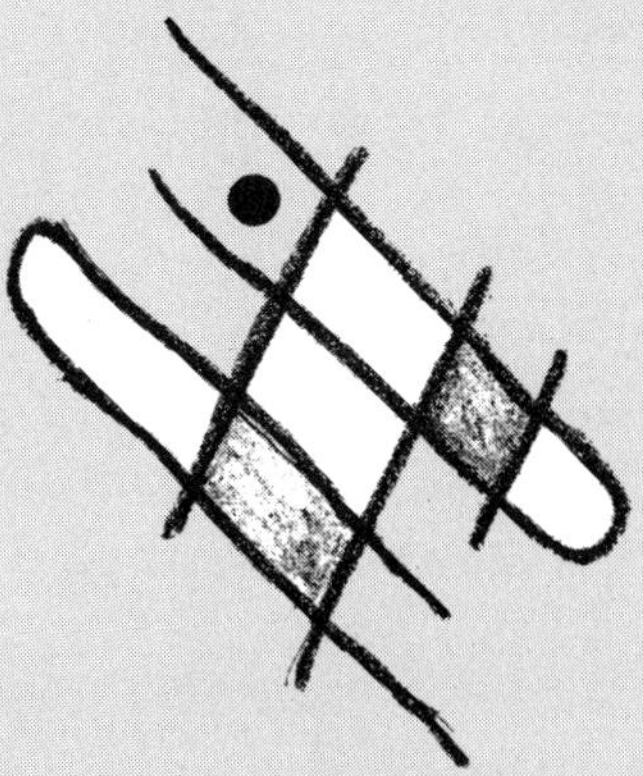

1　日中平和懇談会とＰＤＳＡＰ

困難な時代に井戸を掘った先達たち

日中関係は、明治以降の戦争と侵略の時代を経て、日中戦争と第二次世界大戦の後も一九七〇年代の初めまで、長く困難な時代が続いた。日本政府は、侵略で多大な被害を与えた中国に謝罪し、平和な未来への扉を開く責任があったのに、敗戦後はアメリカの世界戦略に追随し、中国との正常な国交はなかなか回復しなかった。

その中で、私は、困難な日中関係を切り開き、新しい道をつけた先覚に恵まれた。黒田寿男先生、風見章先生、そして宇都宮徳馬先生である。

黒田先生は、戦前からの衆議院議員であり、弁護士であったが、日中友好協会の初代会長として、日中の国交回復と友好のために生涯を捧げられた。風見先生は、私と同郷の先輩であるが、近衛内閣の閣僚であったのに日中戦争の拡大を抑えることができなかったことを厳しく反省され、戦後、社会党の衆院議員となり、日中国交回復国民会議の議長として、政治活動の過半を日中の架け橋になるために傾注された。

日中友好協会会長の宇都宮先生にお目にかかったのは、私が参院議員になってからのことで、先生に誘われて「アジアの平和・日中懇談会」（略称「日中平和懇談会」）

呉学謙外相と北京で会談
（1996年4月）

に参加するようになった。先生が高齢のため訪中できなくなってから、私に言われた言葉を今でも記憶している。一九九六年に、私が日本側の団長になって日中平和懇談会に参加するため訪中する際、宇都宮先生は、「私も九〇歳になった。鄧小平先生に、これから長生き競争をしようと伝えてほしい」と伝言を託されたことである。

この三先生方は、歴史的な偉業である日中国交正常化と真の日中友好のために献身され、大きな足跡を残された偉大な指導者であった。

「水を飲むときには、井戸を掘った人を忘れるな」という中国の教えで言えば、この先生方は、まさに精魂を傾けて井戸を掘られた先達である。私は、その教えを心に刻み、貴重な水を枯らさないように、いささかの努力をしてきた。しかし、私たちの力不足もあって、営々として築かれてきた日中間の友好と連帯の歴史が、日本側の事情で、もっとはっきり言えば、日本政府の心ない態度や発言などで、首脳会談が実質的に途絶えるなどの困難に直面してきた。

日中平和友好条約問題で廖承志会長と会談

私が初めて中国を訪問したのは、一九七五年のことだった。第二次世界大戦後、日本と中国は長らく国交が途絶えていたが、七二年になって田中角栄首相と周恩来首相の会談で合意された「日中共同宣言」により、ようやく国交を回復して日中平和友好条約が締結されることになった。ところが、「反覇権」条項などをめぐり自民党タカ派の強硬な反対があって、条約の締結を目前にして足踏み状態がつづいていた。

そうしたところに中日友好協会から招待されて、社会党代表団が訪中することになり、私も参加した。七五年四月三〇日から一週間の日程で、中日友好協会の廖承志会長など中国側の要人と数回にわたり会談し、率直に意見交換を行った。特に廖承志氏は、日中首脳会談に外交部顧問として臨席し、会談の内容や雰囲気にも通じていた。

私たちは、会談の間に人民公社を訪ねたり農村で農民と会って話を聞いたりし、中国七億の民の姿にも触れることができた。この訪中がきっかけになって、私はその後、日中の友好と交流に積極的にかかわることになった。

日中平和友好条約が結ばれたのは共同宣言から六年後の七八年八月のことである。日本は福田赳夫内閣で、園田直外相が訪中して調印した。第一条は主権の相互尊重や平和共存の原則などをうたい、相互のすべての紛争を平和的に解決し、武力または武力による威嚇に訴えないことを明記した。両国が覇権を求めず、他のいかなる覇権を求める試みにも反対するという「反覇権」条項が置かれ（第二条）、この条約がそれぞれの第三国との関係に関する立場に影響を及ぼすものではないとの規定も加えられた（第四条）。こうして日中関係には、きわめて重要な原則が明示された基盤が存在することになった。

なお、七二年の首脳会談で田中首相が、議論になっている尖閣列島の領有権問題について訊ねたところ、周恩来首相が「ここで議論をするのはやめよう。（尖閣は）地図にも載っていないし、石油が出るので問題になっただけだ」と答え、田中首相も了承し、この問題は事実上、棚上げとされた（七二年一〇月二日付東京新聞）。

全人代常務委員長の李鵬氏夫妻と（2002年）

中国側はその後もこの文脈に立ち、七八年一〇月に平和友好条約の批准書交換のために来日した鄧小平副首相は尖閣問題を問われ、「われわれの世代の人間は知恵が足りない。次の世代はわれわれよりもっと知恵があろう。そのときは誰もが受け入れられる解決方法を見いだせるだろう」と答えた（保阪正康著『歴史でたどる領土問題の真実』朝日新書、二〇一一年）。しかし、日本の外務省は、こうしたやりとりや「棚上げ」の合意はなかったと主張し、「固有の領土」論にしがみついている。少なくとも両国間で領有権とその扱いで意見の相違があるという事実を認めなければ、どんな対話も成り立たない。

二〇一二年四月に石原慎太郎東京都知事がアメリカで、「尖閣諸島を都が買い取ることで地権者と合意した」と講演し、中国は激しく反発した。野田佳彦内閣は同年九月、これを和らげるためとして「国有化」を決定したが、これが火に油を注ぐことになった。世界のどこの歴史を見ても、領有権問題の解決は武力によるか話し合いによる平和解決かしかない。武力解決が論外である以上、〈知恵と相互譲歩〉こそが唯一の道である。

日中平和懇談会

さて、日中平和懇談会は、日本側は宇都宮徳馬参院議員、中国側は張香山国際交流協会副会長（いずれも当時）の二人が中心になって一九八六年に始めたもので、北京と東京で交互にほぼ毎年開催された。儀礼的な訪問外交ではなく、アジアの平和をめざして、その中心となる日中の長期的な友好と相互理解のための率直な意見交換を主眼とし、非公開で一切の記録や声明の発表もしないという形式で運営された。

その初期は宇都宮先生が代表や団長であったが、その後は鯨岡兵輔衆院議員が中心となり、政治家、学者、専門家などが党派を超えて参加した。私も宇都宮先生から誘われて途中からその一員となり、常連となった。

一〇年目の九六年四月、北京の新万寿賓館で第九回日中平和懇談会が開かれた。日本側は私が団長を務めることになり、小森龍邦衆院議員、栗原君子参院議員（いずれも新社会党）、島袋宗康参院議員（沖縄社会大衆党委員長）、照屋寛徳参院議員（社民党）、田英夫参院議員（平和・市民）、國弘正雄前参院議員、武者小路公秀明治学院大教授、伊藤成彦中央大教授、下斗米伸夫法政大教授、前田哲男東京国際大教授、竹岡勝美元防衛庁官房長など二〇人が参加する大型代表団となった。

中国側の出席者は、張香山氏を中心に、中国共産党、外務部（外務省）、国際関係の研究所の学者、専門家など二〇人を超えた。

討議の焦点は、クリントン大統領が訪日し、橋本龍太郎首相との会談で日米安保共同宣言が発せられた直後だったので、日米安保条約の再定義とそれが日中関係にもたらす意味におかれた。中国側の基調報告を行った張香山氏は、冷戦後の世界は多極化が進み、大戦の影は遠のいたものの、不安定、不確実な要素が多く、特に覇権主義と強権政治が存在することを強調。アジアの平和、安定、繁栄のために中・日・米の安定した三角関係を築くために何をなし、何をなすべきでないかを明確にする必要があると力説した。日本側の基調報告は武者小路教授で、アジアの勢力構造、人権、環境、差別などの課題の意味、新自由主義と官僚体制との矛盾、国家以外の行動主体の出現、文化の内発的発展など幅広く提起した。

私は二日目の冒頭に、「日米安保の再定義と日中関係」と題して、日米安保共同宣言により、日本は有事体制の強化と集団的自衛権の行使に踏み込むことになり、事実上の安保条約改定に等しいものだとの認識を示し、平和憲法を否定しようとする日本の政治状況を報告した。そして、東北アジア非核地帯の創設、信頼醸成と軍縮、台湾問題や朝鮮半島、領土・領海問題などの緊張要因の除去など、「平和への代替案」を日中共同で推進することの重要性を強調した。

討議は、核実験と核廃絶をめぐって白熱した。核廃絶への具体的前進が必要とする日本側の主張と、核の先制攻撃をせず、超大国の核保有に対抗する「防衛的核保有」の必要性を説く中国側、というように。この議論は、この時期にはすでにＰＤＳＡＰ（アジア・太平洋の平和・軍縮・共生のための国際会議）がもう一つの国際的な意見交換の場として存在していたので、翌九七年に北京で開かれる第三回ＰＤＳＡＰに引き継がれることになった。

ＰＤＳＡＰが発足

一九八九年のマルタでの米ソ首脳会談と、それに続く九一年末のソ連崩壊で、戦後世界を覆ってきた冷戦構造が消滅したため、新しい平和な世界の可能性が開くという期待が全世界に広がった。この期待を、アジア・太平洋地域での平和と友好の原理に基づいた共生の枠組みづくりにつなげようという構想から、私も発起人の一人として、党派を超えて政治家・学者・市民活動家に呼びかけ、九一年二月から企画したのが「アジア・太平洋の平和・軍縮・共生のための国際会議」(ＰＤＳＡＰ)だった。

この名称は、日本語でも長いが、英語でもかなり長い。しかし、「平和と軍縮」だけでなく、諸国民が平和のうちに共に生きるアジア・太平洋というテーマを打ち出したいという趣旨から、「共生」という言葉を入れることになった。では、「共生」の英語をどうするか。この問題を解決したのは、英語通訳の第一人者、國弘正雄参院議員だった。生物学で用いられる「symbiosis」が最も適当だという説明で、英語の名称は「Peace, Disarmament and Symbiosis in Asia-Pacific」(ＰＤＳＡＰ)となった。

ＰＤＳＡＰの視野はアジア・太平洋と広いが、このフォーラムの柱となったのは日本と中国、それにフィリピンだった。日中間では、宇都宮徳馬議員の尽力による「日中平和懇談会」が八六年から継続しており、その人脈と議論の蓄積が大きな基礎となった。加えて、日韓の民主化運動、政治犯救援活動などでの長い連携と協力の歴史があった。さらに、八〇年代後半の日比間の野党政治家や市民運動の交流・連帯が、もう一つの支柱となった。ＰＤＳＡＰは、これらの国際連帯の流れが結びついたものでもあった。

第１回ＰＤＳＡＰ会議の際に（左から鯨岡兵輔氏、宇都宮徳馬氏、張香山氏、著者）（1992年１月）

第一回ＰＤＳＡＰ東京会議

第一回ＰＤＳＡＰは、九二年一月三一日から二日間、東京で開催された。日本からは宇都宮徳馬参院議員、鯨岡兵輔、河野洋平衆院議員（自民）、伏見康治、中西珠子参院議員（公明）、土井たか子、伊藤茂衆院議員、それに私（社会）など超党派の国会議員、各界の学者、研究者、さらに市民活動家などが参加した。

外国からは、非核法を制定して太平洋の非核化に先鞭をつけたニュージーランドのロンギ首相、フィリピンのアメリカ軍基地撤去で中心的な役割を果したタニャーダ上院議員、韓国民主化運動を指導し、ハンギョレ新聞社を創立した宋健鎬《ソン・ゴノ》氏、中日友好協会副会長の張香山氏、アメリカで「第九条の会」を設立したチャールズ・オーバビー博士、そのほかにもロシア、北朝鮮など七か国の代表が出席し、総勢三〇〇人という大会議になった。

この会議では、アジア諸国の平和、非核と軍縮、沖縄はじめアジア各国に展開しているアメリカ軍基地の問題、各国間の共生の問題など、多くの課題が提起され、活発な議論が交わされた。そのまとめとして次のような「東京アピール」が採択された。

1、冷戦後の複雑な情勢の中でも、私たちに共通のこの地域で非核化、軍縮、地域紛争の平和的解決、「共通の安全保障」などへの強い必要と期待が存在している

2、すべての人が人間らしく生きる権利、平和のうちに生存し、環境を侵されない権利がすべての人と次の世代に保障されるため、アジア・太平洋の共同行動を起す。

3、地域内の文化的多様性を尊重し、相互交流によって新しい文化圏の創造をめざす。

4、これらのために各国、各地域でそれぞれに委員会をつくり、その輪を広げながら定期的な会合を持つ。

また、今後の事務局として日本、中国、フィリピンで共同事務局を設け、この国際会議を二年ごとに開催することで合意し、第二回はマニラで開くことになった。

これまで試みられることがほとんどなかった広大な地域を対象とした継続的国際会議として、どうなるか不安もあったが、各国からの参加者の問題意識は基本的に同じ方向で、種をまくという最初の会議としては成功を収めたと言えよう。

第二回PDSAPマニラ会議

第二回の会議は九四年五月、マニラで開かれた。地元のタニャーダ上院議員はじめフィリピンの国会議員、大学教授、市民活動家らがフィリピンらしい設営で迎えてくれた。参加国は、日本、中国、韓国、アメリカ、ロシア、ドイツ、ベトナム、マレーシア、香港、ペルーの一一か国・地域と拡大し、三五人の代表が参加した。日本からは、武者小路公秀氏や田英夫参院議員、大脇雅子参院議員、私などが参加した。

私はこの会議で、日本代表団からの基調報告を述べる機会を持つことができた。冒頭で、日本の中国侵略に始まる一五年戦争により、アジア、太平洋で二〇〇〇万人にのぼる犠牲者を出した反省と謝罪、適正かつ迅速な補償を果すべきこと、多数の人びとの強制連行や強制労働、「従軍慰安婦」など人権蹂躙の深い傷跡を残した歴史の真実とその教訓を後世に伝えるべきことを表明した。

マニラでの第2回PDSAPでは金大中氏が特別講演、その後夫妻と歓談（1994年5月）

さらに、当時の世界の情勢について、①非核地帯の確立の必要性、②朝鮮半島に持続する危機、大国による武器輸出、地域内諸国の軍備増強などの抑止、③地域紛争の平和解決と国連の努力、④軍事同盟の解消と外国軍隊の撤退、⑤開発途上国での貧富の格差と環境問題の深刻化、⑥国際的な経済格差の存在と利害対立の拡大に対する打開のアプローチ、などの点を指摘した。

そのうえで展望として、①多様性を尊重する民衆の共生、②民衆のための経済関係、③アジア太平洋に「平和と軍縮のメカニズム」の確立、④市民、ＮＧＯの国際的ネットワーク、⑤この会議の運動の地球的拡大、の五点を訴えた。

この会議には、政界復帰直前で、のちに韓国大統領に就任することになる金大中《キム・デジュン》氏が、アキノ大統領の招きでマニラに滞在していたが、私たちの会議に駆けつけてくれた。金大中氏は七三年八月、東京・九段のホテルから韓国情報部ＫＣＩＡに拉致されたものの、九死に一生を得た。その後日本を訪れる機会を失しており、マニラで会えるとは予想外だった。氏は「平和、民主主義とアジア」と題した特別講演を行い、とりわけ朝鮮半島の非核化と南北統一へのプロセスについて独自の段階的提案をしたのが印象的だった。講演後、私たち日本代表団は金大中夫妻と歓談し、その後も交流を重ねることになった。

第三回ＰＤＳＡＰ北京会議

第三回の会議は、一年ずれ込んで九七年四月、北京で開催された。準備と設営は中国国際交流協会が担ってくれた。日本、韓国、北朝鮮、ロシア、ベトナム、ニュージーランド、フィリピンなどとともに、モンゴル、パキスタン、ネパールから新たに参加があり、一一か国、約五〇人の会議となった。

この北京会議で私は、平和・軍縮・安全保障の問題を話し合う第一分科会の司会を担当した。この分科会ではまず、八九年に東西冷戦は終結したが、アジア・太平洋地域では依然として軍備増強の流れが続いており、軍事費の削減などによって軍縮の方向に切り替えることはできないか、という視点から討議を展開した。

もう一つは、「北東アジア非核地帯」の可能性について具体的に討議した。日本側の提起は、非核化宣言をした南北朝鮮と非核三原則をもつ日本が「非核地帯条約」を結び、核保有国のアメリカ、ロシア、中国はこれを尊重し、非核地帯に核兵器の持ち込みや使用をしない「保障条約」を結ぶという二重条約構想だった。中国側は当初、「中国も非核化する」と誤解して難色を示したが、丁寧に説明し、中国側も検討した結果、この構想に賛同を表明した。モンゴル代表は、国連に非核国として認められたモンゴルも参加したいと発言し、大きな合意になったことを鮮明に覚えている。

第四回PDSAP緊急シンポジウム

第四回PDSAPは九九年五月、緊急シンポジウムとして東京で開催した。「緊急」としたのは、日米両政府が九七年に合意した日米防衛協力指針（新ガイドライン）を受け、小渕恵三政権が「周辺事態法案」を提出、国会で強行採決が迫っていたから

北京での第３回PDSAP（左から著者、張香山氏、中川智子衆院議員／現宝塚市長）（1997年４月）

だった。

周辺事態法は、「日本周辺地域における、日本の平和と安全に重要な影響を与える事態」という抽象的な定義で、しかも「周辺地域とは地理的概念ではない」と範囲が無限定になり、アメリカ軍の作戦に日本が広範な後方支援をできるようにする法制だった。当然にも、これは専守防衛の枠組みを超え、憲法が禁じる武力行使になるとして全国的な反対運動が起こった。政府は、アメリカ軍の武力行使と一体化するものではないと弁解し、「後方地域支援」という言葉を作り出し、戦闘地域から離れて支援するかのような答弁を繰り返した（安倍内閣は二〇一五年、この造語は「便宜的なものだった」として廃棄した）。

当然、アジア諸国でも日本の防衛政策の大きな転換に対して警戒心が高まっていた。この緊急シンポジウムには、韓国、北朝鮮、中国、フィリピン、ロシア、アメリカから九人の代表が参加した。世話人の任に当たっていた私は、「発題」として問題提起を行った。そこでは、周辺事態法の背景として、アメリカの軍事戦略とそれへの日本の加担の問題点などを挙げ、日本だけでなく、広くアジア・太平洋に関わる問題であり、連携して国際的な規模で平和の輪を作る必要があると力説し、これに対しては、二国間の軍事同盟ではなく、多国間の平和保障機構をつくるべきだと訴えた。中国代表の可連生・国際交流協会副総幹事も、この法律は日米間の問題にとどまらない、それを超えた問題であり、断じて認めるわけにはいかないと発言した。

海外参加者の何人かはシンポジウム終了後、東京・明治公園で開かれた大規模な抗議集会を視察したが、周辺事態法は強引に成立させられた。

沖縄につどった第五回PDSAP

第五回の会議は二〇〇三年一一月、基地の島・沖縄で開かれた。日本側の共同代表は、河野洋平、土井たか子、豊田利幸、伏見康治、武者小路公秀の五氏で、自民、公明、民主、社会、共産、沖縄社会大衆党などの国会議員も発起人・世話人に加わり、私は世話人の一人として参加した。受け入れ側の沖縄の発起人は五八人で、全体の発起人は九二人に及び、沖縄からも「本土」からも自治体議員や市民運動など広範な各層の人びとが名を連ね、賛同人は約一〇〇〇人に達した。

海外からの参加は、韓国、北朝鮮、中国（国際交流協会総幹事）、ロシア、モンゴル（国会議員）、アメリカ（下院議員）、フィリピン、タイ（上院議員）、マレーシア（下院議員）、ベトナム、パキスタン、オーストラリア（前外相）、トンガ、インドで、日本を加えて一五か国から国会議員なども参加、国連大学のヒンケル学長も出席した。会議は四日間にわたり、各国の基調報告のあと、「二一世紀の国際的共生をいかに築くか」、「朝鮮半島における平和構築とアジアの安全保障」、「軍隊と人権・経済・環境」、「平和と人権と女性」の四つの分科会で進められた。PDSAPが発足した九二年から一〇年、「共生」という理念が各国の参加者に共有され、定着したことが印象的だった。また、沖縄を訪れた多くの国の政治家や識者が、基地の重圧に苦しみながらも毅然と立ち向かう沖縄の人びとの姿に接することができたのは、大きな成果だった。

＊＊＊

日中平和懇談会は、宇都宮先生が二〇〇〇年に亡くなられたため一時中断したが、日中間の腹蔵ない対話という遺志を継ぐため二〇〇二年に〈第二期〉として再開された。しかし、日中双方の政治状況から第二期第四回を最後に中断されている。

PDSAPは、参院議員だった宇都宮先生の提言と支援がベースとなり、多くの支援者を連ね、知的で啓発的な内容であったが、第五回沖縄会議を最後に開かれなくなった。宇都宮先生が亡くなられ、発足当初の中心的な国会議員が私を含めて政界を去り、超党派の大きなまとまりを体現できる人物がいなくなったことが原因だった。国境を超え、政党政派を乗り越えて、平和と共生をアジア・太平洋に広げようとの思いによる活動が途絶えたことは、これに深くかかわった一人として残念でならない。

なお、私は〇六年八月に、土井たか子氏や保坂展人衆院議員らと少人数で中国の天津市を訪れ、強制連行されて日本で亡くなった犠牲者の遺骨を納めた「在日殉難烈士労工紀念館」の新築開館式に参列した。その遺骨は、一九五〇年代に日本人、在日中国人、在日朝鮮人が協力して「一鍬《ひとくわ》運動」として各地で掘り出し、中国紅十字会に託したものだった。一九四五年六月に秋田県で起こった「花岡事件」の課題もその中で浮上したという。花岡事件の和解に力を尽くした内田雅敏弁護士にもそこで出会った。

私の訪中はこれが最後だが、政府間とは別の対話ルートの価値は今も失われていない。日中両国の次の世代による「率直な対話」の場が復活することを願っている。

2　南北朝鮮とのかかわり

◉いびつな日韓関係の中から

日本と韓国は最も近い距離にある。日本は、明治以降の植民地支配と相次ぐ戦争で朝鮮半島の人びとに多大の損害を与えた。朝鮮半島は第二次世界大戦後の南北分裂と朝鮮戦争、それに続く強権的政治体制が継続し、日本は韓国の独裁政権と癒着するという異常な歴史を刻んできた。

韓国では、初代大統領の李承晩《イ・スンマン》政権が長い独裁を行ったが、一九六〇年に不正選挙問題で立ち上がった学生たちの「四月革命」で打倒された。しかし、民主化は翌年、朴正熙《パク・チョンヒ》のクーデタによって覆され、つかの間に断ち切られた。そして朴政権下で、戦後処理をめぐって日韓交渉が進められた。

日韓両国は、一九六五年の日韓基本条約締結で国交を「正常化」したが、同時に結ばれた請求権協定では、無償三億ドル（日本の生産物と役務）、有償二億ドル（韓国政府が調達する日本の生産物と役務への長期低利融資）の供与は日本からの「経済協力」とされ、「賠償」とはされなかった。これにより、請求権問題は「完全かつ最終

金大中救出の運動は水戸市内でもひろがった（1980年9月）

的に解決」とされ、「協定の解釈や実施に関する紛争は外交で解決」することになった。この五億ドルは、朴政権の開発独裁下の高度成長を支えるものとなった。しかし、強制労働や旧日本軍人・軍属などの人びとへの不払い賃金などは、五億ドルに含まれるとされながら当人たちには支払われなかった。また、日本軍「慰安婦」、サハリン残留韓国人、原爆被害者への賠償・補償は、韓国側はその後「協定外」と主張しているが、日本政府は「解決済み」として交渉も拒否するなど問題は多く、基本条約自体の再交渉を要求する声が出ている。

このように、いびつな「正常化」となった背景には、米ソを両軸とする世界的な冷戦構造の中で、東アジアにおける政治的、軍事的な基盤強化を急ぐアメリカの圧力があったからとされる。そのため、日朝間の国交正常化と戦後補償の問題は棚上げされ、いまも未解決のままである。

金大中氏拉致事件

朴政権下の七一年、大統領選挙で民主化を掲げる金大中氏が支持を集めたが、惜敗した。金大中氏は選挙運動中に、トラックが突っ込んできて重傷を負わされた。高まる民主化の声に危機感を覚えた朴大統領は翌年、戒厳令を発し、国会を解散、政党・政治活動を禁止、大学を封鎖し、憲法を変えて大統領を「統一主体国民会議」による間接選挙とする「維新体制」を敷いた。このため、国外にいた金大中氏は帰国できなくなり、アメリカや日本で会談や講演をする生活を余儀なくされた。

そして、宇都宮徳馬先生らの招きで来日した七三年の八月八日、金大中氏は滞在中の東京のホテル・グランドパレスで白昼、韓国情報部KCIAに襲われ拉致された。拉致された金大中氏は、神戸から韓国の工作船に乗せられ、（おそらく）対馬海峡で錘を付けられて海に投げ込まれるところに、（アメリカ軍か日本の海上保安庁の）航空機が飛来して警告したため、工作員たちは殺害をあきらめて韓国に上陸した後、氏を自宅近くで解放して姿を消したとされる。多数の要員が関与した大がかりな組織的暗殺未遂事件であった。この時、いち早く救援に動いたのは宇都宮先生だった。

金大中氏にとっては、人権侵害以上に、まさに生死にかかわる危機一髪の事件であった。同時に、日本にとっては、合法的に滞在している外国の要人を犯罪から守れなかった責任問題であるとともに、外国の公権力が日本国内で重大な犯罪を行ったという国家主権侵害の問題であった。金大中氏の原状回復（身柄の日本への復帰）と真相究明、韓国政府の責任追及、犯人の処罰を求める世論が高まった。当時の田中伊三次法相は、事件直後の参院法務委員会で、「第六感によれば、この国（韓国）の秘密警察がやったことに違いがない」と答弁した。

ところが、その年の一一月、田中角栄首相は来日した金鍾泌《キム・ジョンピル》首相の「韓国大使館の金東雲《キム・ドンウン》一等書記官が関与した疑いで免職にした」という説明を了承した（第一次政治決着）。また、一年後の七五年には、日韓両政府は真相究明をしないまま、金東雲一等書記官を犯人の一人としながら、「個人の犯行で公権力は関与していない。韓国で処罰するので日本の警察には出頭させない」という幕引きを図った（第二次政治決着、日本は三木内閣)。韓国政府は捜査を打ち切り、金東雲を不起訴処分として事件を葬った。これについてアメリカ国務省のレイナード韓国部長は、「KCIAの仕業で、すべての真相を最も知っているのは日本政府だ」と語っていた。

この事件は衝撃的だっただけに、私は機会があるごとに政府に事件の解明と解決を迫った。七四年には参院法務委員会で、韓国人作曲家の尹伊桑《ユン・イサン》氏がベルリンからKCIAに拉致された事件では、西ドイツ政府が断固として抗議し、身柄をドイツに戻させたことに比べ、日本政府が動こうとしないことを批判した。また七七年の参院予算委員会では、金大中氏が拉致される数日前の誘拐未遂事件のこと、事件当日の金在権駐日公使の行動の疑惑、大阪の韓国総領事館の役割、事件から二日後に生死不明だったのに、日本の警察は氏の生存を確認していたと思われること、〈政治決着〉で韓国に捜査協力も要求できなくされたことなどを追及、福田赳夫首相に事件が未解決であることを認めさせた。しかし政府は、〈政治決着〉の枠から動こうとはしなかった。

その間、金大中氏は七六年に「民主救国宣言」を発表して逮捕され、懲役刑になるが、七八年に釈放された。ところが、翌年一〇月、長期政権を誇った朴大統領が韓国中央情報部(KCIA)部長に暗殺されるという予想外の事件が起こり、民主化の扉が開くかに見えた。

全斗煥司令官と金大中氏

朴大統領殺害で生まれた民主化への希望は、「ソウルの春」と呼ばれた。しかし、保安司令官の全斗煥《チョン・ドゥファン》少将が殺害犯の金戴圭KCIA部長の逮捕、処刑を主導し、さらに戒厳司令官の鄭昇和大将も逮捕して「粛軍クーデタ」で実権を握り、事態は冬に戻った。全斗煥司令官は、さらに翌八〇年五月、非常戒厳令を全国に拡大、金大中、金泳三、金鍾泌氏らを逮捕、軟禁した。

　これに抗議して、南部の光州市で学生たちが決起したが、鎮圧に乗り出した空挺部隊と衝突し多数の死者が出た。学生たちに呼応した市民は武器を奪い、空挺部隊は撤退したが、全斗煥司令官が在韓米軍司令官の承認を受けて送った戒厳軍二万五〇〇〇人が光州市を封鎖して突入、多数の市民を射殺して鎮圧した。全斗煥司令官は八月に大統領に就任し、次いで軍事法廷で金大中氏に死刑を宣告した。

　この「光州蜂起」は、韓国だけでなく全世界で人びとの心を震わせ、韓国の民主化への関心と連帯を呼び起こすことになった。日本では参院選の年で、私も改選組だったが、金大中氏の死刑をなんとか止めなければとの思いに駆られていた。幸い、アメリカをはじめ世界中から「金大中氏を救え」という声が上がり、死刑執行は先送りされた。私は再選され、国会での活動の場を確保できた。

　当選直後の八月、私は早速、伊東正義外相に対し、金大中氏は光州蜂起の責任を問われて死刑判決のおそれがあると迫った。これに対し伊東外相は、「死刑ということになれば政治決着を見直す」と答弁し、各紙はこのやりとりを一斉に報じた。

　金大中氏は国際世論の支援を受けて無期懲役に減刑され、八二年にアメリカへの出国を条件に刑の執行を停止された（事実上の国外追放）。私は八三年の参院予算委員

韓国の民主化と金大中氏の復権を支持する緊急各会懇談会で土井たか子さん（中央）らと。筆者は右端　（1987年7月）

会で、金大中氏の死刑判決の理由に「韓国民主化統一促進国民会議（韓民統）の議長となるなど日本における活動」が挙げられたことを取り上げ、〈政治決着〉にさえ反すると追及したが、政府は「韓国側から説明は受けたが判決文は入手していない」と逃げ、氏の原状回復についても消極的な姿勢を変えなかった。金大中氏は「真相究明以外、いかなる要求もしない」と寛容の姿勢を示したが、日本政府は真相究明も原状回復も果たさないまま、この年八月に捜査本部を解散してしまった。

なお、全斗煥大統領は八四年、戦後の韓国大統領として初来日、昭和天皇の晩さん会に招かれた。

八八年に、ともに粛軍クーデタを起こした盧泰愚《ノ・テウ》氏が大統領となるが、全斗煥氏は光州事件や不正蓄財の責任を問われ、死刑を宣告された（その後、大統領になった金大中氏により減刑ののち特赦）。盧泰愚大統領は、ソ連、中国と国交を樹立し、九一年に南北同時国連加盟や南北基本合意を実現するなど手腕を発揮したが、やはり退任後に粛軍クーデタや光州事件の責任を問われ、懲役刑を受けた（のち特赦）。

金大中氏と私

このように何度も生死の窮地をくぐり抜けた金大中氏夫妻に、私は九四年にマニラで会うことができた（本章1「日中平和懇談会とPDSAP」参照）。金大中氏は一度、政界引退を表明していたが、北朝鮮に対する「太陽政策」を掲げるなど、政治への意欲は失われていなかった。マニラでは、東西ドイツの急激な統一が抱えた矛盾の

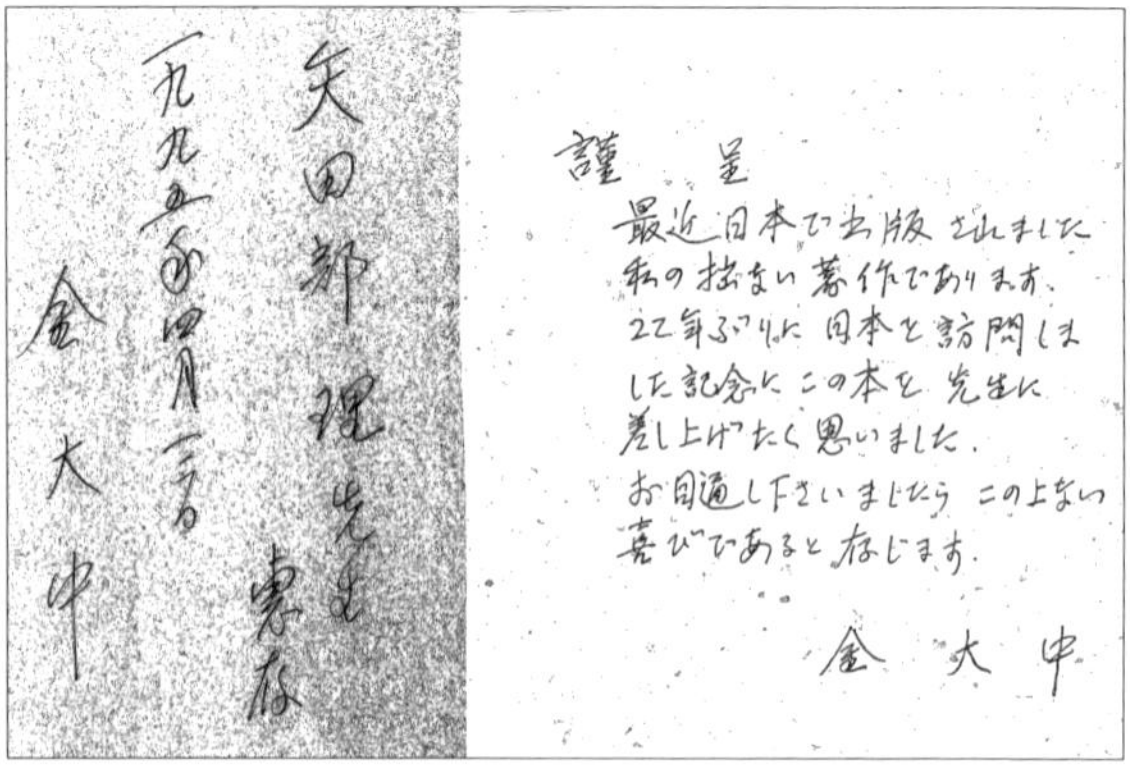
謹呈
最近日本で出版されました私の拙ない著作であります。22年ぶりに日本を訪問しました記念にこの本を先生に差し上げたく思いました。お目通し下さいましたらこの上ない喜びであると存じます。
金大中

矢田部理先生 恵存
一九九五年四月一三日
金大中

金大中氏から自筆の手紙と著書が贈られた（1995年4月）

大きさを教訓として、南北統一は相互の協力と信頼の積み上げにより段階的に進めるべきだとする講演を聞き、私は金大中氏の現実主義と柔軟性に感服した。

拉致事件後の原状回復が果たされていなかったので、私は金大中氏に訪日の可能性を打診した。氏は、「日本の大学からの正式要請があれば、訪日も可能になるでしょう」と答えた。そこで私は帰国後、母校の中央大学に、金大中氏に名誉博士号を授与し、そうすることで招聘できないかと要請した。しかしこの企画は、学内の一部の反対で実らなかった。

翌九五年、私は河野洋平外相と金大中氏の来日の可能性や方法などについて話し合った。外相は真剣に受け止めてくれたが、〈政治決着〉の過去にこだわる勢力は強く、これも実らなかった。しかし、金大中氏は、私の努力に礼状を添えて著書『わたしの自叙伝』を贈ってくれた。

九七年一二月、金大中氏はついに大統領に当選した。明けて二月、韓国紙「東亜日報」は、ＫＣＩＡの極秘文書を公表し、〈ＫＣＩＡ要員二五人、工作船「竜金号」船員二一人〉の名前と役割、関与者へのその後の処遇（就職あっせん、補償金などの特恵）を明らかにした。

その九八年一〇月、氏は韓国大統領として来日し、国会で演説。私は迎賓館での懇親会に招かれ、旧交を温めることができた。こうして金大中氏の「原状回復」は、大統領訪日という形で果たされたようになったが、それは決して日本政府の責任と積極的行動によってではなかった（なお、韓国政府は二〇〇六年、拉致事件は「ＫＣＩＡ

韓国大統領として来日した金大中氏と再会した（1998年10月）

の組織的犯行であった」と公式に認めた）。

金大中氏は二〇〇〇年六月に平壌を訪れて金正日《キム・ジョンイル》氏と会談し、「6・15南北共同宣言」を発表した。これは、自主的統一の原則について、金大中氏の「南北連合制」も盛り込み、離散家族などの訪問、経済協力をはじめ各分野での協力と交流をうたったもので、南北和解の大きな突破口になりうる合意だった。これにより金大中氏はノーベル平和賞を授与された。

私は、その年九月に来日された際にも氏に会うことができ、アジアにおける平和へのイニシアティブについて語り合った。〇三年には、私が韓国を訪れ、金大中夫妻と私邸で歓談の機会を持つことができた。

こうした激動の人生を送った金大中氏であったが、〇九年八月一八日に永眠された。

日韓大陸棚協定など日韓金脈を追及

日韓関係ではさまざまな形で利権が動いたが、一九七四年一月に「日韓大陸棚協定」が結ばれた。日本側は福田内閣で、韓国側は朴正煕政権だった。これは、六九年に国連アジア極東経済委員会（ＥＣＡＦＥ）が東シナ海と黄海で実施した大陸棚の大規模調査で、石油、天然ガスの潜在的可能性が報告されたため、韓国側は直後から鉱区を設定して米英の石油大手と探鉱契約を結び、遅れた日本側が「共同開発」をもちかけたものだった。短期間で結ばれた協定は、大陸棚の境界を確定した北部協定と、境界を棚上げして石油、天然ガスを共同開発する南部協定の二本立てだった。

ソウルの私邸で金大中氏夫妻と再会を喜びあった（2003年3月）

私は七八年の参院商工委員会で、この協定が、領有権を主張して抗議する中国や北朝鮮との関係は放置しており、共同開発区域における双方の施政権や適用法令、権利義務関係などはあいまいで、探鉱する石油会社への公的資金の投融資は不透明であり、また大事故が起きた時の影響など、いくつもの問題点を徹底的に追及した。この協定を正当化するため、政府は「石油の推定埋蔵量は七億キロリットル」と宣伝していたが、ごまかしだったことが明らかになり、園田直外相は謝罪に追い込まれた。

朴独裁下の韓国は、調印した年に批准を強行していたが、日本側はロッキード事件などの政局混乱で遅れていたため、焦った政府与党は自民、民社で強行採決を行い、議場は乱闘になった。こうして協定は七八年に発効したが、つづく八〇年代を通して日本側は、前宣伝にもかかわらず「採算性がない」として探査を中止した。協定の有効期間は二〇二八年までの五〇年間のため、韓国側では〈日本は期限切れを待って単独開発するつもりではないか〉との疑念も表明された。

探査は〈ボーリング一本の経費一〇億円〉と言われたが、石油開発公団の投融資は「採掘成功後の返済」とされ、利益率を保障された石油会社は掘るだけで利益が上がる仕組みだった。これまで石油も天然ガスも出ていない。巨額のカネが動いたこのプロジェクトの裏で岸信介氏らが暗躍したとも指摘された。

また、私は、韓国ロビーの東亜相互企業に対して日本不動産銀行が五〇数億円、栃木農協共済事業団が三〇億円もの融資をしたが、東亜相互の倒産で事業団の融資がコゲついた裏には、福島県知事への賄賂や三越、東海興業などの大企業による土地買収

在日韓国人政治犯の救援を宇野宗佑外相に申入れる（1988年7月10日）

問題などが絡んだ、日韓の黒い人脈、金脈の広がりがあるのではと追及した。

在日韓国人政治犯の救援

一九八〇年の光州事件から軍政が終わろうとする八〇年代末にかけて、在日韓国人政治犯の救援運動が活発になった。この人びとは、七〇年代の朴正熙独裁下で、日本から韓国に留学あるいは商売などで渡り、「北のスパイ」として逮捕され、死刑など重刑を科せられた韓国人だった。彼らは激しい拷問を受け、虚偽の自白をさせられて有罪とされた。七五年の「11・22事件」をはじめとして七一～九三年に逮捕された在日韓国人政治犯は、徐勝《ソ・スン》・徐俊植《ソ・シュンシク》兄弟や崔哲教《チェ・チョルギョ》氏、李哲《イ・チョル》氏、康宗憲《カン・ソンホン》氏など名前がわかっただけで約七〇人、そのほかに訪日関連者、一時日本滞在者、日本からの帰国者、留学生などを含めると少なくとも約一六〇人に達した。

日本では、彼らの家族を中心に日本人支援者がこの事実を社会的にアピールするとともに、韓国政府に助命の要請を続けた。私は、その中心的な吉松繁牧師たちに求められて、「在日韓国人政治犯を支援する国会議員懇談会」を立ち上げ、その事務局長役を担った。この議員懇談会は、外務省を通じた韓国政府への要請や外相への直接の面談などを八〇年代の約一〇年間にわたって続けた。

救援運動が最も活発になった八九年には、私たちは衆参両院議員一三三人の連名で盧泰愚大統領に死刑の中止と処遇の改善などの要請書を送った。ところが、その死刑囚の中に、のちに問題となった辛光洙《シン・ガンス》氏がいた。彼が日本人拉致事件にかかわった北朝鮮の工作員だったということで、右翼や安倍晋三氏などは要請書に名を連ねた土井たか子氏などを激しく非難し、彼女の選挙で激しい妨害が行われた。しかし、当時の私たちにはそうした情報はなかったし、最終的には韓国で辛光洙氏も含めて釈放されたのは、独裁下の違法な逮捕や拷問の法的清算がなされたものと考えている。

こうした韓国内の政治的変化と日本などでの救援の努力とがあいまって、死刑囚は一人も処刑されず、二人が無罪判決を受け、ほか全員は有罪とされたが〈3・1特赦〉や〈8・15特赦〉などで釈放され、日本の家族の元に帰ることができた。

一九九〇年に釈放された崔哲教氏は、七四年から一六年間獄中にあったが、他の政治犯が〈3・1特赦〉などで釈放されるのに自分だけ取り残されるのではないかと焦り、獄中のハンストを行った。家族や救援団体の制止も聞かなかったので、その要請を受けた私は山花貞夫、野坂浩賢衆院議員らと宇野宗佑外相に直接会い、韓国政府への釈放要請を行った。アムネスティ・インターナショナルやキリスト教会関係者なども動き、盧泰愚大統領が訪日するというタイミングもあって、まもなく崔哲教氏は釈放された。

ところが在日韓国人政治犯の日本帰還にあたって、日本の法務省は有罪判決文を自分で日本語に訳して提出することを入国の条件とした。崔氏は、「自分は無実なのに、自分の〈罪状〉を書いている有罪判決文を訳して出すなど納得できない」と拒否した。私たち「議員懇談会」のメンバーは法務省の役人と連日交渉し、〈判決文なし〉での氏の帰日を認めさせた。帰還後、議員会館の事務所を孫夫人とともに訪ねてくれた崔

国会の論戦から ②

戦後補償――個人の請求権は消滅していない

1991年12月5日（金）参議院国際平和協力特別委員会から

矢田部理　（日本の）戦後責任について総理及び外務大臣はどうお考えか。

渡辺美智雄外相　（中略）いかに無謀な戦争を仕掛けてしまったか残念至極だと。アメリカやアジア諸国に大きな人的、物的損害を与えたことに深く反省し、（中略）新しい国際秩序をつくることに真剣に取り組んでいかなければならないと思っています。

宮澤喜一首相　我が国の行為が（中略）関係地域の人々に多大な苦痛と損害を与えてきたことを深く自覚しています。

矢田部　戦後責任はもう果たし終えたというお考えでしょうか。

宮澤首相　平和に対する貢献は永遠のものと考えております。

矢田部　戦後責任の処理で大きく残っているのが強制連行です。100万を超える朝鮮や中国の人たちを戦争中に強制連行して強制労働に服させました。「従軍慰安婦」問題もあります。

宮澤首相　（中略）朝鮮民主主義人民共和国との間の問題は残っておりますが、その他の国との法律的な処理は一応できておると考えております。

矢田部　総理は問題の本質をつかんでおられない。国家間の関係として（の一応の決着）と、現に強制連行を受けた人々と日本国政府あるいは日本企業との関係はいまだ清算されていないというのが問題の基本です。ドイツはポーランドに対し基金を設け、アメリカは２万ドルずつ日本人抑留者に支払う（中略）、そのことに日本政府も踏み込むべきではないか。

渡辺外相　同情するものも多々あるでしょう。しかし賠償その他で全部含まれているという解釈をとってきておる。

矢田部　その解釈は間違っています。政府見解とも違う。日韓などでは一応国家レベルでは処理をした。しかし、個人と国家との関係はそれで終わったわけではない。個人の請求権を国内法的な意味で消滅させたものではない。

渡辺外相　これは十分法律的な問題ですから、事務当局から説明させます。

柳井条約局長　（中略）個人の請求権が国内法的な意味で消滅していないことも仰せの通りです。

矢田部　渡辺さん、個人の請求権は消滅していないんです。（中略）半世紀近くも解決されていない諸問題にけじめをつけて、そこから国際貢献だとかをするべきだ。少なくとも重要な検討課題にのせる、渡辺外交の重要なポイントにしたらどうでしょうか。

渡辺外相　今度は個人の請求を日本政府が全部受けて立つのか、莫大な国民の負担になってくる。（中略）慣例、国益、国の負担、総合的に考えなければならない問題ではないかと思います。

矢田部　難しい問題だという認識の上に言うんですよ。（中略）どこの国も苦しんで、現にやっている。大変だとか税負担が容易でないというだけでは説明にならない。

哲教氏は、苦難の年月を耐えたとは思えない柔和な顔だった。

なお、盧武鉉《ノ・ムヒョン》政権下で二〇〇五年から一〇年まで設置された「真実和解委員会」（真実・和解のための過去史整理委員会）に力を得て、その後、特赦で釈放された人びとの再審請求が相次ぎ、何人もの無罪判決が出ているという。

◉近くて遠い国——共和国訪問と対話

日本と朝鮮民主主義人民共和国との関係は、戦後の国際政治の紆余曲折もあってねじれにねじれ、いまもいっこうに改善、正常化する見通しが立っていない。本来なら、日本による植民地支配の清算がなされ、国交が正常化され、アジアの隣国として友好と協力の関係が結ばれるべきだが、その道はなかなか見えず、最近はむしろ遠のいているかのようである。

私が初めて共和国を訪問したのは、一九七八年のことだった。抗日戦を経て一九四八年に共和国を創建した金日成《キム・イルソン》主席が健在で、しかし、国家創建の二年後に起こった朝鮮戦争で国民も国土も甚大な傷を負い、それからの回復にそれこそ奮戦の一途だったと言えよう。そうした共和国側にとって、アメリカの戦略に追随して共和国に圧力をかける日本において、植民地支配の清算の立場に立ち、平和外交を掲げ、南北の自主的平和統一を支持する社会党は、友好関係を結ぶべき有力な相手だったろう。

社会党石橋訪朝団と金日成主席（中央）の会談がピョンヤンで行われた。石橋委員長（中央左）、筆者は後列の右から二人目（1984年9月）

この年、社会党参院議員による代表団が朝鮮労働党の招きで訪朝し、政治会談を重ねるとともに各地を視察することができた。その団長は小柳勇氏で、私は秘書長だった。

朝鮮労働党側からは、金英男《キム・ヨンナム》国際事業部長や金容淳《キム・ヨンスン》副部長らが対応し、米韓の軍備増強の脅威に立ち向かう決意を強調した。視察では、教育重視と食糧自給の取組みが目玉となり、ピョンヤンの街並みの大きな変化と全国的な土地開発の展開が印象的だった。

この頃は拉致問題が浮上しておらず、核問題も存在していなかった。拉致被害者家族連絡会が結成されたのは九七年だったが、日本政府がその後に「一〇人が北朝鮮に拉致された疑いが濃厚」と発表しても、具体的な証拠などは開示されず、大きな疑問符のままだった。拉致問題は、主権侵害の問題もさることながら、深刻な人権侵害である。その一日も早い解決が必要だが、一方で、それを理由に日朝関係を断絶したままにしたり悪化させたりするのも正しくない。

石橋訪朝団に参加

私の二回目の訪朝は、一九八四年九月の石橋政嗣委員長を団長とする社会党訪朝団に参加した時である。ピョンヤンに到着した夜に金日成主席の盛大な歓迎宴が催され、主席が「米日の朝鮮敵視政策」を厳しく非難しながらも、中曽根内閣への名指しの攻撃を避けたのが特徴的だった。中曽根氏は「日本列島不沈空母」論を打ち出すなど、アメリカの軍事戦略への傾倒が著しかったが、他方で「総理が決断すれば日朝関係は

石橋訪朝団に参加し、金日成主席と意見交換（ピョンヤンで、1984年9月）

一日で解決する」という発想があったことを考慮したのかもしれない。

社会党と朝鮮労働党との政治会談では、金日成主席や許錟《ホ・ダム》政治局員などトップクラスが出席し、率直な意見交換となった。石橋委員長が米ソの核軍縮問題や日朝関係の改善、アジアにおける軍縮の必要性などを述べ、南北朝鮮とアメリカの三者会談への支持を表明したのに対し、主席は社会党の情勢分析に全面的に同意するとしたうえで、三者会談は本来、アメリカ側からの提案であり、アメリカが休戦協定の当事者なのだから、三者で会談するのが最も現実的だと語った。さらに、「南進は絶対にしない。南に不祥事があっても、つけこむようなことはしない」と強調した。

金日成主席は、社会党が提起した日朝漁業問題についても、「朝鮮で会議を開いて解決しよう」と決断し、これは野党外交の成果として日本でも各紙が報じることになった。また、日朝交流の進め方や合弁問題などでも密度の濃い議論がかわされた。

私たちは、韓国で起こった洪水の被害に、共和国から救援物資が送られようとしているのを目のあたりにし、共和国に対する制裁措置の撤回や三者会談の実現のための環境づくりに努力する必要性を痛感した。実際、この救援事業は南北の対話再開につながり、離散家族の再会事業も再開されることになった。平和へのメッセージと行動こそが、敵意と緊張を和らげることができるのである。

新社会党、沖縄社会大衆党が合同訪朝団

新社会党結党で沖縄を重視し連携を強化する中で、沖縄社会大衆党の島袋宗康委員

村山訪朝団にさきがけて訪朝することになり意見交換（1999年7月）

長と親交を深めていたところ、沖縄と共和国との交流がほとんどないことがわかった。そこで二人で相談し、両党が一緒に訪朝して交流を深めることが大切だということで一致し、一九九九年七月に訪朝した。

この訪朝が注目されたのは、共和国側が日本の政党や政治家に対して、大物の政治家が訪朝するつど、植民地支配の清算や食糧支援などを約束して帰国するが、いっこうに守られないと不信感を露わにして、当面、政党代表団は受け入れないということになっていたからである。村山元首相を団長とする超党派の訪朝団が訪問したのは同年一二月だったが、それに先立って私たちが訪朝できたのは、日朝関係の改善にいささか努力し、平和のために闘ってきたことがあったからだと思う。

共和国側で私たちの訪朝団に応対したのは、金容淳労働党書記・朝鮮アジア太平洋平和委員会委員長らだった。日本からの訪朝団を迎える際のトップで、金丸訪朝団（一九九〇年）などを迎えたこともあり、私も旧知の間柄であった。会談の焦点の一つはテポドン2号の発射問題だった。八月か九月には打ち上げがあるのではないかとメディアで取り上げられていたので、そのことが論議にのぼった。テポドンは「人工衛星で、その打ち上げは共和国の自主権に関することで他国があれこれ言う問題ではない」というのが共和国の基本的な立場だったが、会談の中で、当分の間テポドンの打ち上げはないという感触を得たし、後刻、それは非公式に伝えられた。

私たちからは、東北アジアの非核平和地帯の創設を提案した。八一年に日本社会党と朝鮮労働党との間で合意された共同宣言や、九二年には南北朝鮮でも「南北の非核に関する共同宣言」が合意されており、基本的な条件が整備されてきて、最近は中国も理解を示しつつあると指摘した。これ対し金書記は、私たち両党が平和のために闘っていることを高く評価し、党間で交流を深めていけば自然に平和にたどりつくと述べ、非核地帯創設を積極的に推進することで合意した。ただ、日本は依然としてアメリカの〈核の傘〉の下にあるので、それからの離脱のための闘いを強化する必要があることも、私たちの課題として重要であることは言うまでもない。

日朝関係については、日本ではいたずらに「北朝鮮脅威論」として拉致問題やミサイル問題が強調されているが、基本的な課題は三六年に及ぶ植民地支配の清算と国交正常化の実現であり、個別問題はその中で解決することが望ましいということも話題になった。

食糧問題については、水害・干ばつなどで深刻な状態にあり、各国から支援を受けているが、日本も人道的立場から支援に乗り出すべきだと考え、私たちも努力すると話した。金容淳書記が阪神淡路大震災では共和国も人道支援をしてきた、と述べたことは印象的だった。

私たちは、帰国にあたり北京で記者会見をし、訪朝報告は日本の各紙で報道された。

＊　＊　＊

この九九年の合同訪朝団のときには、金日成主席はすでに亡くなり（九四年七月）、金正日氏が最高指導者に就いていた（九八年九月）。そして日朝関係が劇的に動いたのは、二〇〇二年九月の小泉首相の訪朝と首脳会談による「日朝平壌宣言」で、国交

新社会党と沖縄社大党の合同訪朝に際し、野中広務官房長官と意見交換（1999年7月）

正常化交渉再開の合意だった。拉致問題では、金正日氏が「特殊部隊の一部の妄動」としつつも事実を認め、謝罪した。小泉首相は〇四年に再訪し、拉致被害者五人の帰国が実現した。ところが、「八人死亡、一〇人不明」で「再調査する」との共和国側からの回答に日本国内の世論が硬化し、日朝関係は再び暗転した。

共和国のロケット／弾道ミサイル発射は九三年から始まっていたが、核実験は二〇〇六年に始まり、一七年にも行われて、いずれも「軍事強国」が誇示されてきた。一一年の金正日氏の死去で金正恩《キム・ジョンウン》氏が三代目の最高指導者となったが、米韓日の軍事的な圧力に対抗するとして軍事的示威をエスカレートさせ、国際的にも国内的にも厳しい状況がつづいている。安倍首相が事態の平和解決への展望を示そうともしていないのに対して、一七年七月五日に中国とロシアの外相が、核実験やミサイル発射を否としながら、朝鮮側によるミサイル試射の一時停止と米韓による合同演習の一時停止を提言し、「朝鮮半島問題を全面的に解決する対話プロセスの早期再開」を呼びかけた共同声明は、きわめて合理的で現実的な平和解決へのイニシアティブであると思う。

現状は、私たちが訪朝して率直な政治会談を行い、友好と交流を確認しあった時期とは様変わりしてしまった。その復活は次の世代に譲るしかないが、「指導者の決断」はいまも有効であるはずだ。

マニラのＮＡ本部でタニャーダ議長（元上院議員）と意見交換。議長は日本国憲法の精神について大演説（左から著者、志苫裕氏、中西績介氏、1人おいてタニャーダ議長　（1985年7月）

3　フィリピンとパレスチナ——ＯＤＡ基本法案前史

◉対フィリピンＯＤＡへの疑問

私の議員活動のなかでも、特に関心があったテーマの一つは政府開発援助、いわゆるＯＤＡであった。私がＯＤＡ問題に取り組むようになったのは、フィリピンとのかかわりからである。

フィリピンでは、一九六五年以来二〇年近くも独裁体制を敷いていたマルコス政権に対し、日本は巨額のＯＤＡを供与してきた。一方で、八〇年代半ば当時、物価高騰も重なり、一世帯当たり一日の生活費が八〇ペソ（二六〇円余り）の「貧困ライン」を下回る人びとが国民の七割以上と報じられた。また、八三年八月には、マルコス大統領の最強のライバルで、国民に人気があったベニグノ・アキノ氏が、逃れていたアメリカから帰国したマニラ国際空港で暗殺された。

日比双方のＮＧＯなどからも、日本のＯＤＡはマルコスの独裁にテコ入れし、一部特権階級の利益になっていて一般民衆には届かず、ＯＤＡプロジェクトが民衆を強制的に立ち退かせたり低賃金労働を強いているという批判が強かった。

そこで私は、八四年四月の参院予算委員会で、マルコス政権に対する第一二次円借

マニラ近郊のスラム、トンド地区。イメルダ夫人が「衛生向上のため」アジア開発銀行の資金で建てた簡易住宅は高い家賃で入居者がなく、建てた労働者が賃金不払いの代償に入居していた（1985年7月）

款（総額五五〇億円）の問題を取り上げた。石原慎太郎氏の「いったん権力の座につくと、マルコス大統領は、矛盾の解決を図る代わりに、戒厳令、議会の閉鎖、政治的脅迫と略奪と権力の悪用によって、自らが大財閥になりおおせ、今ではフィリピンそのものを大方、手中にしてしまった。今日では貧困、治安、綱紀の乱脈は徹底し、もはやフィリピンは近代社会の体を成していない」という認識をあえて引用して、日本の円借款はマルコス政権へのテコ入れになり、延期すべきだと追及した。

安倍晋太郎外相は、「マルコス政権が十数年も続いておる、これはまさに一種の独裁的なものであるということは客観的な事実」と認め、フィリピンの野党からもマルコス政権への経済協力を控えてほしいとの要請があると答えた。しかし結論は、「これまでの日比関係からすれば（ODAの実施は）当然で、事務的とも言うべき立場で進めている」という答弁に終始した。

私は、日本のODAの実態を知り、その問題点を改めさせるには、現地に赴いて調査する必要があると思うようになった。

ODAについてフィリピンで現地調査

ODA問題は、私も参加していた「平和戦略研究会」のテーマの一つでもあり、八五年七月、研究会メンバーの志苫裕参院議員、中西績介衆院議員、私と秘書の筑紫君の四人でフィリピンを訪れた。

調査予定地区は、ルソン島ではバターン輸出加工区とマニラ郊外のナボタスの漁港開発の二か所だったが、リベート疑惑が浮かんでいたルソン島北部のカガヤン・バレー電化事業の地元関係者や住民団体とも会い、実情を聞いた。また、米軍のクラーク空軍基地（九一年のピナツボ火山の大噴火で廃棄）があるアンヘレス市で中部ルソンの住民団体とも会った。

日本軍による捕虜の「死の行進」でも知られるバターンでは、輸出加工区で労組代表と会談、住民集会にも参加した。ミンダナオ島では、カガヤン・デ・オロ市で川崎製鉄のコークス焼結工場を視察し、市長、住民団体、立ち退かされた住民、下請け労働者らと会談した。

なかでも私たちの関心を引いたのは、日本が漁港開発に関与したマニラ近郊の漁村ナボタスだった。私たちは無数のバラックがひしめくナボタスで、オキアミの塩辛をふるまわれながら漁民たちの訴えを聞いた。この事業は七一年、日比友好通商航海条約に基づいてアジア開発銀行（ＡＤＢ）が融資し、日本企業が受注する形で始まったが、マルコス政権は漁港労働者を強制退去させたため、地元には失業者が大量にあふれた。住民の抵抗が続き、ようやく七七年に開港したが、住民は湾内の漁場を失っただけでなく、工事で住宅地が水浸しになり、住民の間に反日感情が高まり、このときも消えていなかった。フィリピンに対する戦後賠償（一九五六年）から三〇年、日本企業によるフィリピン・ビジネスの一例をこの事業に見る思いがした。

なお、日比友好通商航海条約は一九六〇年に調印されたものの、フィリピン上院は批准せず、批准拒否を決議したことさえある。七六年改定を経て八〇年にやっと批准

パターン輸出加工区の日本企業を視察。100円ライターの製造ラインで働く女性労働者たち　（1985年7月）

書が交換されるという、いわくつきの条約で、その間はマルコス大統領の強権で日本企業は進出できた。

私たちは、タニャーダ元上院議員ら各界の多数の人びとと会って意見を交換し、短期間ではあったが実りある訪問となった。私たちの現地調査の内容は、「朝日ジャーナル」（八五年一〇月二五日号）に掲載され、現地調査の詳細は『平和戦略』（八五年秋季号）で報告した。

最終日の七月一七日、私たちは次のような「所感」を発表した（要旨）。

「フィリピン調査団の帰国にあたっての所感」

《現在のフィリピンにおいては、いかなる問題も政治ぬきには考えられない。この国は、かつて植民地であった発展途上国の多くがそうであるように、あらゆる面で特権的地位を有する階層と、貧困ラインにさえ達しない多数の民衆との二つに引き裂かれている。私たちが出会った人びとは、誰もが貧困の苦しみを語ることにもまして、正義と自由と人権と民主主義への渇望を強く訴えた。これらの諸原則に対する不正な侵犯が自国の政府によってなされているという理解は、共通かつ広汎に存在している。ここから必然的に、この国の政府を通じた如何なる他国の援助も、この政権への加担であり、民衆への敵対行為となるという大きな矛盾をもっている。

上述の政治構造とも関連するが、援助案件の発掘や計画の策定において、地域社会と民衆の理解、参加および協力がほとんど排除されている。ＯＤＡの大半がこのような状況では、日本の援助は、ある日突然に人びとの土地を奪い、立ち退きを強制するという効果しか生まないであろう。また、援助資金の相当部分が使途を明らかにされないため、多くの疑惑を生んでいる。

この国の人権状況については、私たちはあらゆる場所で、多くの人びとから例外なしに、権力による恣意的逮捕、予防拘束、拷問、虐殺、隔離、「サルベージング」（暗殺）など、衝撃的な情報とアピールに接した。私たちは、国家とその体制の如何を問わず、この地上のどこにおいても、人命が軽視され、人権が奪われることがあってはならないと考える。人権は、人間社会の最大の価値だからである。自由、平等、および民主主義は、近代社会が承認した普遍的原理であって、一日も早くこの原理がフィリピンにおいても貫徹されるよう切望してやまない。私たちは、人権問題に関するフィリピン民衆の国際的アピールに、強い共感と連帯を覚えるものである。

最後に、ＮＡ（正義と自由と民主主義のための民族主義者同盟）およびＢＡＹＡＮ（新民族主義者同盟）のタニャーダ議長は、平和と人権をうたった日本国憲法を高く評価し、その憲法が日本に課した義務は、日本が他国に対しても負うべき義務であるはずだ、と指摘された。私たちはこれに強い共感をもって、この憲法を名実ともに諸国民の範とする栄光を担いたい。》

「矢田部が年明け早々からフィリピン問題に熱を入れ始めた」

それから半年後の八六年一月一八日付の東京新聞は、フィリピンに対する関心を高めていた私を取り上げて、次のような記事を載せた（「第三の開国14――批判を浴びるODA」から抜粋）。

《かつてロッキード疑獄の国会論議で名をあげた参院社会党の名物男、矢田部理。環境特別委員長を務める矢田部が、年明け早々からフィリピン問題に熱を入れ始めた。

視察で苦い体験

「モノに偏った日本の経済援助の現状を何とか改善しないといかん。在野の有識者や市民運動家のチエを借りて、フィリピンに絞って日本の経済援助のあり方を洗い直してみたい」。議員会館の自室で熱っぽく語る矢田部。在野の市民運動家などを集めた「フィリピン問題に関する懇談会」は、この三月に発足する予定だ。矢田部をフィリピン問題に駆り立てたのは、昨年夏、現地視察に訪れた時の苦い体験だ。

フィリピン最大の島ルソン島。首都マニラから高速道路で三時間。マニラ湾の入り口にどっかり座るバターン半島先端に位置するマリベレス。ここに日本が総額八八億円を供与して、道路など産業基盤建設に協力した「バターン輸出加工区」がある。山の斜面を切り開いて開発した輸出加工区は工場と従業員宿舎が雑然と立ち並ぶ。

フィリピン政府は、外国企業に各種の優遇措置を条件に入居を勧誘し、日本、米国、韓国などの皮革縫製、百円ライター、精密機械などのメーカー数十社が入居している。「この加工区には、一万六千人の労働者が働いている」。フィリピン政府は、雇用促進効果の大きかったことを大いに強調した。しかし、矢田部とともにここを訪れた同党の志苫裕（参院議員）、中西績介（衆院議員）ら一行は、現地住民との対話の中で、厳しい対日批判を突きつけられた。

「われわれは〝輸出加工区を造る〟ということで、長年住んでいた土地を半ば強制的に追い出された。移転先は、スラム同然のところだ」「土地を奪われて、農業ができなくなった。日本の経済援助が、われわれをこんな目に遭わせた」――。

現地と食い違う加工区を実際に造ったのはフィリピンの土地開発公社であり、日本は基盤整備のためのカネを出しただけ。だが、現地ではそんな理屈は通らない。

矢田部は言う。「現地では、日本の経済援助を自分の生活と関連づけて見ている。そのうえ、フィリピンの政情が不安定なために、反体制側は日本の経済援助を現体制支援とみなして反対していることも影響しているようだ」。

一方、外務省経済協力局はこのケースについて「輸出加工区の住民の三百戸が移転した事実はあるが、現金で補償している。スラムに住んでいるのは、移転家族ではなく他の地区からの転居者と聞いている」と説明する。現地の声と外務省の説明には食い違いもあるが、経済協力は難しい問題を抱えているようだ。》

同記事は、安倍晋太郎外相の私的諮問機関「政府開発援助（ＯＤＡ）実施効率化研究会」（座長・小倉武一氏）が八五年暮れにまとめた報告書も、「わが国の援助はカネとモノに偏っている」、「計画が現地の事情にあわない」、「援助実施後のアフタケアが

ネグロス島の飢餓はなんとか乗り越えられたが、サトウキビ農園と農業労働者の状況は変わっていない（提供：特定非営利活動法人ＡＰＬＡ）

ない」などの問題点を指摘していること、日本のＯＤＡは経済協力開発機構（ＯＥＣＤ）の開発援助委員会（ＤＡＣ）一七か国のうち、金額ではアメリカに次ぎ第二位（六一年度予算案の事業量規模で約一兆三〇〇〇億円）だが、援助成績の目安となる対ＧＮＰ比では必ずしも高い水準ではないこと、なども指摘していた。

こうして私は、八五年一一月の予算委員会に臨み、安倍外相に厳しく迫った。対フィリピン援助は、実はマルコス政権へのテコ入れであって、一般の人びとの利益にはなっていないとして、具体的に、計画段階からの住民の参画、援助結果の公正な監査・評価システムの構築など、援助の入口から出口まで全体の透明性を図ることに主眼をおいた提案をしたのである。

しかし安倍外相は、「矢田部さんが、フィリピンに行なっている経済援助の実態の調査をされたことも承知しているし、レポートも拝見し、大変貴重な資料だと思っている」と言い、評価システムの強化には同意しながら、フィリピン民衆の声を「一部の声」とし、援助は「全体的に見ればフィリピン経済に裨益しているのではないか」との姿勢を崩さなかった。

◉ネグロス島緊急援助――新たな援助方式を実現

フィリピンにおける現地調査に基づいて、私たちが日本政府に強く働きかけて実現させた新たな援助方式がある。ネグロス島への緊急援助である。それまで日本政府は、緊急援助については相手国の要請を前提にする立場をとっていたが、これを変えさせることに成功したのである。

ネグロス島はフィリピン中部にあり、国内最大の砂糖の産地として名高い。サトウキビのプランテーションが平野全体に広がり、島の農業地帯の多くを占める。しかし、大地主が大農園を所有しており、島民の多くは砂糖産業に従事して、プランテーションでの労働収入に頼る生活だった。このため貧富の格差が進む一方で、砂糖の市場価格に生活が翻弄され、飢えや貧困に苦しむ人びとも少なくない。

一九八五年、砂糖の国際価格が暴落し、ネグロス島では地主の破産やプランテーションの放棄が相次いだ。農園主に雇われて日銭を稼いでいた農園労働者は、地主が砂糖栽培を放棄すると同時に失業し、収入の道を断たれ、島の全土に急速に飢餓が広がっていった。この事態にユニセフ（国連児童基金）などが、ネグロス島の児童十数万人が親の失業により餓死の危機にあるとアピールして救済活動を開始していた。

その年一二月、私はフィリピンの民主団体ＢＡＹＡＮの関係者と会談する機会があった。彼は、「ネグロス島では約一〇〇万人が飢餓状態に置かれているが、マルコス政権はこの事実を認めようとしない。ぜひ緊急援助を」と実情を訴えた。私はすぐに外務省と交渉をはじめた。

外務省は当初、「援助には相手国政府の要請が必要」とかたくなだった。それでも粘り強く交渉を繰り返した結果、八六年に入って間もなく、外務省から「ユニセフ経由で一〇万ドル規模の援助を来年度予算で行う」との連絡があった。「国際的体面」

にこだわるマルコス政権からの要請を待つことなく、緊急援助を行うという政策転換をしたのである。金額的には少なすぎたが、それでも〈新たな視点の対外援助〉方式として評価できた。

その後も、ネグロス島での失業と飢餓は深刻化し、アキノ政権になっても事態が改善していないこと、政府が踏み切った緊急援助は評価するが中身があまりに乏しいことから、私はさらに緊急援助を増やすべきだと要求した。これに対し外務省は、地方自治体等の協力による乾パン三〇万食と一〇万ドルに続き、九月には五〇万ドルをユニセフに拠出したと答えた。こうして、迂回ルートではあったが〈相手国政府の要請なしに日本が行った援助〉としての前例をつくることができた。

◉マルコス疑惑を隠し通した中曽根政権

私たちが現地調査をした一九八五年は、マルコス独裁の最終段階だった。私たちがマニラで会った日本大使館の幹部は、「マルコス大統領は有能で盤石だ。野党は力がないので、現体制はマルコスが生きている限り続くだろう」と語った。私たちが各地で住民や野党活動家に会った印象では、マルコス体制と民意の隔絶はあまりに大きく、その認識には違和感が強かったが、わずか二年後にその真偽が証明された。

翌八六年の大統領選には、野党統一候補としてコラソン・アキノ夫人が出馬し、勝利したが、選挙管理委員会は「マルコス当選」と発表した。怒った民衆はマニラ市街を埋め尽くし、マルコス一家はハワイに亡命した（ピープルパワー革命、あるいは抗議行動の中心地となった大通りの名をとってエドゥサ革命と呼ばれる）。

八六年二月にコラソン・アキノ氏が大統領に就任すると、マルコスの不正蓄財が大きな問題となった。アメリカ下院外交委員会アジア・太平洋小委員会のソラーズ委員長は三月二〇日、押収資料の中に日本企業二三社に関するものがあると指摘し、円借款関連で日本企業から大統領とその周辺に〈手数料〉が渡され、日本の援助が蓄財に利用されたのではとの疑惑がもちあがった。

その矢先の三月二五日、平泉渉経済企画庁長官が記者会見で、「マルコス疑惑をとやかく言うのは内政干渉になる」と発言した。私たち野党は平泉長官の罷免を求め、国会審議はストップした。慌てた自民党は翌日、「対フィリピン経済援助に関する調査特別委員会」（マルコス疑惑特別委員会）の両院での設置に同意し、中曽根首相と平泉長官は衆参両院の本会議で陳謝した。

このとき私は、参院の環境問題特別委員長を務めていたが、マルコス疑惑特別委員会の委員にもなり、社会党内に設置された「フィリピン問題に関する懇談会」の事務局長として、疑惑究明を推進することになった。そして、「国際的な利権構造にからむ事件であり、国民の血税が賄賂やイメルダ大統領夫人の宝石に化けた許しがたい問題だ。日比の利権構造を徹底的に解明し、フィリピン民衆の貧困からの解放と経済的自立に役立つ援助のあり方を追求する。日本の政界にからむ資金還流の情報が入ってきており、裏付けを急いでいる」という談話を発表した。

参院の調査特別委員会は四月と五月に参考人を招いて意見を聴くなどの調査を行い、参院予算委員会でもこの問題について集中審議を行った。実際、私たちは企業名や金額が記された膨大な資料のコピーを入手した。これに基づいて社会党など野党は、対比円借款事業を受注していた日本の企業名、受注内容などの関係資料の公表を繰り返し迫った。また、これをきっかけとして援助のあり方の根本的な見直しを迫り、援助実施体制や援助法制定の論議も行った。

しかし中曽根内閣は、巨額の税金を使った円借款事業なのに、「経済援助のため貸与した資金の処理方法等はフィリピン政府自身の問題であり、フィリピン政府と契約した企業名を日本政府が一方的に公表することはできない」として、公表に応じなかった。そして中曽根首相は、援助は順調に機能しているので法制定は必要ないと拒否した。結局、ODAに関係する四省庁（経企、外務、大蔵、通産）共同の関係企業に対する事情調査の結果を特別委員会に報告させるにとどまり、その内容は疑惑解明にはほど遠いものであった。

◉停戦協定国際調査団長としてフィリピンへ

この間、フィリピン各地では政府軍と共産党を中心とする「新人民軍」との戦闘が続いていたが、マルコス政権が倒れたことで八六年に停戦協定が結ばれた。そこで、フィリピンの民主的諸団体は、停戦の確実な実施と停戦後の真の平和をつくるため、

停戦交渉のＮＤＦ側代表のオカンポ氏（中央右）と会談
（1987 年１月）

国際的にも注視してほしいという緊急アピールを発した。これを受けて翌八七年、私は日本で編成された「停戦協定国際調査団」の団長になり、現地を再訪した。その活動報告が、茨城新聞（同年二月）に連載された。（要旨、一部加筆）

「激動のフィリピンに旅して——憲法投票と停戦協定の行方を追う」

《一九八六年二月、マルコス独裁政権を倒してフィリピンに新政権を樹立したコラソン・アキノ大統領は、〈国民和解〉をスローガンとして一七年間に及ぶ内戦に終止符を打ち、新憲法を制定して自らの政治基盤を固めることを当面の最大の政治課題としてきました。その結果、政府と新人民軍を中心とする民族民主戦線（ＮＤＦ）は、六〇日という暫定的なものではありましたが、画期的な停戦協定を締結し、民衆もこれを歓迎しました。

私たちは（八七年）一月一六日から一週間、フィリピンを訪問しました。調査団は、伊藤成彦中央大学教授（副団長）、フィリピン出身のルーベン・アビト上智大学教授（秘書長）など学者、弁護士、ジャーナリスト、宗教家、労働運動・婦人運動の指導者など多彩な顔ぶれで、本県からは塚本信次・前中央地区労議長が参加しました。

フィリピンは、停戦の期限切れを間近にして、本格的な和平交渉が進むのか、再び内戦に戻るのかが注目され、二月二日の憲法の国民投票に向け、アキノ大統領が全国遊説を始め、エンリレ前国防相が憲法反対に動くなど、まさに熱い〈政治の季節〉でした。加えて、私も面識のあるオラリア人民党議長の虐殺、若王子信行・三井物産マニラ支店長の誘拐、相次ぐクーデター騒ぎなどで揺れ、停戦中とはいえ内戦の真っただ中に飛び込む調査であっただけに、不安と緊張を強いられた旅でもありました。

私たちは大学の宿泊所に合宿しながら、政府、NDF双方の代表や停戦委員会の責任者と会見し、農民団体をはじめ各層の人々と交流しました。マニラから百数十キロの人民軍の拠点といわれるルセナ市や飢餓の島ネグロスに出向いて停戦状況を探るなど貴重な経験もしました。

ルセナ市では、他の地区に先駆けて停戦が実現し、市長のパーティには政府軍と人民軍の双方が参加して談笑するということでした。当日市長宅に来ることになっていた政府軍の代表は、クーデターの動きで緊急配備につき姿を見せませんでしたが、NDFと人民軍の幹部が現れ、話や食事をともにするなど、緊迫したなかでも和やかに私たちの調査に協力してくれました。停戦は、部分的・局地的には違反などが出ていますが、全体としては比較的平穏に進められているという感じでした。

問題は、内戦の大きな原因となっている農地解放などが進展するのかでした。フィリピンは人口の七割が農民ですが、大土地所有制のため、小作人もしくは農奴に近い農業労働者として搾取され、極端な貧困を強いられてきました。ネグロスのごときは、砂糖の暴落で農園主が経営を放棄し、深刻な失業と飢餓の島と化しています。

にもかかわらず、土地改革は和平交渉の俎上に本格的にのせられないまま、アキノ政権は新憲法に土地改革の項を新設し、この枠内での解決を主張。これに対し、農民同盟やNDF側は、憲法が地主への「正当な補償」を求めていて地主寄りであること

大統領官邸への大通りは〈土地改革〉を求める民衆で埋まっていた（マニラ、1987年1月）

と、憲法の「枠内」決着は、帰するところ農地解放を議会で決めることとなり、限界があると難色を示していました。とくに、農民は地主制度解体の闘いを自力で進め、遊休地や不在地主の土地など全国的に五万ヘクタールを占拠して耕作を始め、今後、マルコス系の土地や日本資本の農園などにも手をつけていきたいと宣言するなど、一定の成果をあげてきているだけに、反発が強いといえます。

私たちが訪れたときに、農民がマニラの農地改革省前で、これらの土地占拠を合法化せよ、小作人に生産の七割（現在は三割）を配分せよ、などの要求を掲げて座り込んでいたのが、印象的でした。この農民たちが、一月二二日にマラカニアン宮殿にむけ一万人のデモを繰り広げたところ、政府軍が発砲し百人余の死傷者を出すという一大不祥事となり、和平交渉はとん挫してしまいました。ＮＤＦのオカンポ代表は、「身の危険を感じる」として和平交渉の無期凍結を宣言して姿を隠し、停戦交渉の政府代表として快く会見にも応じてくれたマリア・ジョクノ女史も、「真の土地改革を要求している農民に、どうして兵士が発砲するのか」と抗議して、職を辞しました。その後政府は、交渉の再開を呼びかけましたが、ＮＤＦはこれを拒否し、二月八日正午をもって停戦協定は失効し、再び小さな軍事衝突が始まっています。

停戦―和平という図式はさしあたり挫折しましたが、一七年にも及ぶ武力衝突をやめてテーブルについたという歴史の重みを再確認し、平和交渉によって「軍事的対立を解消し、政治問題を根本的に解決して、真の恒久的平和を達成すること」を心から要請したいという気持ちでした。また、フィリピンの平和と民主主義は、アジア・太

パレスチナ赤新月社のファトフ・アラファト総裁が来日して病院建設を要請。土井たか子衆院議長と著者（1993年10月）

平洋のそれと深く結びついており、日比の経済協力や民衆の連帯にとっても欠かせない課題であるという理解を深めてきました。

旅の終わりに、激動の歴史を刻むマラカニアン宮殿を訪れました。そこでは貧困者同盟の人々数千人が仕事と住居を保障せよと叫んで抗議集会を開き、カービン銃をもった軍と対立していました。最低限度の人間らしい生活すら保障されない〝貧困ライン〟以下の人々の訴えを聞き、胸をつかれる思いをしました。そのため、絶景といわれるマニラ湾の夕日を見る機会を失いましたが、フィリピンに真の平和が訪れ、人権と民主主義の日がマニラ湾の夕景のごとく輝くことを念じつつ帰途につきました。》

◉パレスチナ援助の扉を開く——ジェリコ病院への機材供与と新病院建設

アラファト兄弟との面談から

私はイスラエル占領下のパレスチナの解放問題にも強い関心を持ち、何らかの形でパレスチナ支援ができないものかと常に考えていた。そのきっかけは、湾岸危機のときにやってきた。九一年一月一七日、米英を中心とする多国籍軍がイラク空爆を開始（湾岸戦争）したが、その一週間ほど前、私は土井たか子委員長を団長とする社会党イラク訪問団の一員としてイラクを訪れた。

この時期、パレスチナ解放機構（ＰＬＯ）のアラファト議長がイラクに滞在しており、私たちはアラファト議長とも急きょ会談した（本章５「中東の和平を求めて」参

日本が国家未承認のパレスチナに日本のODAで建設された新ジェリコ病院　（1998年8月）

照）。パレスチナをイスラエルに占領され、ＰＬＯは当時、イラクに近い動きを見せていた。このためＰＬＯは国際的に孤立し、イラクと対立する湾岸諸国からの援助が途絶え、財政的にも苦境に陥っていた。

湾岸戦争後の九三年一〇月頃、私と土井氏（当時は衆院議長）は東京で、アラファト議長の実弟でパレスチナ赤新月社（日本の赤十字社に当たる）の総裁を務めるファトフ・アラファト氏の訪問を受けた。このとき総裁は、いまパレスチナは荒廃し、病院の修理もできず困っていると切々と訴え、支援を求めてきた。

そこで私は、難しい要請だが努力してみると約束し、早速、外務省に日本として支援に踏み切るよう求めた。しかし懸念したとおり外務省は、ＯＤＡは相手国「政府」の要請に応じて実施するのが原則であり、日本はＰＬＯを政府として承認していないので援助することはできない、と答えた。私は納得できなかった。すでに七七年二月に「ＰＬＯ東京事務所」が開設され、八九年一〇月には、この事務所の名称が「パレスチナ総代表部」に格上げされ、事実上の在日本代表部となっていることから、ＰＬＯは政府機能を果たしているではないかと迫った。さらに、疲弊した病院の修理ということなので、人道的立場からも援助を行うべきであると強く求めた。

その後、外務省内でどのように検討したのかは知らないが、やがて外務省から三億円の資金を提供することにしたと連絡が入った。実際、九三年一二月、ジェリコ病院の老朽化した機材の更新のため、日本赤十字社を通じて三億円の緊急無償援助が供与された。私たちの努力が実ったと同時に、日本が認めていない政府にはＯＤＡを供与

できないとする日本政府の重い扉をこじ開けることに成功した瞬間でもあった。

ジェリコに新病院が！

しばらくして、再び外務省から連絡がきた。「要請をされた件で、さらに二〇億円を出す」。パレスチナに新たに病院建設の援助をするという。予想外の成果であった。後日、在イスラエルの日本大使から礼状が届き、アラファトPLO議長からは署名入りの感謝状が届いた。

九四年五月のパレスチナ暫定自治合意を受けて、イスラエル軍はガザ地域とジェリコ地区から撤退し、両地域で先行自治が開始された。これは、イスラエルで二五年ぶりに労働党政権が生まれ、ラビン首相がノルウェーの仲介によりPLOと秘密交渉を重ねた結果で、ラビン氏とアラファト氏は九四年のノーベル平和賞を受賞した（ラビン首相は翌年、イスラエルの右翼に暗殺された）。

この動きの中で、保健・医療の分野はいち早くパレスチナ側に権限が移譲された。自治が先行開始されたジェリコ地区には一三の診療所レベルの医療機関があり、その上位機関としてジェリコ病院が同地区唯一の中核機能を担っていた。しかし、同病院は一九五四年にパレスチナの自己資金で建設されたもので、施設・機材の老朽化が進み、新たな病院の建設が急務とされていた。

このような情勢の変化を見た日本政府は、アメリカとイスラエルに寄り添ってパレスチナには手を差し伸べないという政策を修正し、「パレスチナにも協力」という姿勢を示す機会を得た。そこで日本政府は九六年七月、「パレスチナ解放機構とのジェリコ病院建設計画のための贈与取極」を締結した。この無償資金協力により、新病院は九八年八月に完成し、一〇月から運営を開始した。〈矢田部の要請〉は、政府の方針転換の糸口にされただけかもしれない。しかし、それがパレスチナ民衆の健康と生活の改善に役立ったのは事実であり、良かったと思っている。

4　ODA基本法の制定をめざして

◉日本のODAのあゆみと問題点

問われたODAのあり方と質

日本の援助は、経済開発のモデルとされた「コロンボ・プラン」に一九五四年に参加し、翌年から研修員受入れや専門家派遣などの技術協力で始まったが、同年からの戦後賠償と五八年からの円借款は、輸出市場の拡大や原材料の輸入と緊密に結びついていた。実際、六〇年代末まで援助のほぼ一〇〇%が〈ひもつき援助〉であった（円借款のアンタイド化＝ひもなし方針が決まるのは七二年）。その後の経済成長とともに日本の援助予算は増加し、計画、目的、地理的範囲も拡大していった。ODA実績では、六四年の一億一五八〇万ドルから七六年には一一億四九〇万ドルと約一〇倍になり、七二年にはイギリスを抜いて世界第四位になった。

七八年以降、政府はODAを急速に増額し、八四年にはドイツを抜いて三位に、八六年にはフランスを抜いて二位に、さらに八九年には支出純額でアメリカを抜いて初めて首位（八九・六五億ドル）となり、九一年から二〇〇〇年までの一〇年間は、DAC諸国のODA供給量の約二〇％を占める世界最大の援助供与国の地位を占めた（その後、経済低迷や他国の増額で二〇一三年に四位に後退）。

一方で、日本のODAは当初から、途上国に多かった独裁政権を資金的、政治的に支える性格も帯びていた。ODAの規模、金額が増大すれば、必然的に相手国の政府高官や特権階級の腐敗ももたらし、貧困で抑圧された民衆には重しとなった。それは日本の政治家や高官たちの「政治力」やフトコロを肥やすことにもつながる。現代的に見えるODAもカネの動きである以上、この種の疑惑は枚挙にいとまがなかった。

ODAは、相手国政府の要請があって決めるという建前である。しかし、日本企業と密接なコンサルタント会社が事業の内容や仕様までまとめた企画書を作成し、それを相手国政府の要請として日本側に提示するというのが多かったとされる。日本の外務省もそれを承知の上で承認し、その結果、日本企業の機械や装置、資材が多く用いられ、ODAで作られた施設・設備が現地の実情に合わないとか、メンテナンスが複雑で故障したら治せない、部品が高くて入手できないなどの問題が多発し、相手国の「経済発展への貢献」にはなっていないという批判が強かった。

また、相手国政権は自分の権威を、日本政府は〈日の丸〉を誇示するため、特に円借款では大規模プロジェクトが多く、しばしば多くの住民の強制立ち退き、地域経済社会の破壊、大気や農地、森林、水資源の汚染や破壊などをもたらし、抗議や抵抗には暴力的な弾圧が加えられた。

政府の専権か、国会の関与か

そんな負の面をもつＯＤＡを、政府・外務省は「両国間の友好の証」、「他に代えがたい外交の手段」と呼んできた。政府間のＯＤＡ協議は「秘密」とし、具体的な内容や条件は「相手国と民間企業の契約だから公表できない」としてきた。世論の批判や野党の追及に直面し、政府が「ＯＤＡ四指針」や「ＯＤＡ大綱」を策定したのは九〇年代初めだったが、ＯＤＡの財源をまかなう日本の納税者や、恩恵を受けるべき相手国の民衆は、事業の目的や計画、実施方法、その評価・検証などについて今もカヤの外である。ここにＯＤＡ改革の最大の課題があった。

政府は毎年度、ＯＤＡの予算案を国会に提出する。しかし、計上されるのはＯＤＡの総額であり、案件ごとの明細は示されない。予算が国会で承認されたら、どの分野に、いくら供与するかなどは相手国と取決めを結ぶが、その内容は「秘密」のため、国会もまたカヤの外なのである（ＯＤＡ関連の国際取決めは、九一年からの一〇年間で毎年三〇〇件前後あった）。

韓国の朴正煕政権やインドネシアのスハルト政権、フィリピンのマルコス政権など、

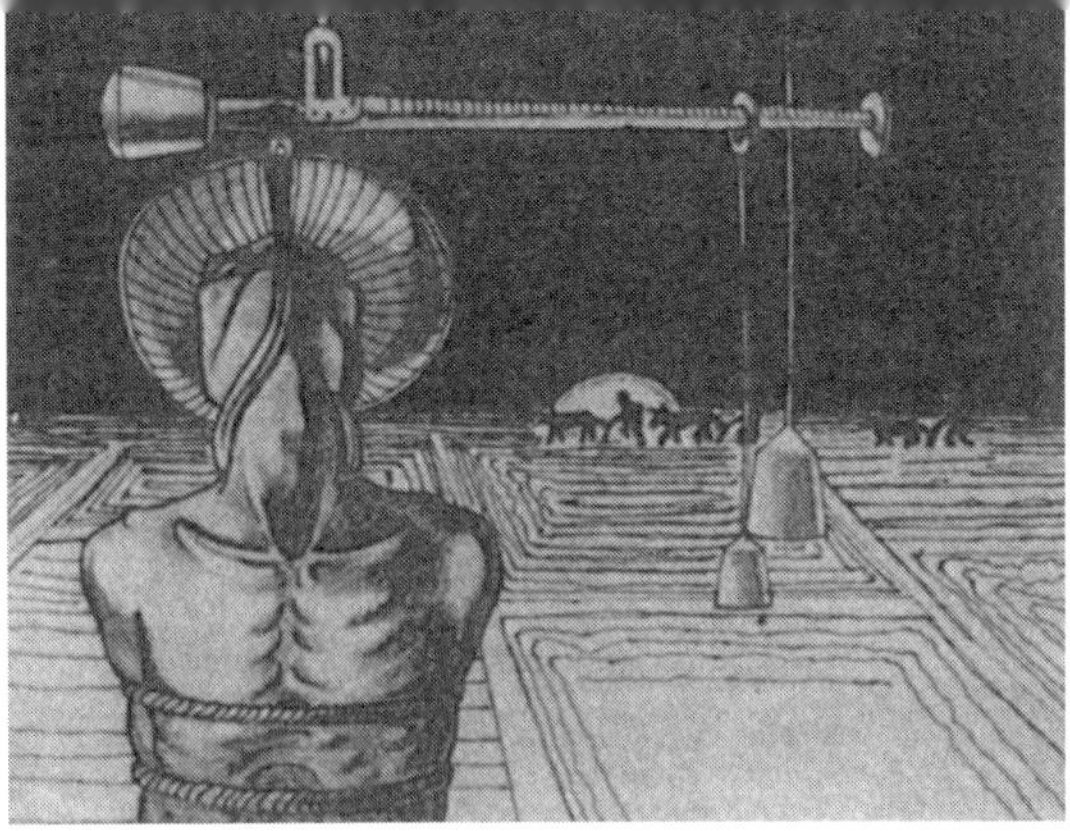

パンフ「平和戦略」より——イラスト制作はタイのダマサック・プンチャー氏（提供：アジア太平洋資料センター／113、115、117頁も同じ）

ＯＤＡをめぐる不祥事は数多い。ＯＤＡの実施を政府の判断だけに委ねるのではなく、国会が監視するため、政府が相手国と結んだ取決めは国会に提出し、条約と同様に国会の承認を求めることになれば、相手国政権との不自然な関係などは事前に抑止できる。憲法第七三条三号は、政府の事務として「条約を締結すること」をあげつつ、「事前に、時宜によっては事後に、国会の承認を経ることを必要とする」と規定している。その枠組みにＯＤＡ関係の取決めも含めるべきである。

これに対して政府は、援助は予算の範囲内で支出しているので、個々の案件について国会に提出し承認を求める必要はないと反論した。また、具体的案件ではなく、経済協力の長期計画を策定して国会承認を求めるべきだとの提案もされたが、これに対しても政府は、相手国や金額をあらかじめ計画で明らかにすると、援助を通じた外交的効果が期待できなくなるとして、受け入れなかった。外務省は、国会の目が届かないフリーハンドに固執したのである。

ＯＤＡの理念・原則の法制化要求と基本法案の動き

一九七五年、参院の社会党と二院クラブは、「対外経済協力計画の国会承認等に関する法律案」を提出した。それを主導したのは田英夫議員だった。法案は全文六条と簡潔で、「民主主義の原理に反する統治を行う国」と「軍事目的に充てられる（場合）」には経済協力を行わない、また、政府は毎年の経済協力計画を国会に提出し、承認を得なければならず、その計画は、国別、事業ごとに実施内容を定め、定期的に実施状況を国会に報告するなど、国会の直接関与を盛り込んだ最初の法案だった。しかし政府は強い拒否反応を示し、法案は否決された。

七八年三月には、衆院外務委員会で土井たか子氏が、①軍事目的に充てられる場合、②紛争当事国、③覇権を求めるための経済協力は行わないという三要件を提案した。また、ソウル地下鉄の疑惑も、海外経済協力基金には調査権限はなく、会計検査院も調査できないと指摘し、援助に先立って基準を決めておくべきだと迫った。アメリカには、対外援助にからむ腐敗行為の対象に、外国政府の公務員、外国の政党や党員まででも含める非常に厳しい海外不正支払い防止法がすでにあることも指摘した。しかし園田直外相は、「法制化は、うかつにやると角をためて牛を殺すことになりかねない」、「法制化する段階ではない」と答え、基本原則については、「省令にするとか大臣の方針にするとか、その点も含めて検討する」との答弁にとどまった。

その後も、衆院外務委員会の「対外経済協力に関する決議」（七八年四月）、公明党の田代富士男議員の参院本会議での「援助基本法の制定と会計検査など監視体制の明確化」の主張（八六年九月）や、中西珠子参院議員らの「国際開発協力基本法案」提出（八七年五月）、社会党の川崎寛治衆院議員らの「国際開発協力基本法案」提出（八九年六月）など、ＯＤＡ基本法の制定と国会によるＯＤＡの監視の具体的試みがいくどかなされたが、政府・自民党のかたくなな壁に阻まれた。

◉基本法案提出への再挑戦

こうした努力が続くなか、八六年七月に参議院に常任委員会と同等の権能をもつ「外交・総合安全保障に関する調査会」が設置された。翌八七年には同調査会に「国際経済・社会小委員会」が設けられ、おもに経済協力に関して集中的に調査を行うことになった。私は同年八月にこの小委員会の委員となり、フィリピンだけでなく、より全面的にODA問題に関わることになった。同年九月、私は小委員会で「経済協力のあり方」について次のように発言した（一部略）。

ODAの理念――〝矢田部理私見〟

《日本が国際社会において果たすべき役割の中で最大かつ緊急な課題の一つが、南北問題と呼ばれるものの解決にあることは言うまでもありません。

第三世界は、北の国々の植民地として長い歴史を持ち、今日なお、経済的、政治的、文化的な強い影響を受け、従属的な地位を余儀なくされています。この状態は、旧植民地国がほとんど政治的な独立を達成した現在においても、先進諸国との関係において圧倒的な経済的、技術的な格差と依存関係として存在し続け、ある面では格差と依存関係はむしろ拡大し強まりつつあると言えます。このような地球規模で存在する不均衡の極端な偏在は、先進国をますます富める国たらしめ、先進国中心の世界経済の発展を保障してきた条件でもありましたが、今日では逆に、先進国も含めた世界経済の発展に対する重大な障害となり、不安定要因にさえなっています。

この最大の犠牲者は、第三世界の貧困な民衆であります。人類の半数以上を占める第三世界の貧困層は、農地を全く持たないか、ごくわずかの土地しか持たない農民であり、植民地時代以来の国際的換金作物に特化されたプランテーションの農業労働者であり、国際競争力をほとんど持たない零細商工業の従事者や先進国企業の海外工場の労働者であります。彼らは極めて低い収入で、国際市場の景気変動に容易に左右され、慢性的な失業、半失業を強いられています。

経済基盤の弱さは災害に対する国民の抵抗力を奪い、飢えや病気で多数の人命が失われる悲劇を繰り返す原因となっています。国の財政力の弱さは、都市と農村の格差を拡大し、貧困層の基本的な生活条件を満たすことさえ困難な状況が続いています。これらの結果、大量の人口があてもなく都市に流入し膨大なスラムを形成し、絶望的な社会的沈殿層となっています。要するに、先進諸国が蓄積した厖大な生産量や技術、資金は、それらを最も切実に必要としている人々のためには必ずしも有効に用いられていないのです。

もう一つの大きな要素として、第三世界諸国の内部における特権層への富と権力の集中、民衆への貧困と無権利状態の強制という構造の中で、一方では腐敗が生じ、他方では反政府運動が高まり、政治的不安定が恒常化しています。そこから軍事化が異常なまでに進行し、人権を否定する圧制と乏しい財源の軍事費への投入が民衆の苦しみをさらに強めるという悪循環が数多く見られるのも特徴です。

この腐敗と軍事化の問題は、これらの国に関係を持つ先進諸国の政策にも大きな原因を持っています。なぜなら、先進諸国の大企業を中心とするこれら諸国との経済関係は、これら諸国の政治的、経済的特権層とのかかわりにおいて展開されることが多く、それが腐敗の温床の一つとなり、またその腐敗は、必然的に先進国側の当事者との合作において成立することが多いからです。また、特権の維持のための軍事化は、先進国の経済権益の維持と容易に一体化され、あるいは先進国の世界戦略や地域戦略からの軍事拠点づくりの政策と容易に結合させせられてきたからです。

これら深刻な困難にもかかわらず、第三世界には貧しい民衆の自立、自活と人権の確立のために努力を重ねる運動が存在し、文字どおり命を捧げている人々が多く存在しています。エリートの中にも真剣に経済の自立と民主主義の確立、国際社会における格差解消や平和の追求を考えている人々がいます。彼らは、従来の先進諸国の政策や関係のあり方に強い批判や失望を表明しながらも、真に友好的かつ民衆本位、途上国本位の協力関係には切実な期待を持っています。

今や日本の課題は明白です。人類の平和と共生、福祉と人権という理念を基礎として、新たな国際関係を積極的に創造するイニシアティブをとることであります。》

基本法制定と実施体制の一元化を――四原則と七項目

さらに私は、ＯＤＡの理念についての四つの原則を提起した（要旨）。

1、基本的な生活条件の整備、向上への民衆の自助努力に長期的、体系的に協力し、絶対的貧困や災害には集中的な緊急援助を行って、自立と格差解消を助ける。

2、地域経済や地場産業の着実な発展と強化の基盤整備、人材育成、技術移転、資金援助など、国内市場の拡充と国民経済の総合的な形成、発展と自立を支援する。

3、貿易、金融、技術等において優遇措置を講じ、国際市場での着実な地位の確保と、垂直分業から水平分業への移行とを積極的に促進し、国際的格差を解消していく。

4、これら国際協力を政府や民間企業のみではなく、国民の理解と積極的、自発的な参加を得て進めることで、真に平和と人権、人道という深い基礎をもつ人間的共生の協力とする。

その上で私は、従来の日本のODA政策と体制の問題や欠陥について七項目の指摘をした。

1、国際協力の理念、目標が不明確で、日本の経済利益優先主義があり、人道的観点が二次的、付随的で、最近では東西対決の戦略的、政治的な位置づけが強調されたりしている。

2、日本企業の国際的展開の条件づくりを主眼とし、資金の大半が注がれてきた傾向が強く、相手国の国民経済の総合的で着実な発展に寄与したか疑問が多い。

3、日本のODAはグラントエレメント（援助条件の緩和度）でもGNPに対する比率でも国際目標に遠く及ばず、その改善、向上のプランも明確ではない。

4、相手国の特権層を不当に潤し、人権侵害には沈黙し、腐敗の温床となってきた。このため援助を必要とする貧困層には届かず、民衆の生活や環境を破壊する結果さ

えもたらしてきた。
5、国民の税金等の支出にもかかわらず国会が直接関与できず、実施過程が密室化されてきたため、国民の理解と信頼と参加を妨げ、腐敗を生む条件ともなってきた。
6、「四省庁体制」で統一的な実施機関が存在せず、責任体制と体系的、計画的な推進をあいまい化し、省庁間の縄張り争いや業者との癒着など混乱や不正の原因を作り出した。
7、国民の理解と協力、参加を促進し、保障する施策や、地方公共団体、民間団体、市民の自発的な国際協力活動を支える政策、人材の系統的な養成や受入れ体制が極めて不備である。

私は、国際協力基本法の制定と実施体制の再編を急ぎ、国民の理解と参加に支えられた政策展開を図るべきであると強調し、基本法には、国際協力の理念・目的、国民と国の責務、主権尊重と平和の原則、民主主義と人権の原則、情報公開の原則、中期的かつ年度ごとの基本計画策定と国会承認、国会への報告、統一的な国際協力庁の設置、人材養成・訓練・受入れ機関の設置、派遣される者の職業安定、地方公共団体やNGOへの補助、国民参加による運営などを明記すべきだ、と提案した。

これらは、後に私たちが提出するODA基本法案の骨格となった。

小委員長として基本法制定への合意形成に尽力

八七年一二月、私は国際経済・社会小委員会の委員長になり、ODA基本法の制定に向けて動き始めた。小委員会では、ＯＤＡ予算の質疑や経済協力に関する意見交換を行い、八八年五月、審議内容をまとめ、上位の外交・総合安保調査会に中間報告書を出した。特筆すべきは、ＯＤＡについて決議を行い、立法化の検討を進めることを小委員会の全会一致で確認したことである。

八九年の通常国会でも、小委員会は引き続き経済協力のあり方をテーマに議論を進め、六月に中間報告に列挙した諸原則を盛り込んだ報告書を提出した。さらに、国会最終日の参院本会議では、小委員会がイニシアティブをとった各党会派の共同提案として、「国際開発協力に関する決議」を全会一致で初めて採択することができた。

九〇～九一年の国会では、湾岸危機・湾岸戦争をめぐる議論が活発に行われた。イラクへの大量の武器輸出や経済協力がイラクを軍事大国化したとの指摘がなされ、日本がＯＤＡを規制・凍結すべき国として、軍事費の多い国、軍縮が遅れている国、軍事大国、核開発国、麻薬栽培国、武器技術を移転している国、核不拡散条約の不参加国、核開発の疑惑国などが挙げられた。

これらを受けて海部首相は、九一年四月の参院予算委員会で、ＯＤＡ実施に当たっては相手国の、①軍事支出の動向、②大量破壊兵器及びミサイル開発製造等の動向、③武器輸出入の動向、④民主化の促進と市場志向型経済導入の努力、基本的人権と自由の保障状況に十分な注意を払うという「ＯＤＡ供与四指針」を表明するに至った。

続いて九二年六月には、政府は援助政策の根幹をなすものとして、はじめて「政府開発援助大綱」（ＯＤＡ大綱）を策定し、⑴人道的考慮、⑵相互依存関係の認識、⑶

インドネシア、スマトラ島中部のコタパンジャン・ダムの建設では数千世帯の住民が立ち退かされた（1995年3月撮影）

環境保全、⑷途上国の発展に向けた自助努力支援、の四項目を掲げた。政府は、「大綱」の策定の背景には、参院外交・総合安保調査会の合意事項、すなわち国際経済・社会小委員会の七項目合意や参院本会議決議があったことを率直に認めたが、大綱はあくまで基本法制定を避けるための〈便法〉でもあった。

四党会派でODA基本法案を提出、しかし……

私が国際経済・社会小委員会の委員長を務めたのは、八九年六月までの一年半だったが、審議内容や参議院決議の実現など、活動内容が濃い時期だった。その結果、政府はODA大綱を策定することになったが、「ODA基本法制定」は達成できていず、むしろ小委員長を退いてから、一層力を入れて奔走することとなった。

まず、八九年一〇月に社会党、公明党、民社党・スポーツ・国民連合、連合参議院の参院四党会派が、国会対策委員長会談で「国際開発協力基本法案」の統一案作成で合意し、〈ODA四党協議会〉が設けられた。私はそこで議論を積極的にリードした。四党協議会の活動は、九三年五月まで約四年半に及び、この間、NGOや政府各省庁からの聴取や協議会メンバーの意見交換を丁寧に重ね、参院法制局の協力も得て「統一基本法案」を練り上げていった。

こうして、ついに九三年六月七日、参議院議長あてに「国際開発協力基本法案」（発議者は田英夫、矢田部理ら一〇人）を四党会派共同提案として提出した。フィリピンの現地調査に始まり、マルコス疑惑の真相究明などに走り回った私にとって、九

コタパンジャン・ダムで立ち退かされた住民用の簡易住宅群。谷川での稲作や漁業で生活していた住民は山の上に移住を迫られた（1995年3月撮影）

年間もの年月を要したが、念願のＯＤＡ基本法案提出という瞬間は、言葉に尽くせない感慨深いものがあった。

参議院は、前年の選挙で議席が自民党一〇七、野党一三六と与野党が逆転し、参院でのＯＤＡ基本法案の可決は大いに現実味があった。ところが、法案提出直後に宮澤喜一内閣不信任案が可決され、衆院解散・総選挙に突入し、苦心してまとめ上げた国際開発協力基本法案は廃案となった。

私たちが提出したＯＤＡ基本法案は、全五章二三か条及び附則から成る。参議院法制局ＨＰ〈参議院議員提出法律案情報〉第一二六回国会参法一覧、法律番号13「国際開発協力基本法案」（http://houseikyoku.sangiin.go.jp/sanhouichiran/kaijibetu/r-126.htm）で検索できる。

◉その後の動きとＯＤＡ大綱の見直し

ＯＤＡ基本法の制定に向けた私の活動は、提出した法案が廃案とされた九三年をもって、いったん休止する。政局がめまぐるしく動いたからだった。総選挙の結果、自民党は衆院で過半数を割り、九三年八月に非自民八会派連立の細川護熙内閣が誕生した。社会党は小選挙区制容認に大転換し、これに加わった。しかし細川内閣は翌九四年四月に総辞職、次の羽田孜内閣も同年六月に総辞職したため、非自民連立内閣は一年も続かなかった。政局はますます流動化し、自民・社会・さきがけによる連立

提供された〈住宅〉は6畳2間あまり。水は？　電気は？生活の糧は？（1995年3月撮影）

内閣が成立、村山富市・社会党委員長が首相に指名された。

ところが、九四年七月の最初の所信表明演説で、村山首相が「日米安保体制堅持、自衛隊合憲」と述べたので、社会党は大混乱に陥った。社会党はさらに、翌年の統一地方選挙と参院選挙で大敗北を喫し、党の基本路線を村山演説に合わせるという動きが公然化した。ここにきて私は、愛してやまない日本社会党を去る決断をし、全国の仲間とともに九六年一月一日、新社会党を立ち上げた。このような状況で私は、ODA基本法の制定に向けて活動する足場を失った。

問われつづける国会の努力

その間、九五年と九六年に新進党の衆院議員らが「国際開発協力基本法案」を出したが、いずれも廃案となった。また、参院の国際問題に関する調査会が九五年六月の報告書で、経済協力に関する基本法立法化の検討、ODAのあり方について国会での恒常的な調査と審議、援助事後評価中期計画の作成などを提言した。同調査会はまた、九八年六月の最終報告書の中で、対外経済協力小委員会がまとめたODAに関する二〇項目の提言を示している。しかし、これらには、計画の作成と国会承認、年度計画の作成と国会提出、援助行政と実施体制の一元化など重要な事項は、いずれも含まれていない。

参議院独自の対応として、ODAに特化した議員調査団の海外派遣や、ODAをはじめとする国際援助・協力に関する諸問題を専門的に調査する「政府開発援助等に関する特別委員会」の設置もされたが、問題はその内実である。海外調査団の報告と意見交換、政府や参考人との質疑、来日した途上国首脳や在京大使との意見交換などが主な活動内容で、ODAの効果的・効率的な実施や戦略的活用など、政府のODA施策に沿っていかに前進させるかといった点が焦点のように思われる。

また、二〇一一年七月に「政府開発援助の持続的な推進を求める決議」が、一三年五月に「政府開発援助の効果的な実施と推進を求める決議」が行われたが、いずれにもODA基本法制定の必要性や独自案の提起はない。それどころか、「我が国の成長戦略におけるODAの活用に関連する施策の充実が急務」(一一年)とか、「戦略的かつ効果的・効率的なODAの推進」、「外交戦略や成長戦略と連携し我が国の国益や成長に資する」(一三年)など、日本の外交戦略や成長戦略からの視点ばかりが強調されている。私たち四党会派のODA基本法案などで国会の関与を強調したことや、政府にODA施策の転換を求め、論争を挑んだのとは隔世の感がある。

安倍内閣によるODA大綱の大転換――他国軍支援が可能に

一四年は、日本がコロンボ・プランに加盟してから六〇年目で、日本のODAは〈還暦〉を迎えた。その後、量的に拡大してきたが、九〇年代後半には財政状況が厳しくなり、「量から質への転換」が閣議決定された。ODA予算は、九七年度の一兆一六八七億円をピークとして以後は減少し、一四年度は五五〇二億円となった。一七年間で半分以下にまで縮小したことになる。

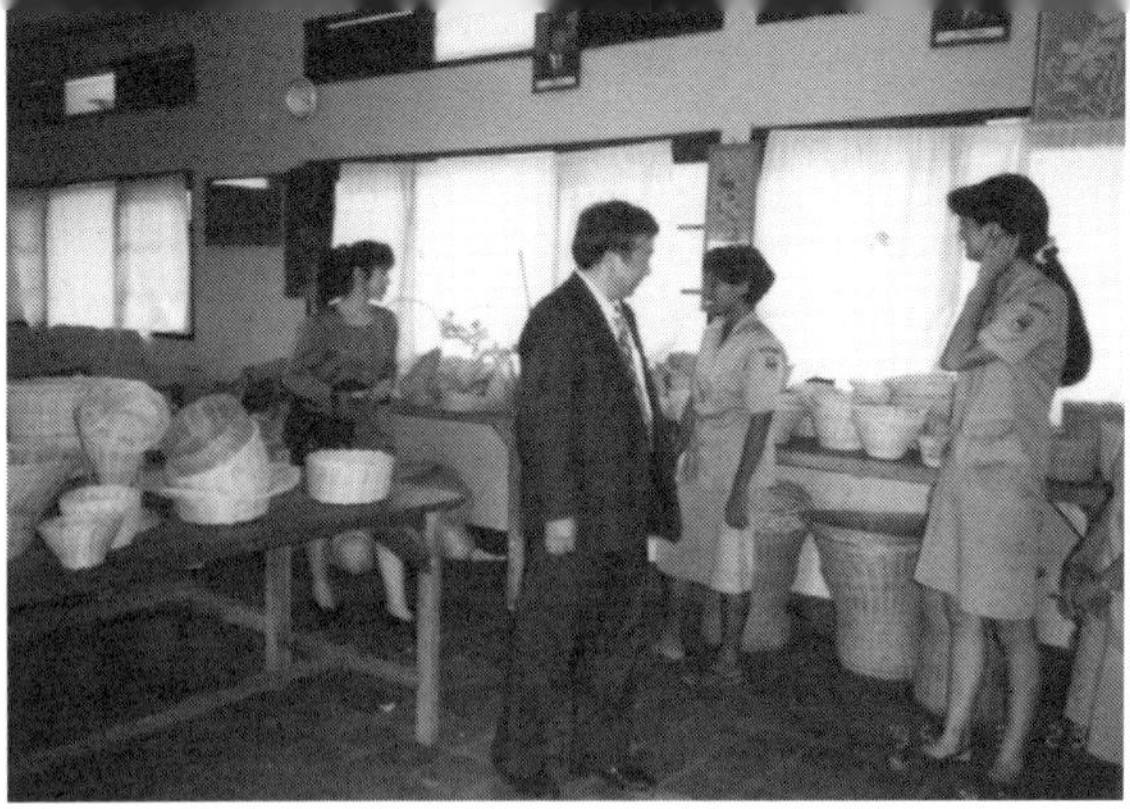

青年海外協力隊員の熱意と苦労に応えるサポート体制は不十分

他方で外務省HPは、「国家安全保障戦略へのODAの積極的・戦略的活用」や「インフラ輸出、中小企業支援、資源確保等、経済分野での国際展開支援への積極的・戦略的活用」、「紛争後の平和構築等の国際平和協力におけるODAの戦略的活用とPKO等との連携」などを掲げた。露骨な国家戦略論である。安倍内閣は翌一五年二月、これに沿った新「開発協力大綱」を決定した。新大綱は、「軍事的用途及び国際紛争助長への使用回避」の原則は堅持するとしつつ、非軍事目的なら「他国軍への支援も個別具体的に検討」と明記した。安倍内閣はこの時期、憲法解釈を変えて〈戦争法〉制定に突進しており、〈積極的平和主義〉路線をODAでも推進するものだった。

公聴会でも、「民生分野の軍隊の能力支援というが、結果的に軍隊の能力向上につながる」、「個別具体的にとは、誰が判断するのか」、「日系企業や日本のNGO、ボランティアがODAに対する誤解から被害を受けないか」、「供与した物資や技術が軍事利用されないことの監視まで踏み込むべきだ」など、多くの懸念や危惧が表明された。外務省の課長は、「軍事的用途及び国際紛争助長への使用回避の原則は従来通り」と答えたが、風穴が開けられたことは疑いない。災害救助用として軍に支援した物資が軍事目的に絶対に転用されないという保証はない。国会の関与もないまま、ODAによる他国軍支援を政府の一存で行えるのなら、原則がないのも同然である。

いまの流れは危ない

安倍内閣は一三年一二月、〈積極的平和主義〉の美名のもとで「国家安全保障戦略」

国際協力でNGOの役割は大きい。ベトナムの「子どもの家」を支える会が支援する戦争孤児の子どもたちは木工や裁縫などで手に職を
（フエ市、1997年に訪問）

を決定し、そこでも「ODAの積極的・戦略的活用」を強調した。また、武器輸出三原則を骨抜きにする「防衛装備移転三原則」を一四年四月に策定し、七月には従来の憲法解釈を覆して「集団的自衛権の行使容認」を閣議決定した。ODA大綱を改定し、他国軍支援も可能にした「開発協力大綱」もその流れの中にある。私たちが追求したODA基本法とは、まったく逆方向である。

戦後五〇年の節目の九五年八月一五日、〈自社さ〉連立の村山内閣は、〈村山談話〉を閣議決定し、「わが国は、遠くない過去の一時期、国策を誤り、戦争の道を歩んで国民を存亡の危機に陥れ、植民地支配と侵略によって、多くの国々、とりわけアジアの諸国の人々に対して多大の損害と苦痛を与えた」と、世界にメッセージを発した。

その一〇年後の二〇〇五年八月一五日、小泉純一郎内閣も総理大臣談話を出し、「(戦後わが国は) いかなる問題も武力によらず平和的に解決するとの立場を貫き、ODAや国連平和維持活動などを通じて世界の平和と繁栄のために物的・人的両面から積極的に貢献してきた」と述べ、さらに「我が国の戦後の歴史は、まさに戦争への反省を行動で示した平和の六〇年である」と一歩踏み込んだ。このことを私たちはしっかり記憶にとどめておくべきであろう。

あの戦争への反省から私たちは、七〇年という長い年月をかけて、世界に誇り得るさまざまな外交的な資産を積み上げ、培ってきた。自衛隊の海外出動禁止の参議院決議、専守防衛、集団的自衛権の不行使、非核三原則、武器輸出三原則、ODA四原則などの基本政策は実際、各国から大きな評価を得てきた。非軍事分野に限ったODA

実施は、日本が国際社会からの信頼を得るうえで大きな役割を果たしてきた。

そうした日本の〈資産〉をいとも簡単に自ら投げ捨てる行為は、「平和国家日本」を「積極的平和破壊主義」によって葬り去ろうとすることにほかならない。本来の積極的平和主義とは、構造的な暴力や抑圧、貧困や不平等の解消に取組み、紛争の根本原因をなくすことである。非軍事に徹した日本独自の価値をもっと打ち出すことが重要なのに、ODA政策の転換をはじめとした今の流れは危ない。

しかし、ここ数年の「戦争法は廃止」、「南スーダンに自衛隊を送るな」などの世論と市民運動の高まりと、それへの若者や母親、NGO、自衛隊員の家族などの参加が増えているのが希望である。

5　中東の和平を求めて

◉湾岸危機の平和解決を求めて

一九九〇年八月二日、イラク軍が突如クウェートに侵攻し、「併合」を宣言、中東に大きな危機が到来した。

これには長い伏線があった。イランでの七九年のイスラーム革命による親米パーレビ政権の崩壊とアメリカ大使館占拠・人質事件、人質救出作戦の失敗と国交断絶、経済制裁など、アメリカ・イラン関係は最悪の緊張関係にあった。また、イランとイラクの間には、前からペルシア湾の石油積出港の境界争いや、シーア派のイランとスンニー派のイラク（住民はシーア派が多数）の対立、イラン南部のアラブ人住民の処遇問題など、紛争の種は少なくなかったが、イランの対米関係の悪化を機に八〇年九月、イラクはイランに全面攻撃を仕掛けた。アメリカはイラクに武器を供与し支援した。ところがイランの抵抗が強く戦況は膠着。八八年八月の安保理決議により停戦が実現した。

イラクのサダム・フセイン大統領は「勝利」を誇ったが、戦果はあがらず、巨額の戦時債務を抱え込んでいた。その一方で相当の軍事力は保有していた。そこで狙ったのが南部で国境を接し、豊かな油田を有するクウェートだった。後日、アメリカのイラク駐在大使が、フセイン政権のクウェート侵攻の示唆にあいまいな態度をとったのがフセインを勢いづかせたとの話もある。

いずれにせよ、クウェートは瞬く間に占領された。イラクは、「クウェートは国境の油田で過剰に採掘し、イラク側の油田は枯渇した」、「クウェート王制は腐敗している」、はては「クウェートは本来、イラクの一部だった。イギリスが石油利権のためにクウェートを分離・独立させたもので、併合はイラクの主権回復だ」などと主張した。しかし、それまでイラクはクウェートとの国境線を認め、クウェートを独立国として扱っていたのだから、明らかに国際法違反の侵略であった。

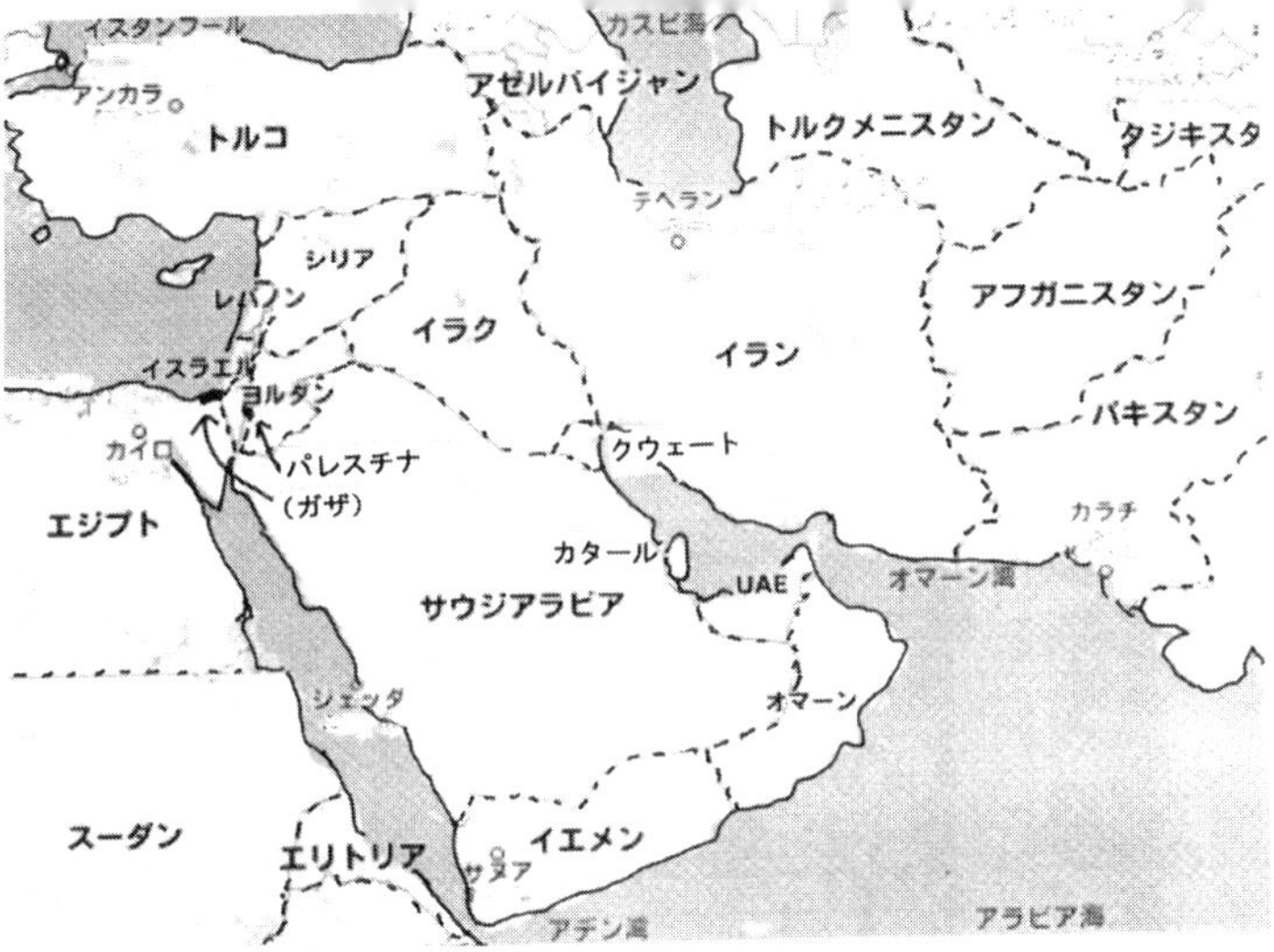

中東の地図

〈飼い犬〉に噛まれた形のアメリカやイギリスは、安保理でイラク制裁を強めるとともに、クウェートの武力奪回に向けて着々とサウジアラビアなどへの派兵を増強させていった。最終的な安保理決議は、イラクが撤退しなければ国連加盟国に「あらゆる手段の行使」を認める期限を「一九九一年一月一五日」に設定した。戦争は秒読み段階に入ったのである。

社会党代表団がイラクへ出発

当時、私は社会党の外交調査会会長であり、この事態にどう対処するかという難問に直面した。アラブ世界は分裂して混乱し、日本政府は多国籍軍への「貢献策」を発表し、調停者たりうる立場を放棄するという状況にあった。私は、情報収集や在日イラク大使との面談などを重ね、「イラクのクウェート侵攻・併合問題の平和的解決のための方策について」をとりまとめて発表した。これは、①侵攻・併合は国際法違反であり、イラクはクウェートからただちに撤退すべきこと、②解決は武力によらず、国際社会はあくまで平和解決に全力をあげること、が柱だった。

社会党は九月の中央委員会で特別決議を採択し、中東問題対策プロジェクトチーム（委員長・久保田真苗参院議員）を設け、私が事務局長になった。すぐに私は、中東に党の代表団を派遣することを提案した。とりわけイラクには、主にクウェートから拉致された日本航空の乗務員や商社員など約二四〇人が人質とされ、その解放が緊急の課題だった。私は、党三役の誰かが団長になるべきで、私は補佐役を務めると申し出たが、イラク訪問の〈政治的リスク〉などを理由に議論は難航。最終的に、土井たか子委員長から「矢田部さんが団長として行ってほしい」と頼まれた。

代表団の人選は私に一任となったので、熟慮の結果、秋葉忠利衆院議員に事務局長を、外交通の田英夫参院議員と党の外交部会長の岡田利春衆院議員に顧問をお願いし、代表団の骨格ができた。そうなると、今度は参加希望者が続出し、野坂浩賢氏や堂本暁子氏らを含め一二人で代表団を結成した。その間も、湾岸諸国をはじめ、ヨルダン、エジプト、インド、中国、ソ連など、各国の大使や外交責任者との意見交換を重ね、学者や現地経験者などの意見も聞いて入念に準備を進めた。

そこに外務省の中近東アフリカ局長が私を訪ねてきて、イラク制裁の一環としてイラク渡航中止を呼びかけているので行かないでもらいたい、どうしても行くなら一切協力できない、と強硬に通告してきた。私は、和平のチャンスが少しでもあるなら最後まで追求すべきだし、バグダッドには数百人の日本人が〈人間の盾〉として囚われて解放を待っている、と反論し、物別れに終わった。

時あたかも、海部首相がニューヨークから中東に回る予定だが、肝心のイラクには行かず、接触もしないという。この拙劣な外交姿勢をただす意味からも、私たち代表団は出発を急いだ。

九月二九日、私たち社会党代表団は日本を発った。バグダッドの情報が途絶えていた日本のマスメディアは、議員団のイラク訪問を現地取材のチャンスととらえ、東京からの十数人の同行記者と、アンマンでイラクのビザ待ちをしていた記者約一〇人が同行することになり、イラク訪問団は総勢三〇人を超える大集団にふくれあがった。

多くの職員が人質となった日本航空は、人質への差し入れの医薬品や食料を詰め込んだ数十個の段ボール箱の輸送費を自社で負担し、私たちもイラク、ヨルダンの赤新月社への支援の医薬品を搭乗機で運んだ。東京とバグダッドでの段ボールの荷役作業は、代表団のスタッフが担った。

私たち一行は、ドイツのフランクフルトで飛行機の乗り換えのため一泊した。通常、国会議員が海外に行くと、当地の日本大使館から出迎えがあり、状況説明などを受けるのだが、フランクフルトではまったく無視された。ただ一人、領事館員が来たが、記者団を含めて夕食をとるレストランを紹介してほしいと言うと、「本省からの訓令で一切協力できないので教えられない」。一同、唖然とし、自分たちで夕闇の町でレストランを探した。

翌日、私たちの飛行機は地中海上空で機器の故障のため引き返し、ミュンヘンに〈不時着〉。交替機でアンマン空港に着いたのは夜中の二時すぎで、前途多難を予感させる幕開けとなった。

まずはヨルダンで

当時、イラクへの唯一の航空路が残っていたのはヨルダン王国の首都アンマンで、

ここを経由しなければバグダッドには入れなかった。また、ヨルダンはイラクと密接な政治的、経済的関係にあり、国土の一部がイスラエルに占領され、人口の過半がパレスチナ難民という、特殊で微妙な立場にある。そこへ、イラクから数十万人の難民が殺到し、その対策と合わせて深刻な経済危機に陥っていた。同時に米英などとの関係も深く、国連決議にも従わざるをえない。この政治的、経済的板挟み状態にあって、ヨルダン政府は非常に気を使い、必死に平和的解決を模索していた。

私たちはアンマンに二日間滞在したが、その間、ヨルダン政府・外務省は、突然の訪問にもかかわらず、各方面との会見設定、車の手配、案内など、至れり尽くせりの世話をしてくれた。

まず私たちは、難民福祉委員会委員長（内務次官）から説明を受け、その足でアンマンからイラク国境へ約一〇〇キロの砂漠にあるアズラク難民キャンプを訪ねた。無数のテントが砂漠に広がり、その中で「国境なき医師団」や日本の医療NGO「AMDA」などが奮闘していた。そこでは医薬品などの不足のほか、アジアやアフリカからイラクに出稼ぎに来ていた数万人の人びとの帰国手段の欠如が問題になっていた。情勢が悪化すれば、さらに大量の難民が流入する可能性があり、冬を目前に居住、衣料、医薬品などの対策が深刻だとの説明を受けた。ヨルダンの赤新月社のアブドゥーラ総裁は、イラク在留日本人（人質）への救援物資の運搬に協力すると約束してくれたが、それは早速、ヨルダンとイラクの赤新月社間の合意という形で実った。

上下両院の議長など議員たちとの会談やPLO（パレスチナ解放機構）関係者との

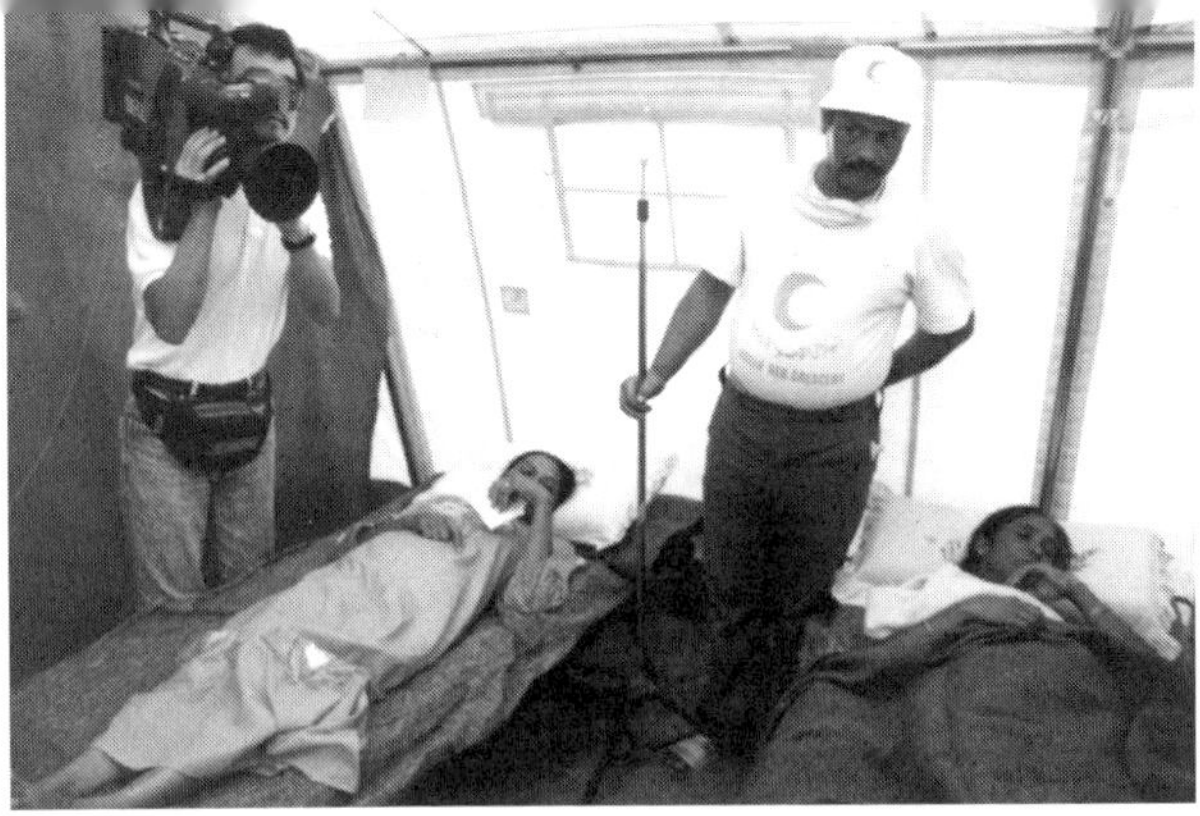

イラク国境に近いヨルダンの砂漠に設置された難民キャンプを訪ねる（中央）（1990年10月）

数万人の難民キャンプの一角に医療テント（同前）

会談では、予想以上に国連不信の声が強かった。国連はパレスチナ問題で何回となく決議をくりかえしながら、一度も実施されたことがない。決議を守らないイスラエルに経済制裁をしたこともない。なぜ今回の事態にだけ、厳しい経済制裁だけでなく大軍の動員を許すのか、という二重基準批判だった。

この間、野々山大使と会うことができたが、日本大使館は便宜供与には非協力のため、代表団メンバーの若手議員たちがイラク大使館に通い、記者団も含めたビザの発給交渉を続けた。そして翌朝の便を控えた前夜にやっとビザが出て、一〇月三日に全員がバグダッドに入ることができた。

イラク政府首脳らとの会談

空港からバグダッドのホテルに着いて夕食をとるいとまもなく、イラク政府の有力者とされるジャーシム情報文化相との会談がセットされた。記者団は同席できず、会談に臨んだのは代表団だけだったが、たまたま個人でバグダッドに到着した楢崎弥之助衆院議員にも同席してもらった。しかし、ジャーシム情報文化相との会談は実り少なかった。

私は、クウェート侵攻と併合は中東の平和と安定を大きく損ない、このままでは米欧の軍事介入は避けられず、戦火はイラクの人びとに多大の犠牲と苦痛をもたらすことになりかねない、と深刻な懸念を表明し、クウェートからの速やかな撤退による事態の平和解決を求めた。これに対しジャーシム氏は、一時間にわたって「イラク二千

ラマダン副首相に平和解決と人質の解放を要請　（1990年10月）

年の歴史」を語り、アメリカは砂漠での戦闘を知らないから、イラクに侵攻したら大打撃を受けることになろう、と強気一点張りだった。しかし、この〈大言壮語〉に耐えるのは、いわばイラクへの入口の通過儀礼でもあった。

続いてサレハ国会議長との会談が設けられた。翌朝にはバース党外交委員長との会談、そして国会議員団との昼食会が行われた。さらに一〇月六日にはラマダン第一副首相とも会見できた。イラク政府の首脳たちとの一連の会談は、外交的に孤立を深めていたイラクが、日本の社会党代表団の訪問に非常に気を使い、急きょ日程を組んだと思われる。

イラク側は、サダム・フセイン大統領が提示していた、クウェートの謝罪と賠償やパレスチナ問題の解決などの撤退条件への支持を求めたが、私たちはイラクのクウェート撤退による平和解決と、パレスチナ問題の国際的な枠組みによる中東全域での解決が必要だと応じた。一連の会談は、このような「対話」にはなったが、残念ながら事態の平和解決の見通しを得るには至らなかった。

日本人人質の解放を粘り強く交渉

在留日本人（人質）の問題については、イラク側は人質を「ゲスト」であるとして、解放するとは言わない。私たちは会談のたびに人質解放の要請を繰り返し、バグダッドに到着した翌日の一〇月三日夕、日本人人質六八人との「懇談会」が実現し、イラク政府の処遇の状況や健康状態などを直接に聞くことができた。この人びとは二か月

人質となった日本航空や商社などの人たちから生活や健康、要求事項などを訊く（1990年10月）

以上の軟禁状態にあって疲労の色は隠せなかったが、落ち着いており、事態の平和解決と解放への希望を失っていなかった。私たちはまた、日本から運び込んだ医薬品や日本食などの救援物資を差し入れた。

そして、イラク政府に対し、日本の家族たちから預かった診断書などを示し、「懇談会」で作成した四三人の病人リストを提出して、せめて病弱者はすみやかに帰国させてほしいと求め、なかでも特に病状が重いと思われる四人について即刻の出国許可を要求した。私たち代表団はバグダッドで二班に分かれ、岡田利春顧問をチーフとして、秋葉忠利、五島正規両衆院議員と、同行した村田医師が日本人人質対策で一〇月八日までバグダッドに残ることになった。

こうした努力もあって、私たちがイラクを離れたあとの一〇月一八日に、人質として初めて、この四人が解放された。ところが日本の外務省は、のちに人質全員の解放は政府の「外交努力」によって実現した、とだけ発表した。私たちは怒ったが、私たちの努力が実ったことで良しとし、追及はしなかった。この外務省の厚顔な情報工作をただしたのは、当時バグダッド駐在大使館の公使で、人質解放のために当初から奮闘、腐心していた国枝昌樹氏で、彼はのちに著書で、「社会党代表団の働きかけに応えるものとして、竹内さんを含む四人が釈放された」と記述してくれた（『湾岸危機――外交官の現場報告』朝日新聞社、一九九三年／『ポリティカ』一一月号）。

この時期、日本からだけでなく各国も、自国民が人質に取られている状況を打開するため要人を送るなどして人質の解放を求めていた。オーストリアはワルトハイム大統領、ドイツはブラント元首相、イギリスはヒース元首相など、また著名な牧師やボクサーなどが続々とイラクを訪れ人質の解放を求めた。日本も遅れて中曽根元首相などが出向いて、イラク側と交渉を行った。

こうした国際社会の動きが、フセイン政権に〈人質解放が外交的なポイントになる〉との判断を促したと言えよう。中曽根・フセイン会談の直後の一一月七日には日本人七四人が、ほぼ同時にドイツ人一二〇人が、二二日にはフランス人全員が、そして一二月六日には外国人全員の出国を認めるとの方針が打ち出された。しかし、イラクのこの人質解放戦術は、クウェートからの撤退という中心問題につながるものではなかった。戦争への秒針は止まることがなかった。

さらに派兵国エジプトへ

私はバグダッドに残った岡田チーム以外のメンバーとともにイラク出国後、多国籍軍への派兵国であるエジプトを訪れた。エベイド官房長官やシャララ外務次官、数人の上下両院議員と会談したが、エジプト自身が何回も戦争を体験していることから平和解決への熱意が強調されたものの、具体論になると、イラクとの対話の不調、フセイン体制への不信、イラク在住の一〇〇万人のエジプト人の苦境、のしかかる経済困難などが語られた。フランスのミッテラン大統領の平和解決の提案についても、その条件のあいまいさや、イラクの時間稼ぎに利用されることを警戒する態度が示された。そして、武力行使の可能性を否定する言葉はついに聞かれなかった。

この時の中東訪問は、私にはわずか八日間の短期間だったが、関係各国の首脳との対話を通じて、お互いの立場や意見への理解がすすみ、難民問題についても、その実情や対策のあり方を具体的に知ることができた。人質問題では、事態の平和解決への展望に左右されるなかでも、救援物資や連絡のパイプづくり、病人の出国や健康チェックの実現などの道も開くことができた。

野党外交には、国家機構の機能や資源をなかなか利用できないという弱みがあり、ましてや政府・外務省が野党外交を徹底的に無視・妨害するような場合には、非常な困難を伴う。しかし、ことは一党一派の問題ではなく、また日本（人）だけの問題でもない。平和は国際社会の共同の努力と対話によってしかもたらされない、ということをあらためて実感した旅であった。

◉湾岸戦争の開戦直前——土井代表団の最後の努力にも参加

話は少し戻るが、各国の著名人などがイラクを訪れてそれぞれの人質を帰国させる中、一〇月ごろに、在日イラク大使などから、土井委員長がイラクを訪れれば日本人の人質全員を釈放するという旨の連絡が入った。あわせて日本航空から、土井委員長が行くのであれば往復便を提供するとの連絡もあった。一一月七日の七四人の解放後も、日本人人質は一〇〇人以上残っていたからだ。

私は、土井委員長にぜひ行くべきだと主張したが、土井氏の側近筋などが、「イラクに出かけて行って人質の解放ができなければ、委員長の政治生命にかかわる」などと進言したこともあって、土井委員長は決断できなかった。そうこうするうちに日本人人質は、イラク側の判断で一二月二五日に全員が釈放になった。

明けて九一年一月六日、土井たか子委員長から水戸の私の自宅に電話があった。「昨年一二月にイラクに行かなかったことを悔やんでいる。年末から考えてきたが、イラクに出向き中東和平のために役割を果たせないか」ということだった。私は即答できず、取り急ぎ上京して相談するということになった。国連安保理決議で、一月一五日までにイラクがクエートから撤退しなければ、アメリカなど多国籍軍が戦端を開くというデッドラインが設けられていたので、時間的余裕はなかった。

土井氏は著名であるが野党であり、切羽詰まったこの時期にイラクに行っても、どれほどの役割が果たせるかなどと考えた末、私は、まずフランスに行き、社会主義インターナショナルの副議長でもある土井氏が、同じ加盟党であるフランス社会党出身のミッテラン大統領に会って、東と西を代表する社会党の党首として共同で、フセイン大統領に対して和平の呼びかけをしてはどうかという提案をした。こうして急きょ、パリ経由でイラクに向かうことになり、航空便の手配やミッテラン大統領との日程調整など、あわただしく準備が進められた。

ミッテラン大統領からのメッセージを預かる

一月九日、土井代表団はイラクに向けて旅立った。「一月一五日」という安保理の

フランス社会党は社会主義インターナショナルの友党。モーロワ第一書記が日本社会党のイラク訪問団を迎えてくれた（1991年1月）

デッドラインまで一週間を切っており、平和解決のため最後の努力をすることが私たちの使命であると、いささか気負いをもった出発となった。私は、党の中東問題プロジェクトチームの事務局長で、前年九月にイラク訪問団の団長を務めたことから、土井代表団の事務局長として参加することになった。

翌一〇日午後、雨模様のパリで、フランス社会党のモーロワ第一書記（元首相）と会談した。彼は、私たちの中東訪問の趣旨に全面的に賛同し、安保理が求めた撤退期限までの残りの時間は短いが、最後まで平和解決に努力すべきだと強調した。

つづいて、エリゼー宮（大統領官邸）でミッテラン大統領と土井委員長のトップ会談がもたれた。大統領は、一月一五日の期限は動かしがたいとしつつも、米仏間で将来の中東和平のあり方について意見の隔たりがあること、平和解決について最後まで努力するが、（自分がバグダッドを訪問するなどの）条件は整っていない、などと語り、苦悩の色を隠せなかった。そして、土井委員長がフセイン大統領に会ったら、「最低限、クウェートからの撤退の意思表示だけでもいいから、そうしてくれれば、すべての道が開けると伝えてほしい」とのメッセージを託した。

私たちは翌一一日夜、オルリー空港を一〇時間以上遅れて出発したヨルダン航空機でアンマンに向かった。アンマン到着は一二日午前四時すぎだった。バグダッドへの出発まで、ホテルで短い休息時間しか取れなかった。

ここで約四〇人の同行記者団に動揺が起き、「開戦期限の一五日までにイラクから出国できると保証できるか」と申し入れてきた。「イラク航空は飛んでいるので大丈

片倉大使（左）は本省の撤退訓令を断って、国枝公使とともに社会党代表団を受け入れてくれた　（1991 年 1 月）

夫だろう」と答えると、ある記者は「もし飛ばなくなったら、私たちを背負ってでも砂漠を越える覚悟があるのか」と詰問してきた。これには私も苦笑し、「私たちは歴史的な瞬間に立ち会おうとしている。そのつもりで私たちはイラクに向かうが、みなさんには私たちから同行を頼んだわけではない。帰途が心配なら、行くか行かないか自分で決めてほしい」と返した。何人かの記者は、東京の本社に指示を仰いだ。しかしデスクもさるもの。「現場にいる者が一番判断できるはずだ」と答えたという。

これは、単に記者たちの「臆病」のせいではない。パリで日本大使館の職員たちから、「背広でイラクに入るのは非常識だ。ブーツや防毒マスクは用意しているのか」と脅されたという。中東特派員は別として、東京の政治部記者たちは不安に駆られただろう。翌朝、アンマン空港には二社二人が姿を見せなかった。ところがバグダッド便は出発が六時間も遅れ、空港で待機していると、その二人がタクシーを飛ばしてきて、「やはり同行させてほしい」と言った。再び全員がそろった。

フセイン大統領との会談は実現したが

一月一二日、サダム国際空港に着いたのは、日が沈んだころだった。空港ではサレハ国会議長の出迎えを受けた。夜一〇時、日本大使館で片倉大使と国枝公使から状況説明を受けた。二人は、米英など各国大使館が閉鎖、撤収するなか、本省からも撤収の指示が出ていたが、〈日本から国会議員団が来るのに、大使館は空っぽというわけにはいかない〉と、他の館員を出国させたあとも残っていてくれた。片倉大使の私邸

サレハ国会議長と会談（著者には前年10月からの再会）

の庭にニワトリやウサギが飛び回っているのを見て驚いたら、大使は「大使館員の食糧ですよ」と笑っていた。私たちは、こんな外交官もいる、と感服した。

私たちは、クウェートからの撤退による平和解決を求め、ミッテラン大統領からのメッセージも伝えるために、フセイン大統領との会談を強く望み、日本からの出発前に駐日イラク大使にも要請していた。しかし当夜、イラク側から伝えられた日程は、ラマダン第一副首相、ジャーシム情報文化相、サレハ国会議長が相次いで会うというものだった。

翌一三日午前、大統領府でラマダン副首相との会談が行われた。彼は、社会党の一貫した平和解決の姿勢と努力を高く評価し、このような時期に訪問してくれたことに感謝すると語った。しかし、土井氏が、「戦争は何としても避けなければならず、平和への決定権はイラクが握っている。撤退を決意してほしい」と求めたのに対し、「アメリカがアラブを攻めようとしている。われわれはアメリカに屈服することはない。奴隷になるより、戦うことを選ぶ」と繰り返した。

土井氏が重ねて、「パレスチナ問題などの本格的な解決のためにも、せっかく盛り上がりつつある中東和平国際会議開催の機運を損ねてはならない。そのためにも、イラクの撤退が道を開くことになる」と強調したら、ラマダン氏は一瞬、口ごもった。

会談の最後に、土井氏が「私たちはミッテラン大統領からメッセージを託されており、フセイン大統領に直接会いたい」と求めると、ラマダン氏は「今からお会いする」と言う。日程にはなかったので驚いたが、大統領の所在や日程は事前には知らせないという手法によるものだった。私たちはすぐに同じ大統領府の別室に案内され、フセイン大統領との会談が実現した。

フセイン大統領は長身で、軍服姿で現れた。こわもてを予想していたが、応対はソフトだった。彼は開口一番、「今日は雨が降っている。私たちの国では、雨は恵みを与えてくれるもの。みなさんは恵みの雨を運んできてくれた」と。それから会談は一時間四〇分に及んだ。

土井氏が、女性の立場からも戦争回避と平和の扉を開くことを求めたのに対し、フセイン氏は、「男は戦争で命を一度失うだけだが、女性は夫や子どもを失うなど何度も不幸になる」と応じた。そして、「アメリカは世界を支配できると考えている。われわれはアメリカとの対話を拒んでいないし、平和のための努力を何度もしてきた。しかしアメリカは、降伏を要求するだけだ。パレスチナはイスラエルに占領されており、（アメリカによる）パナマ、グレナダへの侵攻も国連決議に従っていない」と、口調は柔らかだが厳しく非難した。

ミッテラン提案や社会党の提案に対しては耳を傾け、「とりわけ中東和平国際会議ですべてを討議するという提案を評価する。われわれは参加し、他国と同等の犠牲を払う」、「イスラエルのパレスチナからの撤退が先決だが、しかしバランスのとれた解決に努力する」と大きな関心を示した。

しかし、土井氏がミッテラン大統領の伝言を紹介しながら、「せめて撤退の気持ちを口にしてほしい」と再三訴えたが、それ以上の積極的な反応はなかった。会談の半

サダム・フセイン大統領とは予告なしの会談が行われた（1991年1月13日）

ばで、フセイン氏は「撤退したら、その後はどうなると思うか」と問い返し、土井氏が「多国籍軍は撤退し、中東和平国際会議への道が開かれよう」と述べると、それには反論せず、聞き入っていたのが印象的だった。

同行記者団はこの日、土井・フセイン会談はないということで、ほぼ全員がバグダッドの街に繰り出していた。夕方ホテルに戻ったら、会談が実現したと知って大騒ぎになった。急きょ日本とのテレビ中継が用意された。ところが土井氏が登場する前の岩垂寿喜男氏による「ブリーフィング」が長すぎ、土井氏の発言になったら衛星の利用時間が切れてしまった。このため、東京のデスクは怒るし、土井氏は東京で記者会見を行って改めてトップ会談の報告をすることになった。

アラファト議長、そしてハッサン皇太子とも会談

フセイン大統領との会談の夜、私たちはバグダッドに滞在していたアラファトPLO議長とも会うことができた。アラファト氏はフセイン氏とも親しく、イラクを訪問していたデクエヤル国連事務総長とも会談していたので、何らかの和平の兆しがつかめるのではとの期待もあった。

アラファト氏は、「私は一九七二年以来、イラクとクウェートの間の紛争の調停を続けてきた。この問題は、アラブ主要国の高いレベルの会談でしか解決できない。パレスチナ問題は中東問題の根源であり、パレスチナ問題での国際会議をアメリカが受け入れるなら、平和解決は簡単だ。それはアメリカが言うような『サダムへの報酬』

PLO議長のアラファト氏とバグダッドで会談（1991年1月）

という性質のものではないはずだ。パレスチナ問題解決の国連決議二四二は二〇年間、一度も実行されなかった。サダムは二日前のイスラーム会議で、『クウェートへの譲歩は、パレスチナ問題で具体的な提案があった場合のみ可能』と発言したが、これは重要な意味を持つ。いかなる指導者も、この地域を破壊することは許されない。欧州、ソ連、中国、日本、第三世界が一致して、この狂気の戦争をくいとめなければならない。ブッシュの真の勝利は、戦争を起こさないことであるはずだ」と力説した。

アラファト氏とも親しかった土井氏が、フセイン大統領との会談直後に大統領室にやってきたアジズ外相と偶然会ったこと、外相が、デクエアル事務総長との会談は非常に内容のあるものだったと言っていたことを伝えると、アラファト氏は、自分もデクエアル氏のイラク訪問に力を尽くしたので、その調停の成功に期待していると語った。厳しい情勢の中でも、和平への努力が懸命に続けられていることが実感された。

翌一月一四日、私たちはイラクを離れ、再びヨルダンのアンマンに戻った。前にも述べたように、ヨルダンは苦しく微妙な板挟みの立場にある。私たちは翌一五日朝、フセイン国王の弟で実力者のハッサン皇太子と会談した。

皇太子は、王宮での一時間余の会談で、「国王を中心に平和解決の努力をしてきたし、今も続けている。アラブの枠内で解決したい。しかし、アメリカが中東和平国際会議に応じないため、行き詰っている」と述べた。また、「戦争が始まれば、二〇〇万人にも上る難民が出るだろうし、深刻な環境問題が起こるだろう」と指摘した。単なる〈王子様〉ではない見識だった。

ヨルダンのハッサン皇太子（左）は、危機の平和解決への希望を熱く語った
（1990年10月）

「戦争は、まだ始まっていない」——そして開戦へ

私たちは、事態の平和解決に一縷の望みを託しながら、一五日午後、アンマンを発った。アンマン空港は、戦争に備えて湾岸諸国から帰国しようとする人びとであふれていた。パリを経由して日本に向かう日航機が成田空港に着く前に、安保理が設定した開戦の期限が切れた。そのとき機長が、「みなさん、戦争は、まだ始まっていません」と機内放送し、乗客は一斉に拍手した。

その時には私たちは詳しくは知らなかったが、前出の国枝氏の著書によると、イラク側は戦争の危機が迫る事態を打開しようと、アメリカに対し懸命に最後の外交努力を試みていたという。しかし両国の対話は一回だけで、デクエアル氏の調停も最初と最後の二回程度だった。アメリカ政府は、名目だけでもパレスチナ問題に触れることを拒否し、イラクからのトップ会談の提案には、「もう遅い」と応じなかった。

こうして、何とか戦争を回避しようとした国際社会の努力は、イラク側の〈自尊心〉への固執と、それを逆手に取ったアメリカの〈戦争への意思〉の前についに実らず、事態は開戦へと雪崩れていった。

湾岸戦争は、一九九一年一月一七日に始まった。それは「砂漠の嵐」作戦と名づけられ、アメリカ軍を主軸に三四か国が参加する多国籍軍によるイラクへの膨大な数のミサイル攻撃として始まった。二月二三日には地上戦に突入し、わずか一〇〇時間で事実上の決着がつき、停戦となった。敗走するイラク軍は油田に火を放ち、空は真っ

帰国直後にフセイン大統領との会談内容を記者団に説明する土井たか子団長（中央、著者はその右）

黒な煙に覆われた。二月二七日にはクウェート市が解放され、三月三日にはイラクが敗北を認め、暫定休戦協定が結ばれ、湾岸戦争は終結した。

＊＊＊

この湾岸戦争は、中東情勢を大きく悪化させる契機となった。サダム・フセイン体制の延命を認めたアメリカは、二〇〇一年の九・一一事件が起こると、それをサダム排除とイラク完全掌握のチャンスとし、二〇〇三年にイラク戦争を起こした。その口実には、「イラクには大量破壊兵器がある」とか「サダムはテロリストとつながっている」というウソが用いられた。さすがに今度は国際世論が大きく分裂し、反戦運動は文字通り地球を覆った。しかしイラク戦争の結果、イラク社会はいくつにも分解し、ＩＳ（イスラム国）などの鬼子を生み出すことになった。

湾岸戦争は、日本の政治が憲法を無視し、危険な道に足を踏み入れる契機ともなった。政府・自民党は、湾岸戦争で一兆三〇〇〇億円もの戦費を拠出しながら（ほとんどアメリカが受け取った）、それでも憲法九条によって自衛隊が参戦できなかったことを「恥」として、湾岸戦争の翌年、まずＰＫＯ協力法を強行採決で成立させ、その年のうちにカンボジアＰＫＯに自衛隊を派遣した。これを突破口として、現在では集団的自衛権の行使も〈合憲〉と言い放つ安倍政権により、「いつでも、どこでも武力行使ができる」安保法制（戦争法制）がつくられてしまった。

これは、憲法九条を持つ日本が本来果たしうる平和創造への役割に逆行し、日本を〈戦争できる国〉にするものである。戦争法案を憲法違反として全国的な反対運動が起きたのも当然だが、戦争法制が逐次発動されつつある今も、戦争法廃止の運動が勢いを失っていないのは希望の光である。

6 キューバ、コスタリカとの交流

カストロ議長とのデートはできず

一九九五年五月、同僚の大脇雅子参院議員から「キューバに行きませんか」と誘われた。キューバは一度行ってみたい国だったし、キューバ大使館がカストロ議長との会談をセットすると言っているというので、行くことになった。私が団長、大脇氏が秘書長になり、暉峻淑子埼玉大学教授や歌手の新谷のり子氏、栗原君子参院議員などがメンバーに加わった。

現地を見聞して、ソ連から援助をうけていたキューバが冷戦の終結で困難になり、またアメリカの不法な経済制裁で痛手を負うなかで、自立と経済のたて直しに懸命だったが、それでもキューバ社会主義はカリブ海のように明るかった。一部市場経済をとりこんで活気があり、人びとのくらしも安定し、ゆとりさえ感じられた。

今も記憶に鮮明なのは、チェルノブイリ原発事故で被曝した子どもたちを家族ぐるみで迎え入れ、医療と保養を提供していたことで、私たちは療養中の家族とも面会す

ることができた（子どもの数は九五年までに一万三〇〇〇人、二〇一七年には延べ二万四〇〇〇人に達した）。また、キューバは医療を重視し、医師の養成に力を入れるだけでなく、開発途上国から留学生を受け入れて多数の医師を育て、それぞれが帰国して自国の医療に大きな役割を果たしているということであった。

私たちはカストロ議長との面会を心待ちにしていた。キューバ外務省からは日程を詰めているという話が再三にわたり伝えられた。待ちくたびれた果ての帰国前夜に至り、今夜遅く会談がセットできるのでホテルで待機してほしいと伝えられ、一同喜んだ。ホテルのロビーにはキューバ外務省の担当者と日本の大使館員も詰めていたので、これは本物と誰も疑わなかった。新谷氏は、化粧も落とさず仮眠していたという。ところが翌日の早朝になっても議長は現れない。私たちは午前九時発の飛行機に乗る予定だったので、私は不機嫌な顔で一行を促し飛行場に向かった。

飛行場の待合室にいると、キューバ外務省の係官が駆けつけ、いまカストロ議長が一行を見送るために飛行場に向かっていると言う。しかし、それでも現れない。係官は、メキシカーナ航空の出発を一時間延ばしたので、もう少し待つようにと言ったが、結局、議長は現れなかった。

帰国後、在日キューバ大使館の使者が私を訪ねてきて、「誠に申し訳ない。朝までボリビアの外務大臣と話が弾んで、会談がセットできなかった」と謝った。私は冷めた気持で弁解を聞いた。

キューバに招待され療養中のチェルノブイリ原発事故で被ばくした子どもたちと
（1995年5月）

突然「給油」で来日したフィデル・カストロ議長と成田空港で会談
（1995年12月）

突然の来日でカストロ・矢田部会談が実現

その年の一二月、日本のキューバ大使館から電話があった。カストロ議長が中国を訪問し、ベトナムを経由して明日、成田に給油のため立ち寄るので、成田に出迎えてほしいと言う。私は即座に断った。キューバでの苦い思いが頭をよぎったからである。しばらくして再び要請があったので、出迎えではなくカストロ議長との会談が実現するのであれば考慮すると返答すると、以前の約束不履行もあるので全力を尽くすと言う。こうして私は成田で出迎えることにした。

　そこで一計を策した。給油のためとはいえ、せっかく日本に立ち寄るのなら、その時間を延ばしてでも首相（当時は村山富市氏）との会談が実現できないかと。五十嵐広三官房長官に、「私がカストロ議長と会うことになった、その際、総理との会談を勧めてみるが、キューバ側がよいとなれば会談をセットできるか」と相談したら、結論としては受け入れるということになった。そこで、日本・キューバ友好議員連盟の会長であった三塚博衆院議員にも連絡をとり、協力を求めた。

　一二月一三日、成田空港でようやくカストロ・矢田部会談が実現した。大脇、栗原両参院議員も同席した。当初、一五分間の予定だったが、話が弾んで一時間近い会談となった。カストロ議長も弁護士出身だったので、私もそうだと告げ、議長が独立運動で逮捕されて獄中にあったときに書いた弁論「抵抗の思想」をとりあげ、「明文はなくても人民には抵抗する権利がある」という議長の不屈の思想に感動したという思い出を語ったところ、カストロ議長も身を乗り出して話が弾み、側近が時間を気にし

カストロ議長にホテルから東京の都市状況を説明（右は三塚博氏、1995年12月）

ても話をやめなかった。中国の社会主義と市場経済、ベトナムのそれなどに話題が広がり、キューバは小国であるのでベトナムからより多くを学びたいと語っていた。

私は最後に、せっかく日本に立ち寄ったのだから、もう一晩泊まれないかと提案した。村山首相もそれを希望しており、受入れも相談している、と。彼はしばし考えて、相談してみると言う。やがて、もう一泊してもいいと回答があり、私たちは大いに歓迎したいと伝えた。

一番あわてたのが警視庁であった。一国の元首が急遽滞在を延ばし、成田での給油だけではなく東京を訪れて首相とも会談するというのであるから、警備その他で大変なことは推測できたが、キューバ議連会長の三塚氏も全面的に賛成というので、その晩遅く受け入れが決まった。

翌日、赤坂プリンスホテルにカストロ議長を迎え、三塚氏とも相談してキューバ議連のメンバーを緊急招集して歓迎の昼食会を開いた。食事後、私と三塚氏でカストロ議長をホテルの最上階に案内して東京の街並みを見せた。その時、カストロ議長は車社会の東京に驚き、次のように語った。「やがて、中国の人びとが車を持つ時代が来る。誰もそれを止めることはできない。しかし、一〇億を超える人びとが車を持つ時代になったとき、中国と世界の環境問題はどうなるだろうか」と。この慧眼に、さすがカストロ議長とあらためて感服したが、実際、その後中国の車社会化は急速に進み、大気汚染やエネルギー問題が深刻化した。世界もまた温暖化対策を迫られている。

その後、カストロ議長は村山首相と会談し、土井衆院議長にも表敬訪問をした。

再びキューバ訪問——キューバ共産党と新社会党の交流

二〇〇〇年六月、私は再びキューバを訪ねた。このときは、私は九六年に結党した新社会党の委員長であり、キューバ共産党の招待による新社会党キューバ訪問団の団長としての訪問だった。

私たち一行は、共産党政治局常任委員や国会副議長をはじめ、平和運動や国際友好の団体、労働組合などと精力的に意見交換を行った。特に、ソ連崩壊後のキューバ社会主義に対するアメリカの経済封鎖の強化による、国民の生存ぎりぎりの厳しい経済状態の中でも、医療や教育などは切り下げずに維持し、九四年を底に苦境を何とか脱しつつあるなど、率直な説明を受けた。

アメリカは、一九六一年にキューバと断交、六二年にケネディ政権下で輸出入を全面禁止し、ソ連の核ミサイル配備で世界が核戦争の恐怖におののいた「キューバ危機」という瀬戸際にまで至った。その解決後も、貿易、金融、渡航などを禁止する経済封鎖は、他国に対しても「キューバに入港した船は一八〇日間、アメリカに入港できない」（九二年）とか、「旧ソ連圏諸国のキューバ支援に圧力をかける」（九六年）など、広範で徹底的だった。しかし、欧州諸国など世界一七〇か国以上はキューバとの貿易を維持、拡大していた。キューバの人びとは、「あんなに強いアメリカが、なぜ小さなキューバを恐れなければならないの？」と、余裕さえ感じられた。

なお、新社会党は二〇〇九年にも、栗原君子委員長が団長で、メンバーの家族や子

アメリカの連邦最高裁に出す「アミカス・キュリエ」についてロドリゲス大使（中央）と協議する筆者（その右）、中野新弁護士（右端）（2015年2月）

どもたちも含む総勢七二人の大型訪問団を送り、キューバとの交流を深めている。

異様だったアメリカ・キューバ関係は、二〇一五年にオバマ大統領が五四年ぶりの国交回復に踏み切り、翌一六年にはアメリカ大統領として八八年ぶりにキューバを訪問したことで大きく正常化に向かった。この年、国連総会は二五年連続でキューバ制裁解除の決議を採択したが、アメリカは初めて反対せず、棄権した。アメリカの国連大使は、「われわれの政策はキューバを孤立させる代わりに、アメリカを孤立させた」と語ったが、アメリカの誤った政策がキューバの人びとに与えた苦痛と被害は甚大だったことを忘れてはなるまい。しかも、経済制裁の全面解除は、連邦議会で多数を占める共和党の反対で進まず、トランプ政権は制裁を復活、強化する方針である。

〈キューバの五人〉の救援

話は戻るが、二〇〇八年五月に、デ・コシオ駐日大使から話をしたいと連絡があり、大使館に出向いた。そこで、五人のキューバ人がアメリカに対するスパイ容疑や殺人の共謀罪などで逮捕、起訴されているが、これはアメリカの憲法に照らしても違法、不当なもので、国際的な救援運動に日本でも協力してほしいと要望された。これが私の〈キューバの五人〉とのかかわりの始まりだった。

この五人は、フロリダに多い亡命キューバ人の極右派が、キューバに対するテロ行為やその扇動などを続けていたので、その情報を集め、それに反対する活動を進めるためにキューバから渡った若者たちだった。しかし、一九九六年に彼らを逮捕したF

〈キューバの５人〉の１人、フェルナンド・ゴンサレス氏が来日、在京キューバ大使館で（2015年8月12日）

解放された〈キューバの５人〉から連名の感謝状が届いた（2015年8月）

ＢＩは、罪状を「アメリカの安全保障に関する国家機密を収集した」スパイ罪とか、反カストロ派がキューバ攻撃に飛ばした飛行機がキューバ空軍に撃墜されたのは「被告が情報をキューバに知らせたからで、殺人の共謀だ」などとし、裁判所は終身刑二回とか、終身刑、禁固一九年、同一五年など超長期刑を宣告していた。

その裁判地は、フロリダ州のマイアミ・デイト郡だったが、そこは亡命キューバ人が多い地域で、被告らに対する偏見や反感が激しく、陪審裁判に予断を抱かせるようなキャンペーンも行われた。このため被告とそのアメリカ人の弁護士は、裁判地の変更を求めたが認められず、有罪判決が出されたのだった。これでは起訴内容も公判も極めて政治的で、正当とは言えない。

私は早速、法律家団体や人権活動団体に声をかけた。その結果、社会文化法律センターの中野新、日隈一雄両弁護士、日本民主法律家協会の海部幸造弁護士、日本国際法律家協会の新倉修青山学院大教授・弁護士、自由人権協会の伊藤和夫弁護士、日本労働弁護団の宮里邦雄弁護士など、日本の主な法律家団体の主要メンバーや、北野弘久日大名誉教授、浦田賢治早大名誉教授、土井たか子アジア人権基金共同代表・元衆院議長など五四人が短期間に賛同してくれた。具体的には、アメリカの連邦最高裁判所に意見を提出し、再審を求めることになった。裁判所に意見を提出する第三者の個人・グループを「アミカス・キュリエ」と呼ぶ制度を用いたのである。

意見書は、①公正な陪審員による裁判を受ける権利、②逮捕後、一七か月間も独房に入れられ、弁護人も接見できなかったことに対し、弁護人の援助を受ける権利、③

ニカラグアのヴィオレータ・チャモロ大統領と大震災からの復興や平和問題で会談（1991 年）

証拠の開示を受ける権利が侵害された適正手続き保障違反、④キューバ空軍の軍事行動への刑法（殺人罪）適用の不当性など、アメリカ憲法や国際人権規約への違反を指摘したものだった。

翌〇九年一一月、私は、第五回「キューバの五人の釈放のための専門家会議」に出席するため、社会文化法律センター代表理事の中野新弁護士とともにキューバのオルギン市を訪れた。その際、〈キューバの五人〉救援活動や、アメリカによる経済制裁の不当性を明らかにしてキューバとの交流を進めてきたことなどにより「キューバ友好勲章」を授与された。この問題をキューバがいかに重視しているかの表れでもあった。この会議で私は、「人権に国境なし」の立場から、五人に対する人権侵害を批判し、日本でのアミカス・キュリエの取り組みを報告した。

二〇一〇年一〇月に、アメリカの獄中から五人の連名で、アミカス・キュリエの活動に対する感謝の手紙が届いた。しかし私たちは、このプロセスは法律的なものだが、事件とその処理はきわめて政治的なもので、解決には政治的決定が不可欠だろうと考えていた。米連邦最高裁は、私たちの意見書や各国での運動に応じる気配を見せず、時間だけが過ぎていくかに見えた。

ところが二〇一四年の秋に、在日大使館から「キューバの五人が釈放された」という報告が飛び込んできた。私は驚き、喜んだ。その後の展開から明らかなように、アメリカとキューバはローマ教皇の仲介で、前年の一三年から国交正常化の秘密交渉を重ねており、五人の釈放はその象徴的な政治的シグナルだったのである。キューバは

コスタリカのロドリゲス大統領（左）と会談し、非武装・平和や人権、環境の政策で意気投合　（2000年）

当然、「五人の英雄」として帰還を大歓迎した。

翌年六月、五人の一人であるフェルナンド・ゴンサレス氏が来日し、五人全員が自筆で署名した私への感謝状を手渡してくれた。それには、「偉大なる友人なくして偉業を成すことはできない」という革命家ホセ・マルティの言葉が添えられていた。

〈軍隊のない国〉コスタリカへ、そしてニカラグアにも

中米にはもう一つ、独特の国がある。軍隊を持たないことを憲法に明記し、積極的永世中立を宣言したコスタリカである。

私は一九九一年に、茨城県内で老舗の亀印製菓社長でコスタリカ名誉領事の林耕芳氏に誘われ、少人数の個人的な旅行としてコスタリカを初訪問した。現地で事業を営む知人の紹介でカルデロン大統領を表敬訪問し、その際、副大統領にも挨拶に寄った。ところが、押しかけ同行していた日本の大使が、いきなり「日本はODAを出しているのに、なぜ空港の補修工事を日本企業にやらせないのか」と詰問した。驚いた副大統領は、「工事は公正な入札で決めた」と答えたが、大使は「それでは日本がODAを供与する意味がない」と重ねて追及した。私は、私に勝手についてきて無礼で不当な抗議をするのは、それでも外交官かとあきれ、副大統領に詫びて早々に退去した。

コスタリカは隣国ニカラグアから侵攻されたこともあり、国境問題も抱えていたが、ニカラグアでは七二年の大震災の傷がいまだ癒えていないというので、訪ねることにした。たまたま機中で会ったコスタリカの財務長官が、ニカラグアの財務顧問もして

平和憲法の若き同志・ロベルト君を水戸にも招いた（2005年）

いると言い、その紹介でビィオレータ・チャモロ大統領にも会うことができた。

首都マナグアの光景は「すさまじい」の一言に尽きた。直下型の地震で首都の九〇%が崩壊、死者は二万人に近く、住居を失った避難者は二五万人とされ、被災から一九年も経つのにマナグアには建物の姿はほとんどなかった。私たちは、この地にベリス・メルセス宣教修道女会のミッションで活動していた弘田しずえ氏に迎えられ、震災後の情勢の説明やチャモロ大統領との通訳をお願いすることができた。彼女は現在、世界の同修道女会の事務総長としてローマに赴任されている。

二〇〇〇年のキューバ訪問のあと、私たち新社会党の一行はコスタリカを再び訪れた。会談したロドリゲス大統領は、「新社会党の非武装・平和政策と人権、環境への取り組みは、コスタリカの政策とまったく同じだ。コスタリカは五〇年間の非武装の堅持により、中米一の経済繁栄を実現した」と語り、非武装憲法を厳守して軍事費の負担がない〈平和の配当〉の重要さを強調した。

また、予定にはなかったが、小森龍邦党副委員長の提案で、先住民（インディヘナ）との交流も行った。先住民の権利のための闘いを知ることができ、日本でのアイヌ民族の先住権、人権の闘いや、少数者、被差別者の人権闘争との国際的な連帯の重要性を確認しあった。

中南米は国際的な紛争が多かった地域で、つねにアメリカの圧力を受けてきたが、その中でコスタリカは非武装と積極的永世中立を信頼と説得力の源として、中南米の緊張緩和や紛争の平和解決に積極的な役割を果たしてきた。その精神は、コスタリカ

アメリカの日系人収用施設跡を視察、研究者から説明を受けた（2004 年）

の国民にしっかりと根づいている。

同志・ロベルト君との出合い

二〇〇四年に、土井たか子氏がコスタリカを訪問したいと言うので、案内することになり、メンバーには大田昌秀参院議員や東門美津子衆院議員なども加わった。その際、私たちは首都サンホセで法律を学ぶ大学生ロベルト・サモラ君に会った。彼は、〇三年にコスタリカのパチェコ大統領がアメリカによるイラク戦争を支持したことを憲法違反として憲法裁判所に訴え、勝訴したことで世界的に有名になった。彼は非常に明敏、闊達で、日本の憲法九条のことも知っていた。私たちは、彼を日本に招くことにした。

ロベルト君は翌年二月に日本にやってきた。そして旭川、沖縄、広島、大阪、東京などを巡って市民や学者、法律家らと精力的に交流した。私は彼を水戸に招き、市民集会を開いて話を聞いた。お土産に梅羊羹を持たせたら、甘いもの好きの彼は東京のビジネスホテルで、コスタリカの恋人と夜中に電話で話しながら、一本丸ごと平らげたという。

ロベルト君の来日は、日本の平和運動や憲法を守り生かす運動とコスタリカの結びつきに少なからぬ影響を与えたと思う。その後、彼は再び来日してピースボートのスタッフを経験し、また一七年には弁護士として来日し、「平和への権利と憲法九条」の講演を行った。彼は貴重な同志である。

コスタリカからの帰途、私たちはアメリカに立ち寄り、カリフォルニア州にある日系人強制収用所跡を視察した。第二次大戦の勃発に伴い、一二万人以上の日系アメリカ人や日本人移民が収容所に追い立てられたもので、一九八八年になってやっと謝罪と賠償が行われた。ひるがえって日本では、元「従軍慰安婦」や強制連行・強制労働の被害者に対する謝罪も賠償も、長い年月を経たにもかかわらず不徹底で、未解決のケースが残っている。

3章 「戦後政治の総決算」と「戦後レジームからの脱却」

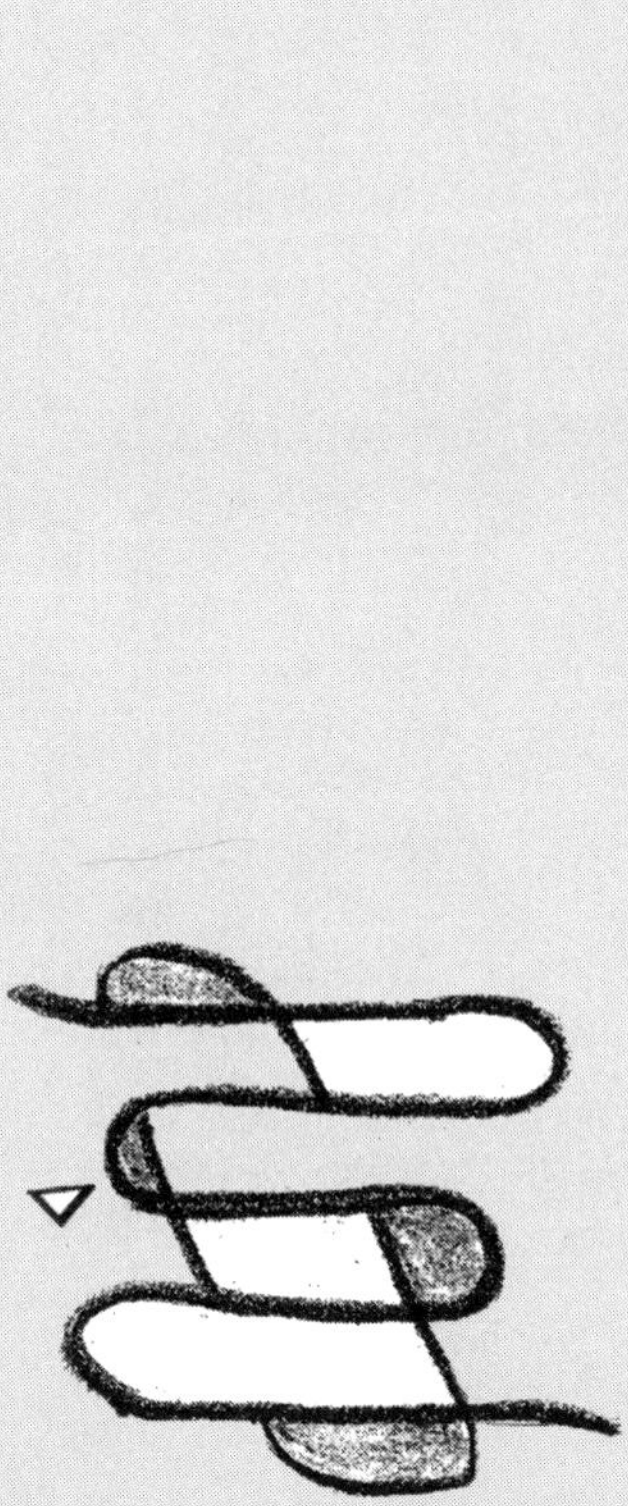

1　中曽根首相と安倍首相の軍事大国主義を問う

第二次世界大戦後、日本の歴代政権は、外からはアメリカの圧力を受け、内からは軍産官複合体の要求により、たえず軍備を強化し、防衛費を増加させてきた。しかし、平和憲法があり、世論の多くは一貫して九条を支持してきたことから、また、アジア各国への影響も配慮して、一応は「自己抑制的な枠組み」をつくることを余儀なくされてきた。「海外出動」はしない、専守防衛に徹する、集団的自衛権の行使は憲法上許されない、武器輸出は慎む、非核三原則などがそれである。

それに照応するかのように、社会保障、教育、労働、環境、地方自治など人権と民主主義のあり方でも、要求と改善のバランスがある程度考慮されてきたと言えよう。

しかし、このような〈日本的民主主義〉を嫌悪し、〈強く輝かしい日本国家の復活〉の野望を抱く政権が時に生み出されてきた。その一つが、〈戦後政治の総決算〉を唱えた中曽根康弘政権であり、もう一つが〈戦後レジームからの脱却〉を掲げた安倍晋三政権である。この二人のスローガンがよく似ているのは、国家主義、大国主義、強権国家という共通の思想からして当然である。

1980年の憲法集会のテーマは「憲法擁護、安保廃棄、沖縄を訴える」（水戸市で）

軍事費GNP一%の枠は

三木武夫内閣は一九七六年一一月、日本が軍事大国にならない歯止めとして、「防衛計画の大綱」と、防衛費をGNP一%以内とすることを閣議決定した。この基本方針は、三木内閣のあとの福田赳夫、大平正芳、鈴木善幸内閣でも引き継がれた。

防衛大綱は、「基盤的防衛力構想」の考え方をその基本にしていた。それは「限定的かつ小規模な侵略」の事態に対処しうる防衛力を装備することを目標にし、情勢に重要な変化が生じ、新たな防衛力の態勢が必要となったときには、円滑にこれに移行できるよう配慮された基盤的なものとするというのが根幹となっていた。

ところが八二年に政権の座に就いた中曽根首相は、これら二つの制約を取り除き、新しい軍備拡張構想をうち出したいという思いから、私的諮問機関として「平和問題研究会」をつくり、自分の意向に沿う報告の提出を求めた。

中曽根政権の八五年度予算案は、防衛費を三兆一三七一億円とし、四年連続の増額となった。同年度のGNP見通しは三一四兆六〇〇〇億円だったから、GNPに占める防衛予算は〇・九九七%になる。これに同年度の自衛隊員の給与引上げ等の補正予算を加えれば、一%突破は必至となった。他の防衛費を削減すれば一%の枠内に収めることは可能なのに、そうはせず、隊員の給与問題を一%突破の口実にしたのである。

〈GNP一%枠〉は、日本が軍事大国にならないための財政面からの歯止めである。軍備増強のテンポに合わせて見直してよいという便宜的なものではない。平和問題研究会の中でも賛否両論が対立し、中曽根氏サイドの意向で見直す報告になったと言われた。首相好みのメンバーを集めて私的なチームをつくり、首相の意を体した報告を出させ、世論をその方向に誘導して政治を動かすという手法は国会でも大問題になり、参院予算委員会での私の中曽根首相追及の中心テーマの一つとなった。

八五年春の国会では、衆院予算委員会で政府・自民党と野党が合意し、「六一年（八六年）度予算編成でも一％を守る」との政府見解が示された。私はこれについて同年一一月の予算委員会で、「六一年度予算というのは当初予算だけではなく、補正予算でも一％枠を守るということか」と質問した。これに対し中曽根首相が、「一％枠を守るとの発言は、あくまでも六一年度当初予算に限る」と答弁したことから、私は納得せず、「衆院での与野党間の約束と違う」と迫った。しかし中曽根首相は、「野党がどのように理解されたか分からない」と答弁し、さらに再答弁で「そのまま受け取っていただきたい」などと繰り返し、審議はたびたび中断。とうとう審議は中断されたまま同日は再開されなかった。首相は、「野党に寄り切られて言いたくないことを言ってしまった。本音を言ってしまった」とボヤいたという。

中曽根首相は翌八六年一二月、〈一％枠〉撤廃を閣議決定した。そして八七、八八、八九年度と、三年連続で一％を超えた。その後は再び一％以下の時期が続いたが、二〇一〇年以降、しばしば一％またはそれ以上という状態が多くなった。

核政策の推進者・中曽根氏と危うい非核三原則

日本の非核三原則の形成過程は、一九五〇年代にまでさかのぼる。核兵器で圧倒

国会の論戦から ③

武器輸出三原則の変更で中曽根首相らと論戦

1983 年3月9日（水）参議院予算委員会から

矢田部理　先般のアメリカでの発言（で）、日本列島を不沈空母にし、ソ連のバックファイアに対する巨大な防壁を築く、四海峡を完全に封鎖、支配し、ソ連潜水艦を通過させない、戦争前夜のごとき刺激的な発言をする。（中略）きわめて危険な（中略）、国際的な状況からみれば愚劣な発言ですらあります。

中曽根康弘首相　一つの比喩であり形容詞であるとお取り願いたい。米紙の朝食会でも、専守防衛、憲法の枠内で非核三原則を守っていくと言ってます。

矢田部　（中略）とすれば、なぜこんな名指しで、いかにも戦争をやっているようなお話になるんでしょうか。

中曽根首相　（中略）不必要な誤解を与えたとすれば反省もしております。

矢田部　武器技術供与問題で日本の政治や国会が長いこと議論をして、原則や方針を国会決議にまで高めてきた。

中曽根首相　（中略）日本も高度の技術力を持ってきた。（中略）アメリカ側から（中略）日本も相互性を持ってもらいたいと要望があり、国会決議に反しない範囲で政策変更を行いました。

矢田部　武器原則を確立した経過と中身は平和憲法の理念だった。（中略）再び日本は死の商人にならないという誓いを込めた方針だったのでは。

中曽根首相　（中略）安保条約もわれわれは肯定している。今回の政府決定は国連憲章の精神に近い平和主義の精神に沿って行うと理解いただきたい。

矢田部　国会決議を政府が勝手に解釈するのはけしからぬ。決議の文言が「禁止」になっていないから対米供与できるという理解ですか。（中略）

中曽根首相　事後ですが衆院、参院の議長に私から通知した次第です。（中略）自民党幹部もいいという考えで、政府としてそういう解釈をとった次第です。

矢田部　国会は自民党だけではありません。閣内でも国会決議の変更をお願いするという発言も出ている。政府の独断専行、国会軽視は許しがたい。

後藤田正晴官房長官　決議は安保条約の効果的運用まで禁止しているとは理解しておりません。ただ、有権解釈となると政府が勝手に決める訳にいかないので、国会でお決めいただきたい。

矢田部　（中略）アメリカが紛争当事国の場合は例外として扱う、日米が合意すれば日本の技術、それを使った武器が第三国に流れる、武器本体の輸出は、山中さんは永久にしないと言われたが、中曽根内閣ではやらないと限定的になった、以上を伺っておきたい。

安倍晋太郎外相　アメリカが紛争当事国になっても供与する場合もありうる。アメリカが第三国に供与する場合に、同意を厳重、慎重に行う。武器そのものは一切考えていないのが中曽根内閣の方針であります。

山中貞則通産相　中曽根内閣の通産大臣だから、従わなければならない。私自身は変わりませんが。（後略）

的優位にあったアメリカがソ連に追いつかれ、核抑止力の威信が揺らぐことになった。この状況下で五四年に、参議院で「原子力国際管理及び原子力兵器禁止に関する決議」が全会一致で可決された。また、当時、原発の導入に力を入れていた中曽根氏は、翌年の原子力基本法の審議で「原子力燃料を人間を殺傷する武器としては使わない」と答弁し、「核兵器は作らず」の原則が形成された。

次いで五七年に、岸信介首相が「アメリカの原子《マ》部《マ》隊の進駐に承諾は与えない」と答弁し、「持ち込まさず」の原則を示し、さらに「私の政策としては、核兵器と名のつくものは今持つ、あるいは装備するという考えは絶対とらぬ」と答弁し、「核兵器は持たず」の原則を示した。

しかし、六〇年の安保条約改定にともなう岸・ハーター交換公文には、「我が国の領域内にある米軍の装備における重要な変更（核弾頭及び中・長距離ミサイル、それらの基地の建設）」について「事前協議」する条項があり、「持ち込まさず」の原則に抜け穴が設けられた。

六〇年代になると、ベトナム戦争の激化や朝鮮半島の緊張に対し、原子力潜水艦や原子力空母の日本寄港が相次ぎ、核持ち込みの疑惑が深まった。「七〇年安保」と沖縄返還でも核兵器の扱いが大きな問題になった。こうして佐藤栄作首相は六八年、施政方針演説で「核兵器を自ら製造せず、保有せず、持ち込ませない」と述べ、「非核三原則」を政府方針として明示することになった。

ところが、〈非核〉だけを宣言したことの重大な意味に気づいた自民党政府は、同

中曽根康弘氏とは、核政策や防衛政策でいくたびも論戦した　（1983年11月）

じ国会で非核三原則に、①核軍縮への努力、②アメリカの核抑止力への依存、③核エネルギーの平和利用の三点を加え、「核四政策」と称した。以降、歴代政権は、非核三原則の「堅持」と核抑止力への依存、原発の推進という奇妙な組み合わせを核政策の基本としてきた。

しかし、非核三原則と矛盾する主張は消えなかった。岸首相は先の答弁の際、「自衛権を裏づけるに必要な最小限度の実力であれば、核兵器であっても持ちうるということを憲法解釈としては持っている」と述べている。岸信介氏の孫である安倍晋三氏も、この立場を相続している。

佐藤首相は沖縄返還を「核抜き」とし、ノーベル平和賞を受賞したが、有事の核持ち込みは認めるという「密約」の存在が日米双方で指摘されてきた。実際に、アメリカ海軍のラロック提督は七四年に、「私の経験から言えば、核兵器搭載能力のあるすべての船は、核兵器を搭載している。それらの船が日本に寄港するときは、核兵器を外すことはない」と連邦議会の公聴会で証言した。

また、駐日大使だったライシャワー氏は八一年、「アメリカは（核搭載艦船の）領海通航を持ち込みとみていない。六三年の原潜初寄港に際し、大平外相にその旨を話し、了解を得ている」と毎日新聞に語り、大きな衝撃を与えた。あわてた政府は、同氏を「私人、伝聞、もうろく」などと誹謗し、発言を否定した。その後も、ニュージーランドの核艦船寄港拒否の政策に関連して、下院外交委員会アジア太平洋小委員会でウォルフォウィッツ国務次官補は、「核に関する情報は同盟国の首脳に対しても知らせないのが方針」と証言している。この問題は、佐藤首相の密使だった和泉敬氏だけでなく、外務省幹部もキッシンジャー大統領補佐官に、有事の沖縄への核持ち込みに「異存はない」と公式に伝えていたことがアメリカの公文書で明らかになった。

さて、自主防衛論者の中曽根氏が通産相だった六〇年代末に、「わが国における自主防衛とその潜在能力について」と題する二一三頁もの報告書が作成された。作成した組織は正体不明だが、日本の産業と技術力を調査し、「核爆弾、起爆装置、運搬手段（ミサイル）、誘導装置」などの製造は可能で、日本はフランス並みの中級核保有国になれると結論していた。この研究報告については、同僚の野田哲参院議員が追及したが、政府は「一切関知しない」としらばっくれた。

その後に防衛庁長官となった中曽根氏は、七〇年に訪米し、「日本はアメリカの核抑止力が機能している限り核武装する必要はない」が、「核兵器の持ち込みについては選択の可能性を留保しておくのが賢明だ」とのべ、非核三原則にしばられない考えを示した。

七五年の核拡散防止条約（ＮＰＴ）の批准をめぐって、自民党は、「批准したら以後二〇年間、核兵器を持たず、作らずの立場を固定され、防衛政策の制約要因になるので、アメリカの『核の傘』に守られることを明確にし、それを軸とした安保体制の強化のためには、核持ち込みの事前協議ではイエスもノーもある、有事の際はイエスがありうるのは当然だ」と主張した。この時の自民党幹事長は中曽根氏で、「非核三原則は心構えであって、条約論としてはイエスもノーもある」と発言している。同条約は最終的には、社会党などの要求で「非核三原則はいかなる場合においても忠実に履行すること」という決議をつけて承認されたが、この議論はいまも消えていない。

私は八五年七月一日発行の「軍事民論」誌に、「中曽根政権と非核三原則」という論文を寄稿し、以上のような流れをまとめ、ニュージーランドやアイスランドなどの政府の原則的で明確な態度を支持し、核艦船の寄港・通過を含めて核持ち込みをしないことの正式な確認と、〈核の傘〉からの離脱を要求した。また、米ソ両国に対して核戦力の凍結と削減、軍縮を要求し、世界の反核運動との連帯、非核地帯の設置・拡大を提唱した。

しかし日本政府は、頑迷に核抑止力に固執している。二〇一六年一〇月、国連総会の核軍縮を扱う第一委員会で核兵器禁止条約の交渉が始まり、条約は一七年七月七日に一二二か国という圧倒的な賛成多数で採択されたが、日本政府は「核抑止力に基礎を置く国際安全保障のバランスを崩す」などとして反対した。多くの国が「被爆国・日本がなぜ？」と疑問を呈し、日本国内でも被爆者団体はもちろん、批判する世論が大きかったのは当然である。

防衛大綱も見直し

先の平和問題研究会は八三年一二月に提出した報告書で、〈基盤的防衛力構想〉を全面的に否定し、「一％は今日では通用しがたい」と断じ、「防衛計画の大綱」の見直しを提唱した。

その論旨は、①大綱は米ソのデタントという平和時を想定して策定されたものだが、その後は東西対決、新冷戦の時代となり、今や「緊張時」である、②大綱の中核である基盤的防衛力は、平和時における防衛力の整備構想であり、緊張激化の事態や有事が予想される事態への対応の過程、その原則を明らかにしていない、③大綱は「没脅威論」の立場をとっており、脅威に対抗できない軍事力は意味がない。仮想敵国の軍事力に対抗する「所要防衛力の整備」の立場を基軸にすべきだ、というものだった。同種の議論は、前から自衛隊制服組や自民党の国防族、財界からも出ていた。

アメリカは大綱の水準達成と見直しを執拗に求め、中曽根首相も大綱見直しの発言をした。これは、レーガンの同時多発戦略の下でシーレーン防衛＝三海峡封鎖などの役割を分担し、そのためには攻撃的兵器体系の本格的な整備を着々と進め、専守防衛から前方防衛・反撃の戦略に転換して、アメリカと集団自衛の関係に入っていこうとするものであった。これは大綱の水準を超え、「平和時の軍事力」から「危機に備える軍事力」への質的な転換を図るものであった。

そして安倍首相は、中曽根氏が熱望しながら十分には果たせなかった〈軍事大国・日本〉の夢を、憲法解釈の勝手な大転換と国会での多数の力による強行突破の連続で実現しようとしている。中曽根首相の平和研と同様、安倍首相は自分と気心の合った人物たちを集めて「安保法制懇」（安全保障の法的基盤の再構築に関する懇談会）を〇七年につくり、〇八年に報告書を出させた。

そのテーマは、①公海における米軍艦船の自衛隊による防護、②アメリカに向かう

核禁止条約「参加を」
平和宣言、政府に迫る
唯一の被爆国の勇断今こそ
72回目 長崎原爆の日
「ヒロシマ・ナガサキ条約」と呼びたい
事もあろうに原発再稼働 核は人類と共存できない
「思い継ぐ」高校生宣言

かもしれないミサイルの迎撃、③国際的な平和活動における武器使用、④同じ国連PKO等に参加している他国の活動への後方支援で、いずれも憲法解釈を変更することで可能となると提言した。

　しかし、この報告書は、肝心の安倍首相が就任からわずか一年後の〇七年八月に退陣したため、受け取った福田康夫首相は〈お蔵入り〉にしてしまった。第一次安倍内閣は、「戦後レジームからの脱却」、「美しい国づくり内閣」を看板にし、教育基本法の改悪、防衛庁の省昇格、改憲手続き法などを強引に成立させた。しかし、閣僚が失言や事務所費などの問題で相次いで辞任し、支持率が急落して〇七年の参院選で惨敗、自民党は過半数を割り、安倍氏本人が体調を壊して退陣したのである。

安倍内閣による憲法解釈の大転換――安保法制〈戦争法〉を強行制定

ところが、民主党内閣が政策や政権運営で失態を重ね、支持を失って衆院選で大敗したため、一二年に第二次安倍内閣が復活。そこで安保法制懇が再開され、一四年五月に新報告書を提出した。

　この報告書は、第一次報告の四項目に加え、①近隣での有事における船舶検査、米艦等への攻撃排除、②アメリカが武力攻撃を受けた場合のアメリカへの支援、③わが国の船舶の航行に重大な影響を及ぼす海域での機雷除去、④国連等の決定に基づく活動への参加、⑤日本領海で潜没航行する外国潜水艦への対処、⑥離島等で不法行為を行う武装集団への対処、を提起し、憲法解釈の変更で集団的自衛権の行使を認めるべきだと提言した。〈基盤的防衛力構想〉は廃棄され、周辺事態法で政府が持ち出した「後方地域支援」などの弁解は、もはや不要とされた。歴代内閣が積み上げてきた憲法解釈による安保・防衛政策を一挙に覆す〈憲法クーデタ〉が提起されたのである。

これを受けた安倍首相は翌一五年、〈積極的平和主義〉を掲げ、外務省や防衛省の支持だけでなく、「内閣における憲法の番人」とされてきた内閣法制局の変節も得て、集団的自衛権の行使も海外でのさまざまな武力行使も「憲法上、可能」とする閣議決定を行い、多数の関係法制を一括で改定する「安保法制」法案を提出、世論の大反対を無視して強行採決で成立させた。

安倍内閣は一六年暮れ、南スーダンＰＫＯに派遣する自衛隊に、「駆けつけ警護」と「宿営地の共同防護」という武力行使を伴う任務を付与した。安保法制の最初の発動である。自衛隊員が海外で殺し殺される恐れが高まった。それだけでなく、安倍内閣は米艦の防護や他国軍との「物品役務相互提供協定」（ＡＣＳＡ）などの後方支援、武器の共同開発や輸出など、グローバルな軍事展開を推し進めている。

安倍内閣はまた、それを国内的、政治的に推進するため、秘密保護法をつくり、二七七もの罪名を対象とする共謀罪法（改定組織的犯罪処罰法）を強引に成立させた。沖縄で高江のヘリパッドや辺野古新基地の建設に「本土」から機動隊を送り込み、自衛隊のヘリで民間業者の資機材を運搬、さらには抗議行動のリーダーなどを逮捕して長期勾留するなど、憲法も人権も無視した暴走を続けている。そのうえで一七年五月三日の憲法記念日に、「九条改憲」を打ち上げた。

「戦争法案廃案！」など市民の声が国会を大きく包囲する光景が多くなった

防衛費のＧＤＰ比は、一七年度は一％以内に収まる可能性があるが、安倍首相は、日本の軍事負担増を求めるトランプ政権の登場を逆手に取り、「（防衛費を）ＧＤＰと機械的に結び付ける考え方は適切ではない」と答弁した。これを認めれば、防衛費は歯止めなく膨張させられかねない。実際、安倍首相による二〇一八年度の防衛省の概算要求は、五兆二五五一億円と過去最大となった。

憲法解釈の変更と安保法制が強行された二〇一五年は、ほぼ通年、国会の周囲を数万人から十数万人もの人びとが埋め尽くし、「戦争法案、絶対廃案」、「戦争する国、絶対反対」と叫びつづけ、「野党は共闘」と促した。私は、憲法の危機に心を痛めていたが、この光景に感動し、勇気づけられた。さらに特筆すべきは、この市民の自発的行動は、学生や女性、学者、法律家などが立ち上がり、結集する巨大な「場」となったことである。しかも、法律が通れば消えるか下火になるしかなかったこれまでの運動と違って、いまも「総がかり行動」（戦争させない・９条壊すな！総がかり行動）として継続され、全国各地に広がり続けている。

このような大行動は、秘密保護法反対でも起こったし、沖縄は〈島ぐるみ〉の〈オール沖縄〉の新基地建設反対の強固な民意を示し続けており、「本土」からも支援者や連帯の行動が絶えない。私たちの世代の努力は途絶えたかに見えた時期もあったが、ここに未来への希望がある。

2 PKO法をめぐる攻防

一九九〇年八月、イラクがクウェートに侵攻、占領し、湾岸危機が勃発した。国連安保理は即時撤退を要求し制裁を課したがイラクは受け入れず、多国籍軍が編成され、ついに九一年一月に開戦となり、イラク軍は大打撃を受けて撤退した（2章5「中東の和平を求めて」参照）。

この湾岸戦争では、日本政府はイラク制裁には参加したが、憲法九条により戦闘参加はできなかった。その〈代償〉として自民党政権は、一三〇億ドル（約一兆三〇〇〇億円）という巨額の資金を拠出したが、そのほとんどはアメリカの戦費に充てられた。海外の武力紛争に日本が戦費を拠出すること自体が大きな問題だが、アメリカはさらに「ブーツ・オン・ザ・グラウンド」（軍を出せ）と要求し、自衛隊を派遣しなかったことを批判した。これは自民党や外務省、防衛庁などの「トラウマ」〈日本の恥〉となり、自衛隊の海外派遣を正当化するキャンペーンに使われた。

こうして海部俊樹内閣は、九〇年一〇月の臨時国会に「国連平和協力法案」を提出した。日本の国際協力をめぐるそれまでの議論の主要なテーマは、ODAの改革やボランティアの促進、国連など国際機関における日本人職員の増員など、文民による着実な人的貢献の拡充だったのが、一挙に武装自衛隊の紛争地域派遣へと大転換がはかられたのである。

海部俊樹首相に「国際平和協力法案」の矛盾や問題点を追及、廃案に追い込んだ
（1990年暮）

しかし、自衛隊派兵に関する憲法解釈や自衛隊の位置づけなどで政府答弁は混乱し、賛成に傾いていた公明党や民社党も消極的になり、この法案は廃案となった。このため自民党の小沢一郎幹事長は、社会党を除く自公民三党の合意覚書をまとめ、自衛隊を国連平和維持活動（ＰＫＯ）への参加組織とする形で派遣する道を開いた。これに基づいて海部内閣は九一年夏、「国連平和維持活動協力法案」（ＰＫＯ法案）を提出し、これ以降、国会では激しい論戦が、また国会の外でも強い反対運動が全国に広がった。世論調査でも、過半数が自衛隊の海外派兵は憲法違反と考えていた。

参院で白熱の論戦の先頭に

参議院で論戦の舞台となった国際平和協力特別委員会で、筆頭理事となった私は、対応も人選も社会党参院の国会対策委員会から一任され、理事の佐藤三吾、谷畑孝両氏とともにＰＫＯ法案反対の論陣を張ることになった。政府提出の法案は、あくまで自衛隊による活動が中心で、憲法九条をかいくぐって自衛隊を海外展開させる実績をつくることに狙いがあった。

これに対し私たちは、武力紛争の停戦後のＰＫＯには文民による協力の分野と要請は多く、それに応えるのが平和憲法を持つ日本の役割だとの立場から、〈非軍事・文民・民生〉という三原則を提示した。また、自衛隊の派遣を軸とする政府の法案は、一九五四年の参議院の「自衛隊の海外出動を為さざる決議」への違反だとして追及した。

質問にあたっては、あいまいなごまかしを許さない論戦の組み立てに苦心した

こうした原則上の対立だけでなく、法案の具体的内容でも多くの問題点や矛盾が存在し、論戦は白熱したものとなった。政府側は、首相や大臣ではなかなか踏み込みにくい具体論や法律論では外務省の柳井俊二条約局長や丹波實国連局長が答弁に立つことが多かった。彼らはその際、国連ＰＫＯの「標準実施手続き」（ＳＯＰ＝Standard Operating Procedures）の一部を都合よく引用し、あたかも国連の基準に沿っているかのように説明した。ところが、私たちもＳＯＰを入手して翻訳していたので、実際は重要な部分で法案がＳＯＰと矛盾している点をいくつも指摘して追及した。

たとえば、政府は「自衛官の正当防衛のための武器使用」はするが、「国連の任務遂行のための武力行使」はしないと言うが、国連のＳＯＰは任務遂行のための武力行使を当然としており、日本の方針と国連の指令とが矛盾することになる。

このため政府案は、ＰＫＯに派遣された自衛隊の指揮権は日本政府（首相、防衛庁長官）にあり、国連が行うのは「指図」にすぎないので矛盾はないと説明したが、ＳＯＰは、ＰＫＯ部隊の指揮権は国連のＰＫＯ司令部が持ち、各国政府の指示を受けることを禁じている。そうでないと、国連ＰＫＯ部隊の一体的運用はできないからだ。

私はこの点を九一年一二月の初日の質問で指摘し、政府は答弁できず立ち往生という状態が再三くりかえされ、終日の論戦となった。午後五時近くになり、委員長が「コマンド、指揮、指図にかかわる政府の答弁は、政府が整理をし、文書によって見解を明らかにしていただく」と発言し、さらに「矢田部君の質疑は明日も続行」ということになった。この間の私の質疑について、共産党の上田耕一郎氏は、「矢田部理・

PKO——自衛隊の武力行使と指揮権で白熱の論戦

1991年12月5日（金）参議院国際平和協力特別委員会から

矢田部理　この法律は人道的支援活動、文民分野にまで自衛隊が乗り出していく自衛隊派遣法であり、憲法９条に違反します。（中略）国連は自衛の幅も広げて武力行使が可能だと言っている。平和維持軍には参加が難しいというのが従来の政府見解だったでしょう。

工藤内閣法制局長官　昭和55年の答弁書では、目的・任務が武力行使を伴うなら自衛隊の参加は許されないと答えています。（中略）同意、合意、中立の三条件が崩れたら撤収し、武器使用は要員の生命、身体の防護に限るので、ご懸念は解消すると考えました。

矢田部　（中略）現場の自衛官が個々の事例を見て、これは憲法違反か違反でないか考えているいとまはない。

工藤長官　山賊、匪賊のたぐいのときに（上官が）指揮したからといって問題になるわけではないと思います。

矢田部　全然違う。衆院では指揮や命令はしてならぬ、せいぜい消極的に束ねる、と。今度は指揮命令もいいと言う。（中略）武装勢力や紛争で危険が迫った時、国連は説得、空砲、実効的な狙い撃ちなどとあるが、組織として自衛隊はどこまで関われるのですか。

宮下創平防衛庁長官　その判断は個人の責任でやるのが法案の趣旨です。

矢田部　（中略）国家の要請とか名誉と言って送られた人たちが、現場でやられそうになった時には国家は逃亡し、人を殺傷したら殺人罪や傷害罪で処罰と、国家が出張ってくる。めちゃくちゃな法律です。（中略）自衛隊は迫撃砲等も持っていくのですか。

宮下長官　持参する場合もあります。

矢田部　迫撃砲などの重火器は軍司令官が管理することになっている。使う場合は司令官が指揮する。（中略）国連のどの文書も、国連の基準に従って統一行動、統一指揮という流れですよ。

丹波国連局長　国連のモデル協定に国連は「配置、組織、行動及び指令に完全な権限を有する」という記載があり（中略）、政府として異存ありません。

矢田部　国連に指揮権があるのか、日本に指揮権が残っているのか。

野村内閣審議官　防衛庁長官の指揮の下で行う立て方です。国連のコマンドは指揮監督とは一致しない（ので）、指図という言葉を使っております。

矢田部　隣村に手伝いに行った消防士の指揮監督権は隣村の村長にある。指揮監督権が国連にあると国連の方針に反することが難しいので、国連には指揮権がないと言う。（中略）宮澤総理は衆院で、国際公務員でもない者がどうして国連の指揮を受けるのかと何度も言った。隣村の公務員でもない者がどうして隣村の指揮を受けるんです。

（中略、委員会中断）

後藤委員長　コマンド、指揮、指図に関する答弁は政府が整理し、文書で見解を明らかにしていただく。矢田部君の質問は明日続行することにします。

PKO国会は与野党の激しい攻防の場となり、理事会での協議も繰り返された（1991年12月）

社会党議員（現新社会党委員長）の質問が出色の論理展開で感心した」（『国会議員』平凡社新書）と評してくれた。

指揮権を国連が握っているということは、ＰＫＯの任務遂行のための武力行使を国連が命じうることを意味し、自衛隊がその命令に従えば「国際紛争の解決のための武力行使」に踏み出すことになる。このため政府は、指揮権は日本政府にあるとして海外での武力行使を行わない法制の形をとったのだが、国際社会では通用しない国内向けのごまかしだった。

停戦合意が成立した紛争地では、避難民や住民への食糧や水、医薬品、燃料、衣服や住宅、その他無数の物資やサービスが必要になる。これらは国連の諸機関やＮＧＯが丸腰で担っている。日本はＰＫＯのこの分野でこそ能力を発揮できるのに、自衛隊を主体とすることで、これらの協力や要員、ボランティアは二次的な扱いにされている。ＰＫＯ法は今も、このような歪みを持っている。

非軍事の国際平和協力法案を作成し提出

海部内閣は国会の論戦でしばしば立ち往生し、院外でもＰＫＯ法案反対の運動が高まる中、九一年一一月に退陣に追い込まれ、宮澤喜一内閣が発足した。その直後に衆議院でＰＫＯ法案が強行採決され、参議院に回された。その一方で、政府支持派の一部マスコミなどは「国際貢献をしなくていいのか」という論陣を張り、世論も影響を受けていた。そこで私は、〈非軍事・文民・民生〉を原則とする法案を対案として提

出することにした。時間的な余裕もないので、対立点を鮮明にするため、〈政府案マイナス自衛隊〉の構成にし、臨時国会に提出することにした。

議員立法では、国会の法制局の協力と審査を経ることになっている。法案提出の前に、法律の形式や、憲法や他の法令との整合性などを専門的に吟味するためである。そこで参院法制局に趣旨を伝えたら、〈政府案マイナス自衛隊〉といっても、作業には少なくとも二週間はかかると言う。それでは暮の臨時国会への提出に間に合わない。そのため、私と秘書の筑紫君とで政府案から自衛隊条項と関連部分を削除、整理する作業に没頭し、二日ほどで仕上げた。そこへ参院法制局から、「せめて法律の形式を整えた法案にする作業だけでもさせてほしい」と申し出があり、大歓迎で託した。

私が策定した対案の名称は「国際平和協力活動等に関する法律案」で、同僚の野田哲、篠崎年子、堂本暁子、角田義一、村田誠醇の五議員が発議者となり、九一年一二月の参院本会議から審議に付された。社会党の発議者は政府側と左右に分かれて着席し、質問者に応答するという光景が実現したが、政府案は継続審査となり越年、私たちの対案はこの臨時国会で廃案となった。

参院で史上最長の〈牛歩〉で徹底抗戦

九二年の通常国会に持ち越されたPKO法案に対し、反対の世論は高まり続け、賛成する公明党や民社党にも動揺が生じた。このため自民・公明・民社の三党は、①武器使用は自衛官の生命防護に限定する、②平和維持軍（PKF）の本体業務への参加は国会の事前承認を必要とする、③ＰＫＦ本体業務への参加は当分の間、凍結し、三年後に見直す、という共同修正案を参院に提出した。

これは本質的な問題の解決にならず、一時しのぎの手管にすぎない。そして、焦る政府・与党は、社会党の角田儀一議員の質問中に強行採決を行った。これに対し社会党参院議員総会は、あくまで「廃案めざして徹底抗戦」を確認し、共産党や沖縄選出の無所属議員も共同歩調をとることになった。こうして私たちは、日本の国会史上最長となった〈牛歩〉に突入した。

〈牛歩〉とは、参院本会議で特別委員長、議運委員長、議長の解任決議案や、関係閣僚、首相などの問責決議案を次々に提出し、それぞれの決議案に対する討論を行い、採決では一人ひとりの議員が投票札を持って、動いているかわからないほどの速度で歩き、投票後も壇上からゆっくり降りて、時間切れをめざす抵抗戦術である。

九二年六月六日に始まった参院本会議は、ＰＫＯ法案の特別委員会での審査報告、修正案の説明、賛否の討論という通常の議事も行われたが、社会党と共産党は前述の決議案を連発し、その討論と採決が繰り返し延々と続いた。下條特別委員長の問責決議案は、それだけで否決まで一三時間八分かかり、個別決議案としては史上最長を記録した。この参議院本会議での牛歩は、六日、七日、八日と夜も徹して続き、九日未明に最後の投票が終わってＰＫＯ法案は参議院を通過した。

この〈三泊四日の牛歩〉は、国会史上最長となったが、それ以上に、全国各地で反対運動をしていた人びとに大きな勇気と感動を与えた。「野党議員が徹夜の連続でが

宮澤内閣は参議院でもPKO法案の強行採決をはかり、激しい論戦となった　(1991年春)

んばっている！」と、議事堂の周辺で夜を明かす市民も多かった。なお、〈三泊四日〉は本会議だけで、特別委員会での牛歩も加えると〈五泊六日〉ともなる。

これに怒ったのは自民党だった。「六日夜には上がることになっていた」と。しかし、少なくとも参院社会党は、そんな約束はしていない。哀れを極めたのは、自民党筋の話を信じた記者諸君だった。「交代要員を派遣しようか」という本社からの打診に、「少し遅くなるかも知らないが、今夜には終わるから交代はいらない」と答えた記者が多かった。だが、夜が過ぎ、七日朝になっても午後になっても終わる気配がない。あわてて本社に交代を求め、皮肉られたという。

同僚議員には医師もいて、長時間にわたり本会議場から出られない場合にと、紙おむつを大量に配布した。さすがにみんな苦笑したが、次第に「本当に必要かも」と案じるようになった。秘書たちは休会時間に軽食を配ったり肩をたたいたりと〈後方支援〉に徹した。この苦しさと疲労は自公民側にも共通で、次第に休会時間が長くなり、本会議の終了をさらに延ばすことになった。

参院での牛歩は、衆院に衝撃を与えた。衆院通過時には、さほど抵抗がなかったからだ。PKO法案は参院で修正されたため、衆院では再議決が必要になった。自公民は、再議決を短時間で終わらせるため、委員会審議を省略して、いきなり本会議で採決すると決めたうえ、討論時間を制限し、時間内に投票しない議員は「棄権とみなす」という議事規則をも決めた。これに抗議し、衆院の社会党議員一三七人は全員の議員辞職届を出したが、議長は「不受理」として本会議を開会。衆院での牛歩は「想定時間内」のものとなり、ＰＫＯ法案は六月一五日に衆院を通過、成立した。

このようなＰＫＯ法反対の世論のうねりや国会での徹底抗戦により、ＰＫＯ法には憲法九条への抵触を避けるためとして、いわゆる「ＰＫＯ五原則」が盛り込まれた。それは、①紛争当事者間で停戦合意が成立していること、②国連平和維持隊が活動する地域の属する国および紛争当事者が、当該平和維持隊の活動およびそれへの日本の参加に同意していること、③国連平和維持隊が特定の紛争当事者に偏ることなく中立的立場を厳守すること、④以上の原則のいずれかが満たされない場合は、日本の部隊は撤収できること、⑤武器の使用は、要員の生命等の防護のための必要最小限のものに限ること、の五つである。しかし、この五原則も、実態を無視した政府の独善的な解釈や、武器使用の範囲の相次ぐ拡大などにより、有名無実と化しつつある。

ＰＫＯ法の改悪、拡張が続いている

ＰＫＯ法が成立して三か月後の九二年九月、カンボジアでのＰＫＯ（国連カンボジア暫定機構＝ＵＮＴＡＣ）に自衛隊が派遣された。隊員の安全を優先し、紛争地から離れた地域での道路工事などが任務だった。他方、オランダ軍に護衛されて巡回中の日本の文民警察チームが攻撃され、死亡一人、負傷四人という犠牲者が出た。

翌九三年にはモザンビークＰＫＯに自衛隊が送られた。九四年には、「人道的国際救援活動」としてルワンダ難民救援で隣国のザイール（現・コンゴ民主共和国）東部に送られ、ここで初めて機関銃（一丁）が持ち込まれた。自衛隊は難民キャンプに湖

ザイール（現コンゴ）のゴマ市内に設置されたルワンダ難民キャンプに供給する水の浄化装置。保守管理の自衛隊は機関銃で武装したが、前任者は丸腰のサンフランシスコ消防隊だった
（1999年9月）

から送る水の塩素殺菌装置の管理・運営にあたったのだが、前任者は非武装のサンフランシスコ市の消防隊だった。それを「自衛隊員の安全のため」として、小銃やけん銃のほか機関銃にまで武装をレベルアップしたのである。自衛隊は「一丁」には不満だったが、これが突破口となって以後のＰＫＯでの武装強化が進められてきた。

九六年には、イスラエルが占領したシリアのゴラン高原のＰＫＯに派遣。他のＰＫＯ部隊への物資輸送や道路補修にあたったが、一七年後の二〇一二年に現地情勢の悪化から野田佳彦内閣は撤収を命じた。任務途中の自衛隊の撤収は、これが最初の例である。〇二年と一〇年には、東ティモールＰＫＯに派遣。〇七年のネパールでの国連政治ミッションや〇八年のスーダンでのＰＫＯ司令部要員への派遣では非武装だったが、一〇年のハイチのＰＫＯでは機関銃を装備していた。

これらＰＫＯ以外にも、自衛隊は「国際緊急援助活動」や「人道的国際救援活動」で十数か国に派遣されてきたが、その間にも〇一年のテロ特措法によるインド洋でのアメリカ海軍などへの給油作戦、〇三年のイラク復興支援特措法によるイラクとクウェートへの派遣、〇九年から今も続く海賊対処法によるソマリア沖派遣などがあり、事実上の武力行使である活動を行ってきた。「海賊対処」の中継・補給基地とされたジブチの自衛隊基地は、海賊対処活動がほとんどなくなった現在でも維持・強化され、アフリカ、中東をにらむ自衛隊の恒久基地と化している。

この間、ＰＫＯ法は何度も改定されたが、九八年の改定では、個々の自衛官の判断とされてきた武器使用について、「現場に上官がいる場合は、切迫時を除き、その命

停戦合意が崩れた南スーダンＰＫＯでの武力行使任務を付与された自衛隊派遣に反対する市民たち（青森市内で2016年10月）

令で行う」となった。また〇一年の改定で、①ＰＫＦ本体業務（停戦維持のための軍事的行動）の凍結解除、②武器を使用する防護対象を「自己又は自己と共に現場に所在する他の隊員」から、「自己と共に現場に所在し、その職務を行うに伴い自己の管理下に入った者」に拡大、③武器防護のための武器使用の解除、が行われた。武器使用（武力行使）の範囲を次第に拡大するという術策である。

そして二〇一一年から南スーダンＰＫＯ（国連南スーダン共和国ミッション＝ＵＮＭＩＳＳ）に派遣された自衛隊に対し、安倍政権は一五年の安保法制（戦争法）で改定したＰＫＯ法を一六年一一月に発動し、武器使用（武力行使）を認める「駆けつけ警護」と「宿営地の共同防護」の新任務を付与した（改定ＰＫＯ法では他国での「治安維持活動」も可能になった）。

安倍内閣は、各地で戦闘が続く南スーダンの現状を、「停戦合意は維持されている」、「起こっているのは戦闘ではなく衝突だ」、「反政府勢力の『活動地域』はあるが、支配地域として確立していない」などと事実をねじ曲げ、ＰＫＯ五原則を無視した。

しかし、現地情勢の深刻化が、国連報告や派遣部隊の「日報」などでも伝えられ、安倍内閣は一七年三月にやっと自衛隊の撤収を決めた。この間、「日報は廃棄した」と言い、再調査したら「陸幕（陸上幕僚監部）にはなかったが統幕（統合幕僚監部）には残っていた」となり、その報告は稲田朋美防衛相には一か月も伝えられなかった、とされた。しかし、この説明もウソで、日報は陸幕にもあったのに、削除させて無かったことにし、そのことを稲田防衛相も了解していたことが明るみに出た。その責任を問われて防衛省の事務次官、陸幕長が辞任し、稲田氏も辞任に追い込まれた。

結局、最終的に六九〇〇頁もの日報が開示された。それには一六年六月から九月までの「戦闘」状況や「反政府勢力の支配地域」の地図も載っていた。防衛官僚の隠蔽体質は、私たちの知る権利と民主主義への深刻な脅威である。

一六年に始まった安保法制違憲訴訟は全国各地に広がり、原告の中に自衛官の家族も加わっている。「自分の子が無責任な政府によって海外の武力紛争の地に送られ、殺し殺されることになるのは耐えられない」という悲痛な叫びは、多くの人びとに共感を広げている。しかし、安倍政権は、PKOだけでなく、公海上でも地球のどこででも自衛隊がアメリカ軍や他国軍と共に戦闘を行う法制を「憲法違反ではない」と強弁し、そのための準備や訓練を強めている。私たちが力の限りを尽くし、時には連日連夜の奮闘した九〇〜九二年のPKO法反対の闘いから四半世紀余り。憲法九条を守ることが命を守ることと同義であることが、いまほど鮮明になってきたことはない。

3　日米安保と対峙する沖縄のたたかい

土地強奪のあとは法律で無理な強制使用

一九五一年の旧安保条約の締結にともない、「駐留軍用地特別措置法」が制定され、在日アメリカ軍が使う土地は、日本政府が地主と賃貸契約をしてアメリカ軍に提供するという形になった。しかし沖縄では、アメリカ軍が終戦直後に広大な土地を〈銃剣とブルドーザー〉により強奪・接収し、しかも戦争による地形の変化や登記簿・地図の消失もあり、所有権に関わる地籍が不明な土地が多かった。

政府は、沖縄復帰の七二年に「沖縄公用地暫定使用法」を制定して、「五年間」はアメリカ軍（と復帰前に進駐した自衛隊）が一方的に使用できるようにし、収用や賃貸契約に必要な「沖縄地籍明確化法」を定めたが、期限内に地籍を明確にできず、七七年五月一五日午前〇時に暫定使用は期限切れとなった。こうして軍用地は不法占拠となり、政府には原状回復して所有者に返還する義務が生じた。

ところが政府は七七年に、地籍明確化法の改定案に暫定使用の期間を「五年から一〇年に」延長する規定を盛り込んだ。私は、強制的な土地収奪に等しいことを別の法律で延長するのは許されないとして、五月の内閣委員会で二日間にわたって追及した。与党が採決をためらううちに期限が切れ、政府の基地使用権原が消失する〈空白の四日間〉が生じ、伊江島の射爆場や沖縄市のアメリカ海軍基地、自衛隊那覇基地などに反戦地主たちが「自分の土地」として立入りを敢行したため、基地機能はマヒし始めた。焦った自民党は一七日、私の質問直後に打ち切り動議を出し、紛糾。河野謙三議長の斡旋で審議継続となったが、翌一八日夕方、強行採決を行い、成立させた。

この暫定使用法が八二年に切れると、政府は土地収用法の手続きを簡略化して強制使用する「駐留軍用地特措法」を沖縄に適用し、五年間または一〇年間の強制使用延

読谷村の自分の土地に建つ〈象のオリ〉を説明する知花昌一氏（左の白シャツ　(1997年5月)

長を可能にした。一四年後の九六年四月、アメリカ軍の使用期限が再び切れた。村山内閣は九五年から強制使用の手続きを進めたが、少女暴行事件を契機に大田昌秀知事が「代理署名」を拒否、それに対する訴訟、代執行、収用委員会などの手続きに時間がかかり、またも政府は「不法占拠」状態に追い込まれた。読谷村の〈象のオリ〉と呼ばれた楚辺通信所への知花昌一氏の立入りは警察に阻止されたが、数日後に裁判所の仮処分が出て家族とともに入り込み、三線を弾いてカチャーシーを踊った。

これに対し政府は九七年、使用期限が切れても無期限に「暫定使用」ができるように駐留軍用地特措法を改悪し、九九年には、代理署名などの事務を政府の直轄にし、収用委の審理中でも、また収用委が却下しても、不服中立ての間は首相が強制使用を裁決できるという再改悪案を提出した。

これは財産権や法治主義、契約原則も無視するもので、沖縄では激しい抗議が起こった。私は外務委員会で厳しく批判するとともに、反戦地主会の大集会や国会前の連夜の市民集会、街頭などで闘いを呼びかけた。しかし、衆院で九割、参院で八割が改悪案に賛成という翼賛国会になり、四月一四日の参院本会議では抗議する反戦地主など傍聴者二一人が警察に逮捕される事態になった。

九七年、期限切れの五月一五日をはさんで、私は全国から集まった約一〇〇人の新社会党代表団を率いて沖縄を訪問し、山内徳信・読谷村長や照屋秀傳・反戦地主会会長などと懇談、また基地ゲート前での抗議集会やデモの先頭に立ち、〈象のオリ〉を包囲した。知花氏はその後も、土地明渡しを求めて提訴し、却下が続いたが、〇六年八月に返還され、〈象のオリ〉で祝賀会を開いた。

忌まわしい少女暴行事件と基地の県内移設計画

九五年九月、三人のアメリカ海兵隊員が一二歳の女子小学生を拉致し暴行するという忌まわしい事件が起こった。沖縄県警は逮捕状を請求したが、日米地位協定は、被疑者のアメリカ兵の身柄がアメリカ側にある時は、日本側が起訴するまではアメリカ側が拘束すると定めており、日本側は起訴前には逮捕も取り調べもできなかった。当然、沖縄では憤激の渦が巻き起こり、県議会と市町村議会は抗議決議を行い、「県民総決起大会」には八万五〇〇〇人が結集した。

この時は村山内閣だったが、あわてた日米両政府は急きょ日米合同委員会を開き、「殺人、強姦という凶悪犯罪の場合には、被疑者の起訴前の拘禁の移転についてアメリカ側は好意的な考慮を払う」という、地位協定の〈運用改善〉で合意した。しかし、これはあくまでアメリカ側の「好意的考慮」にすぎず、地位協定の不平等性は変わらなかった。加えて、当時のアメリカ太平洋軍司令官の海軍大将が「レンタカーを借りる金で女が買えた」と発言。さすがに彼は更迭され、のちに降格となった。そして、「沖縄におけるアメリカ軍施設・区域の整理、統合、縮小とアメリカ軍の運用方法の調整の方策」のためとして、一一月に「沖縄に関する特別行動委員会」（SACO）が設置された。このような状況から、予定されていた日米首脳会談は延期となったが、共同声明案として日米安保体制をアジア太平洋安保へ、さらに地球規模の安保

沖縄の「基地・軍隊を許さない行動する女たちの会」と懇談（1997年5月）

体制へと拡大する「安保再定義」が明らかになり、大問題となった。

高まる批判に村山首相は、九六年一月の年頭会見では、クリントン大統領との首脳会談で沖縄の基地問題も話すことになると語っていた。ところが、母体の社会党が村山答弁の「日米安保堅持、自衛隊合憲」に沿って基本路線を変更し、社会民主党に改名することになった。さらに、その路線転換を主導した多くの国会議員がそれを置き土産に離党して民主党に合流し、これらに反対した私たちは新社会党を元旦に立ち上げ、社会党は三つに分解してしまった。このため、村山首相は一月一一日に辞任、村山氏からアメリカの大統領に基地問題が提起される機会は失われた。

代わって自民党の橋本龍太郎氏が首相に就任し、九六年四月、クリントン大統領との首脳会談で「安保再定義」が謳われ、アメリカ軍約一〇万人の前方展開部隊の維持が確認された。前述の駐留軍用地特措法改悪も橋本政権下で行われたが、この流れは一貫して外務・防衛官僚が主導したと言えよう。

そしてSACOが九六年一二月に出した最終報告では、普天間飛行場の機能分散と「海上施設」への移転が示され、必要でなくなったら「撤去可能」とされた。しかし、この構想はその後二転三転する。二〇〇二年には「辺野古崎沖に埋立て工法で」と変わり、〇六年には同じ埋立てでも「滑走路二本のV字型」となり、「一四年までに完成」とされた。ところが、「最低でも県外」と唱えた鳩山由紀夫代表の民主党が〇九年の選挙で大勝し、鳩山内閣が生まれた。これに対し外務・防衛官僚らは猛烈に抵抗し、アメリカ側に妥協しないよう要求したとされる。その結果、鳩山首相は自説を翻して辞任に追い込まれ、民主党政権は「県内移設」に転向した。

基地の県内移設からようやく解放されると期待した沖縄の人びとの失望は大きく、民主党は一気に信を失った。民主党政権の失墜から生まれた安倍内閣は、沖縄の民意にしばられていた仲井眞弘多知事と沖縄自民党を屈服させ、辺野古埋立て案を認めさせた。しかし沖縄県民は、この二重の変節、裏切りにめげず、自公が三分の二を超えた二〇一四年の衆院選でも、沖縄だけは四つの小選挙区すべてで自民党候補を落選させ、さらに「辺野古新基地建設阻止」を掲げる翁長雄志知事を誕生させた。「あきらめない」魂こそが希望への活路を開くのである。これを「本土」の私たちがどれだけ受け止め、どのように連帯する行動を進めるか、「沖縄」は問い続けている。

日米安保大改訂と対決する沖縄闘争

以下は、村山内閣が終わる直前に私が月刊誌で語ったことの要旨である。

■六〇年安保以来の大改訂

――予定される日米首脳会談は、六〇年安保以来の実質安保条約改訂と言われ、一一月に閣議決定された「新防衛計画大綱」も一九年ぶりの新方向をうち出しました。

矢田部　村山・クリントンの日米共同声明は、延期されても内容的には既定のもので、六〇年安保改定以降最大の安保条約の拡大・強化と言えます。安保条約は冷戦の落とし子でしたから、ポスト冷戦時代には本格的に清算されなければなりません。基地撤

軍用地「暫定使用」の延長に抗議する沖縄での集会に新社会党として参加（1997年5月）

去、米軍撤退をすぐにも進め、自衛隊の縮小を含めて軍縮にふみきらねばなりません。この時代の流れに全く逆行しようとしている。

冷戦時代は、「対ソ脅威論」を根拠に軍拡が進められ、安保体制が強化されてきましたが、冷戦終結でその根拠がなくなりました。そこで新たな理由づけが必要となり、「安保再定義」で、アジア地域をはじめとした「地域紛争対処型」に変える。とりわけ、中国や朝鮮を「不安定要因」として、日本と韓国などに一〇万人の米軍を維持する。しかもその行動範囲は、「極東」からアジア太平洋へ、ペルシア湾へ、さらには東アフリカにまでという、ジョセフ・ナイ報告の構想がある。アメリカの世界戦略の要に日米安保条約を位置づけ、その中心的基地を沖縄にするというのです。

ところが痛ましい少女暴行事件が契機となり、沖縄県民の怒りが沸騰点に達して安保と基地の存在そのものが問われる事態に発展しつつある。

もう一つの「新防衛計画の大綱」は、ポスト冷戦で自衛隊を量的にはやや縮小するかのようにみせていますが、これは自衛隊の質的な強化・拡大路線です。日米安保体制強化、ＰＫＯでの自衛隊の役割明記、即応予備自衛官制度導入など重大な問題を含んでいます。

重大なことは、新大綱は「安保再定義」を前提としていることです。旧大綱では、安保条約は「国際関係の安定維持とわが国に対する本格的侵略の防止」を役割としていたのに対し、新大綱では、「わが国周辺地域の安定した安全保障環境構築に重要」と強調し、さらに、アメリカとの「装備・技術面での相互交流」や「共同研究・演習・訓練」などをうち出しています。

また、旧大綱では「侵略の独力排除が困難な場合」のみ「米国の協力を待つ」とあったのが、新大綱では初めから「米国との協力の下、極力早期に排除」となっています。さらに「核兵器の脅威に対しては米国の核抑止力に依存する」と明記された。これでは、中国やフランスの核実験に抗議しても、説得力が弱い。このように新大綱は、すべてに日米共同対処を基本にしている。関連して、自衛隊の任務に「国際平和協力業務の実施等」「安全保障環境の構築への貢献」が加わりました。

■軍縮を期待できぬ村山内閣

矢田部　新大綱は、自衛隊の「合理化・効率化・コンパクト化」とともに「機能の充実と防衛力の質的な向上」をうたったのですから、軍縮にはなりません。例えば、一機一二〇億円以上もするＦＳＸ（次期対地支援戦闘機）を現在の七七機の倍近くの一三〇機にするとか、日米共同で戦域ミサイル構想（ＴＭＤ）具体化をはかるとか、「専守防衛」には不必要なはずの空中給油機を購入するとか、実際の防衛予算も増額されようとしています。

――社会党は、武器輸出三原則や核廃絶を明記するようがんばったようですが。

矢田部　結局は政権維持ということで妥協させられました。「武器輸出三原則」については官房長官談話で「装備・技術面での幅広い相互交流の充実による日米安保体制の効果的運用との調和を図りつつ」という表現が加わり、自民党には、これで「武器

沖縄での基地撤去のデモに全国から参加した新社会党の面々
（1997年5月）

輸出三原則」に風穴があいたと公言する議員がいます。兵器産業が強く武器輸出解禁を迫っており、自民党は譲りません。「日米共同声明」にも「日米技術交流を推進する」と謳う予定ですので、「三原則」は邪魔なのです。社会党が自衛隊合憲、安保堅持にふみこんだことで、自民党は従来禁句とされていたことまでもどんどん踏みこんできている。社会党は結果的に手をかすことになっている。

彼らの当面の焦点は、「集団的自衛権」の行使問題でしょう。従来、集団的自衛権は有しているが、「行使」は憲法の制約でできない、というのが歴代自民党政府の公式見解でした。しかし、この制約を何とか打破したいと狙っています。一一月二日の自民党国防三部会の「今後の防衛力のあり方案」でも、「集団的自衛権に関する議論を深めるべきだ」と言っています。同日出された新進党の「新防衛計画の大綱見直し案」でも、ＰＫＯを自衛隊の主要任務の一つとする自衛隊法改悪が提唱されており、これも密接に関係しています。法的にも近々問題となるものだけでも、日米「物品役務相互融通協定」（ＡＣＳＡ）や、ＰＫＦ凍結解除などがあります。

■安保大改訂にたちはだかった沖縄の闘い

矢田部　今回の沖縄の闘いは決して偶然ではありません。沖縄の積年の怒り、苦しみ、いたいけな少女への暴行事件と政府の対応のひどさをきっかけに、マグマのように噴出したのです。太平洋戦争で戦場とされ、甚大な被害を受けたこと、在日米軍基地の七五％の集中、くりかえされた殺人や暴行、人権侵害、経済発展への制約等々、沖縄は戦中、戦後を通じて大きな犠牲を強いられてきました。このような中で、基地の固定化は認められないとした大田知事の署名拒否の決断を高く評価したい。沖縄の人びとの直接の要求は、日米地位協定の見直しや基地の縮小などですが、これは日米安保条約とそれを「堅持」する村山政権の基本政策そのものとぶつからざるをえません。

村山内閣は九月に、在日米軍への〈思いやり予算〉を二％、三〇数億円も増やしました。日米地位協定の見直しは行わず、単なる〈運用の改善〉に終わりました。沖縄にその大多数がいる在日米軍の維持についても、大田知事が日米共同声明に盛り込むなど要望したにもかかわらず、一一月の村山・ゴア副大統領会談ではアメリカ側から四万七千人体制維持を念押しされて終わった。基地の整理・統合・縮小については、本土への一部移転で解決しようとしています。

日米地位協定の「運用改善」と言いますが、殺人や強姦など凶悪犯罪に限定し、日本側から身柄引き渡しの要求があれば、アメリカは「好意的な対応」をするという。日本の権利ではなく、アメリカの恩恵にすがるもので、沖縄の怒りを鎮めることができるでしょうか。ほかにも戦闘機の騒音問題、漁業権の侵犯問題など、生活上大きな障害となる問題は放置されています。そのうえ村山首相は代理署名をするため、大田知事を被告にして裁判を起こすなど、強権的な手続きに入るというのでは、社会党首班内閣と言えるのでしょうか。「安保条約堅持」を前提とする基本政策放棄のツケがいかに大きいか痛感せざるをえません。

新社会党議員団が大田昌秀沖縄県知事を訪ねて激励（左から栗原君子参院議員、小森龍邦衆院議員、著者、知事、島袋宗康参院議員・社大党委員長、岡崎宏美衆院議員、山口哲夫参院議員）（1997年5月）

■「極東」の拡大と二枚舌

——安保条約の適用範囲を「極東」に限定し拡大するなというのも知事の要求です。

矢田部　新大綱にあわせて発表された官房長官談話では、「極東」の範囲については「政府統一見解を変更しない」と述べています。「政府統一見解」とは「フィリピン以北、日本の周辺」です。ところが、村山・クリントン会談で予定される「日米共同宣言」案では、日米安保体制が、アジア・太平洋地域だけでなく「世界の平和と安定の維持に貢献」しているとの認識を盛り込むことになっています。国内向けとアメリカ向けの二枚舌を使い分けるのでしょう。

　実は、「極東」の範囲もなしくずしに拡大されています。シーレーン防衛論、マラッカ海峡防衛論、さらには湾岸戦争では沖縄からアメリカ軍が出動しました。ソマリアＰＫＯにも沖縄からアメリカ軍が行きました。沖縄には二万数千人の海兵隊がいますが、冷戦後、ペンタゴンは撤退を検討したこともあります。それを「再定義」で常駐させ、在沖縄アメリカ軍が「極東」をこえ中東やアフリカにまで出動するという既成事実を、公の声明で確認しようとするのが、村山・クリントンによる「日米共同声明」です。

■社会党の基本政策転換は致命的

——社会党の基本政策転換は致命的ですね。

矢田部　私が安保や沖縄問題を質しても、河野外相は「社会党は安保堅持になったのだから、ご理解を」と反論する有様です。社会党の「自衛隊合憲・安保堅持」方針は決定的な過ちです。それは社会党にとって致命的なだけでなく、戦後の護憲・民主主義運動への大きな障害となっています。

読売が改憲試案を出すなど、憲法自体に手がかけられはじめていますが、それを許す風潮は、社会党にも大きな責任があります。戦後の護憲の闘いは、自衛隊の肥大化は阻めませんでしたが、自衛隊違憲論、安保違憲論、非武装中立論に立った闘いは、自民党政府に多くの譲歩をさせてきました。非核三原則、防衛費GNP一％枠、武器輸出禁止三原則、集団的自衛権の不行使、等々です。ところが、これらの歯止めが、社会党の基本政策転換で臆面もなくとり払われつつあります。

私たちは、自衛隊の違憲・合憲論争だけをしていればよいと言っているのではありません。具体的にどう段階的な軍縮をするのか、そのための国際的な条件はどうか等を詳細に提言もしてきました。しかし、「自衛隊を合憲と認めなければ軍縮もできない」と社会党が強弁してきたことの結果はどうでしょうか。歯止めをはずされた改憲への流れが、新大綱や「安保再定義」を足場として、ほとばしり出ているではないですか。私どもの指摘した通りに事実は進んでいます。

社会党は、「必要最小限度の実力は憲法上許される」、「自衛隊は必要最小限の実力だから合憲」と転換しましたが、どうして「必要最小限」である自衛隊を縮減することができるでしょうか。「安保条約堅持」は内閣の方針で、社会党の方針でもあるとなると、村山首相は強制使用の代理署名をせざるをえない。社会党は代理署名に反対

1997年の新ガイドラインで「周辺事態」の概念が打ち出され、東京・明治公園から出発する反対デモ（左から新垣重雄沖縄社会大衆党書記長、著者、土井たか子社民党党首、不破哲三共産党委員長、作家の井上ひさし氏）。「周辺事態法」は99年に制定された

できない以上、大田知事の裁判闘争への支援もできず、沖縄県民の当面の要求にすら連帯できないことになります。

私たちは、有志の国会議員一三人で呼びかけ、一一月一八日に一二〇〇人の皆さんの参加をえて、「村山首相は代理署名をするな、基地撤去。日米安保条約解消」をスローガンに集会とデモを行いました。こういう運動を急ぎ広げたいと思います。

■護憲懇談会の決意と展望

矢田部　護憲懇談会として近々、沖縄に交流・調査団を派遣し、大田知事の裁判闘争を支援し連帯する全国的態勢を組みたい。村山・クリントン会談に向けては、日米共同声明に沖縄基地縮小・撤去、日米地位協定見直しを盛り込むことを要求し「安保再定義」に反対する運動を盛り上げたい。

中期的には、日米安保条約解消と本格的な軍縮をめざします。特に、アジアの軍拡基調を転換するためにも、アジア太平洋諸国の平和のためのテーブルをつくり、軍縮を前提に地域的平和保障機構の創設を呼びかけます。日本は、自衛隊の大幅削減を含め、そのイニシアティブをとり、非軍事の国際協力をもっと強め、アジアの貧困、人権、環境問題の具体的な解決の中心をになうべきです。

こうした仕事は冷戦時代には困難でしたが、ようやく現実化できる時代に入ったのです。平和憲法が陽の目を見る時代になりました。「安保堅持、自衛隊合憲」こそ、時代錯誤だと申し上げたい。私たちは、護憲・平和の闘いの先頭に立ち、その政治的

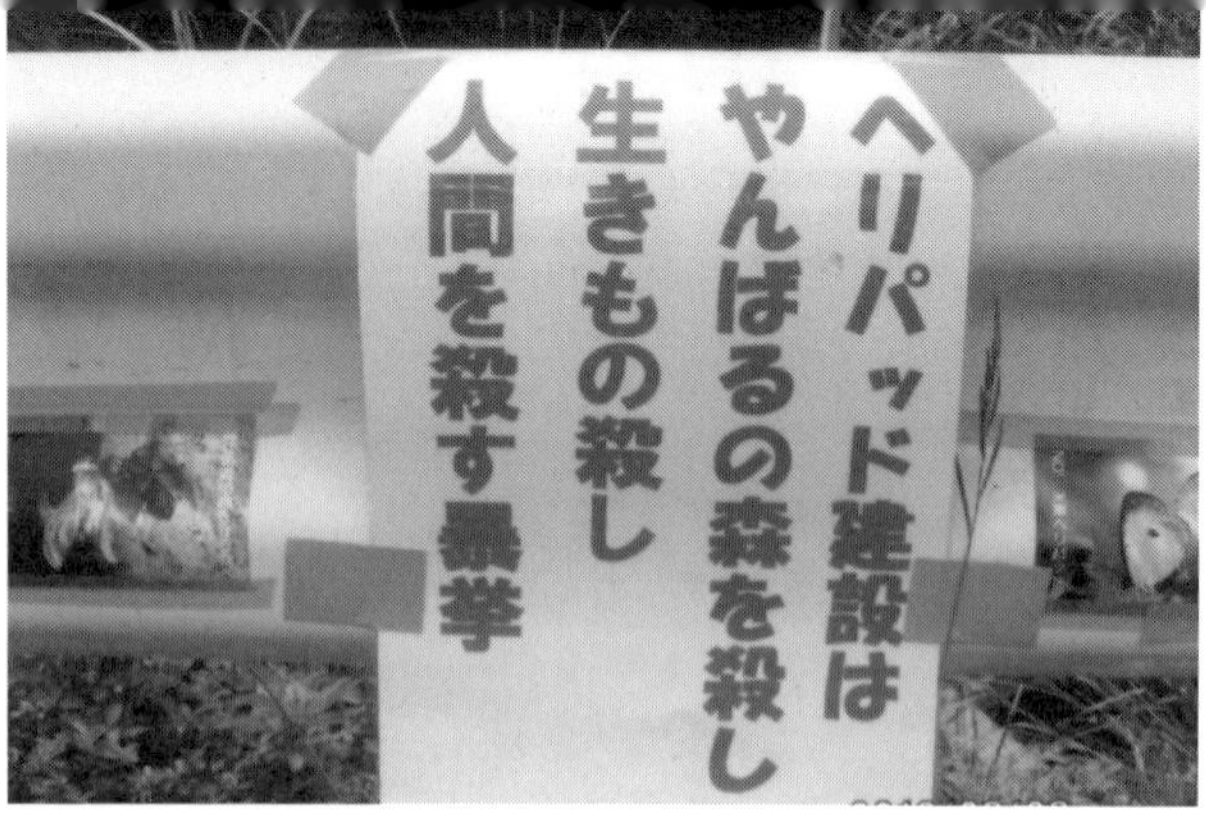

高江のＮ１裏のテント前に立て札の〈叫び〉が（2016年10月）

な母体としての護憲の党を、しっかりと再建していきたいと考えています。

（月刊「社会主義」九六年一月号／インタビュー収録は九五年一一月二八日）

〝あきらめない〟沖縄の闘いはつづく

私が〈安保と沖縄〉について思いのたけを月刊誌に語ってから、もう二〇年以上になる。そしてこの間、沖縄のアメリカ軍の基地の状況は基本的に変わることがなかった。別の言葉で言えば、日本政府の沖縄に対する認識と対応はなにも変わらなかった。

政府は、沖縄本島北部の〈ヤンバル〉の森をブルドーザーで切り開き、海兵隊に提供する六基のヘリパッドを二〇一七年に造成した。この原生林は、絶滅危惧種で特別天然記念物に指定されたヤンバルクイナやノグチゲラなど貴重な生物が生きる世界である。このため工事は営巣時期として三月から六月まで停止されたが、完成後のヘリパッドで離発着訓練を行う海兵隊のオスプレイは、ものすごい爆音と重低音による振動、巨大なエンジンが出す熱風などで動植物の〈いのち〉を脅かす。その被害は必然的に住民にも及び、耐えられなくなって転居した子どももいる。

オスプレイは特殊な機能と構造を持つため、以前から墜落事故も多く、沖縄全県の市町村長と議会は二〇一三年一月、安倍首相に対してオスプレイの配備と辺野古新基地建設に反対する「建白書」を提出した。しかし二〇一六年一二月、その危惧が現実になり、東村高江に近い海岸に夜間訓練中の海兵隊オスプレイが墜落した。政府は「不時着」と発表したが、大破した残骸は隠せなかった。さらに一七年八月には、普

辺野古のキャンプ・シュワブ前では新基地建設反対の座り込みが毎日つづいている
（2017年6月）

天間基地のオスプレイがオーストラリア沖で着艦に失敗し、兵士三人が死んだ。

一九九六年のＳＡＣＯ最終報告で建設が合意されてから二〇年、生物関係の多くの学会や国際自然保護連合などが反対や懸念を表明し、反対派住民を先頭とする座り込み、県道封鎖の行動が連日、柔軟かつ粘り強く行われてきた。これに対し安倍晋三内閣は、「本土」の主要都府県から五〇〇人もの機動隊を派遣して力で排除し、何人も検挙した。大阪府警の機動隊員が「土人！」と暴言を吐き、安倍内閣や松井府知事がこれを擁護したのは、「本土」の政治における沖縄差別の根深さを表している。さらに政府は、工事の遅れを取り戻すため、自衛隊のヘリコプターで民間業者の重機などを輸送するという前代未聞のことまで行った。

現在、辺野古で工事が強行されている基地建設も、ＳＡＣＯ合意による普天間飛行場返還の〈代替施設〉とされているが、二本の滑走路、弾薬庫、強襲揚陸艦も着岸できる岸壁など普天間をはるかに上回る〈新基地〉である。中国をにらんだアメリカ軍の広域再編戦略で、海兵隊は常駐より巡回配備の態勢に移るのに、なぜ二〇〇年も耐用可能とされるこんな本格基地が必要なのか、それがどうして〈沖縄の基地負担の軽減〉なのか、とうてい納得できない。「自衛隊も共同使用できる」、「海兵隊が使わなくなれば、あとは自衛隊が」というのが本音なのではないか。

そして政府は、キャンプ・シュワブのゲート前の新基地建設反対の市民に対しても機動隊を動員し、二〇一六年一〇月はそのリーダーである山城博治氏らを逮捕、微罪にもかかわらず五か月も勾留した。しかし、一五年一一月に沖縄の市民団体や労組、政党、経済界などが総結集した〈オール沖縄〉〈辺野古新基地を造らせないオール沖縄会議〉や沖縄全島につくられた〈島ぐるみ会議〉(「建白書」を実現し未来を拓く島ぐるみ会議)など広範な民意に支えられた翁長雄志知事は辺野古新基地に反対する姿勢を貫き、一七年七月に建設差止めの訴訟を提起した。〈島ぐるみ会議〉は辺野古へのバスを運営し、ゲート前の座り込みによる建設阻止行動は今もつづいている。その合言葉は、「負けない秘訣はあきらめないこと」である。

4　天皇と靖国――憲法の視点から

〈靖国神社〉は、日本社会の歴史認識が大きく問われる問題である。まず、かつてのアジア侵略戦争を「聖戦」あるいは「正当な戦争」とみるかどうかという根本的な歴史観の問題がある。〈官軍〉、〈日本軍〉側の戦死者であれば本人の宗教や遺族の意思をも無視して〈祭神〉とするあり方も問題である。これにA級戦犯も祀られ、首相をはじめとする閣僚や国会議員などが参拝することで、憲法の精神を否定して日本の負の歴史を美化する歴史修正主義の政治的、精神的なシンボルともなっている。

昭和天皇が靖国参拝

加えて、天皇が靖国神社に参拝することは、より激しく憲法原則や歴史認識、そして侵略の被害を受けた諸国の人びとを再び深く傷つけるという問題を突き出すことになり、日本の戦後政治と外交において絶えず論争と混乱を招いてきた。

昭和天皇が新憲法下で靖国神社に参拝したのは、一九五二年が最初だった。この年は、サンフランシスコ対日講和条約が発効した年であり、同時に、靖国神社が宗教法人として再出発した年でもあった。一九五九年には旧厚生省がBC級戦犯の名票を靖国神社に送付し、靖国神社は合祀した。六六年には、A級戦犯の名票も送付されたが、その合祀は難航し、靖国神社が秘密裏に合祀したのは七八年一〇月だった。

A級戦犯の合祀を行った松平永芳宮司は元海軍少佐で、戦後は陸上自衛隊に入って六八年に一等陸佐で退官、七八年七月に第六代宮司に就いた直後の合祀だった。

この経過の中で、六九年に自民党が「靖国神社法案」を議員立法として国会に提出した。この法案は、靖国神社を政府が管理し、〈英霊〉への儀式などを実施し、神社の人事や経費も国が関与・負担するという〈国家護持法案〉だった。このため、野党や憲法学者はもとより、仏教やキリスト教、さらには神道や新宗連などの諸団体まで反対を表明し、国会では審議未了で廃案となった。しかし自民党は、七〇年、七一年、七二年、七三年と毎年提出し、そのつど廃案となったが、七四年に衆院で強行採決し、参院に送付された。ただし、この法案も六月に参院で審議未了、廃案となり、この年をもって靖国神社法案は提出されなくなった。

靖国神社の国家護持に失敗した自民党は七五年、天皇、首相や外国元首らの靖国公式参拝や自衛隊の儀仗参拝などを実現する「慰霊表敬法案」をまとめたが、世論の反対は強く、結局上程されなかった。

七五年の八月一五日、三木武夫首相が靖国神社に〈私的参拝〉をして問題となったが、さらに一一月二一日には天皇が新憲法下で七回目の靖国参拝を行った。しかし、天皇の参拝はこれを最後に途絶えている。

参拝をやめた理由は

天皇の参拝が途絶えた理由について、「A級戦犯の合祀が原因」とする見方と、「三木首相の参拝が公人か私人かをめぐって政治問題化したため」という見方があったが、二〇〇六年七月二〇日の日経新聞が、「昭和天皇は一九七八年に靖国神社がA級戦犯を合祀したことに不快感を示し、参拝を中止した」というスクープ記事を載せ、朝日新聞は社説で「議論に決着」とした。その後は、これが通説とされてきた。その根拠とされたのは、宮内庁長官になった冨田朝彦氏のメモや『卜部亮吾侍従日記』(朝日新聞社、二〇〇七年)だった。しかし、昭和天皇の靖国参拝が七五年一一月で途絶したことと、靖国神社が秘密裏にA級戦犯を合祀したのが七八年一〇月であったこととの因果関係の説明は、これだけでは必ずしも十分ではない。

七五年一一月の天皇の参拝の前日、私たちは急きょ、参院内閣委員会で取り上げた。これは、国会で天皇の靖国参拝の是非が問われた最初のケースとされている(田中伸尚『靖国の戦後史』岩波新書、二〇〇二年）。内閣委員会には、当時は宮内庁次長だった冨田氏が出席した。私は天皇の公式参拝が憲法上認められないのは明らかだが、〈私的参拝〉と説明しても政教分離の原則に背くと追及した。三木首相は、七五年五月一三日の参院法務委員会で、稲葉修法相の自主憲法制定国民会議出席について、「閣僚はその地位の重みからして、公私の使い分けはそもそも困難で、閣僚の行動としては慎重を欠いた」と公式に見解を述べて陳謝していたからである。

政府は「私的参拝だから問題がない」と説明し、昭和天皇はその翌日に反対をおして参拝したが、社会、共産両党が反対声明を出し、キリスト者など宗教団体も抗議集会を開くなど、大きな政治問題になった。社会党の吉田法晴衆院議員は、その日に「天皇の靖国神社参拝に関する質問主意書」を提出している。

こうして、昭和天皇の参拝それ自体が国会内外で批判され、政治論争の渦中におかれることになった。このことが天皇の行動に影響を与え、それ以降、参拝を自粛したのだと思う。そして、その三年後にA級戦犯の合祀が行われて参拝できない理由が加わり、参拝が途絶したとみることができよう。「冨田メモ」や『卜部日記』は、その後段の事情を裏付ける資料ではないか。したがって、天皇の靖国参拝がされなくなった事情は右の二者択一ではなく、こうした歴史的経過においてみるべきだろう。

靖国問題と自民党の改憲案

いま、「A級戦犯合祀」が中国や韓国などの批判も含めて焦点となっており、それも靖国神社の歪んだ歴史観を象徴するものとして非難されるべきであり、また、合祀や対外配慮を理由に天皇や首相が参拝しないことは是とすべきだが、それで靖国の問題が解決するわけではない。靖国問題の核心は、植民地支配や侵略の歴史を否定し、一五年戦争は「自存自衛の戦争であり、A級戦犯は無罪で殉難者だ」と正当化し、戦死者を〈英霊〉として美化する歴史認識にあるからである。

かつて国家神道が果たした罪深い役割を反省せず、それを美化しつづける特定の宗教団体である靖国神社に天皇や首相、閣僚、国会議員らが参拝することは、A級戦犯の合祀の有無にかかわらず、誤った歴史認識を称揚する行為であり、さらに政教分離の原則に背く違憲の行為である。憲法二〇条三項は、「国及びその機関は、宗教教育その他いかなる宗教的活動もしてはならない」と明記しているからである。

その意味で、二〇一二年の自民党の「憲法改正草案」が、「国及び……その他の公共団体は、特定の宗教のための教育その他の宗教的活動をしてはならない。ただし、社会的儀礼又は習俗的行為の範囲を超えないものについては、この限りではない」としているのは、靖国神社への参拝などを〈社会的儀礼〉や〈習俗的行為〉として解禁することを狙っていると考えるべきである。改憲派が衆参両院で改憲案の発議が可能な三分の二を超えた現在、〈靖国の闇〉は、なおも「いまそこにある危機」である。

叙勲も肖像画もいらない

天皇制と密接な関係にある日本の〈叙勲〉制度についても、触れておきたい。

憲法第七条に天皇の国事行為が列挙されているが、その七号に「栄典を授与すること」とある。これに基づいて毎年、春と秋に叙勲が行われるが、叙勲の対象者や等級はその時の内閣が決める。対象者は一般に、首相や大臣、永年在職の国会議員、判事や検事、高級官僚などの経験者が多く、また財界首脳なども含まれる。〈官尊民卑〉とも評されるが、〈国家に尽くした〉ことを評価する政治的シンボルである。

しかし、憲法の主権在民の原理の下で、国会議員は「国民の代表者」（前文）であり、公務員は「（国民）全体の奉仕者」（第一五条）である。その職責がどれだけ、どのように果たされたかの評価は、人びとと本人自身が行えばよいのであり、政府が天皇の名において〈功績〉を等級づけて評価するのは本質的におかしいし、政治的な〈いかがわしさ〉をぬぐいさることはできない。

こうした理解から、社会党の時代は叙勲制度に批判的で、打診があっても受諾しない議員が少なくなかった。しかし、社会党でも一部、社民党になってからはさらに、〈左派〉を自任していた国会議員経験者たちでも叙勲を受けることが多くなった。

二〇〇二年春、内閣府から私に〈勲一等瑞宝章〉を受けないかとの打診があった。二〇〇四年秋には〈旭日大綬賞〉の連絡を受けた。私は右のような考えから、また新社会党として叙勲を受けないことを確認していたので、ただちに断った。関晴正氏（衆院一〇年五か月）は、「運動会でもあるまいし、一等とか二等などと差別するのはけしからん」と断り続けたし、稲村稔夫氏（参院一二年）も拒否を貫き、「死亡後叙勲」も家族が断った。山口哲夫氏（同前）は数年間打診があったが、「欲しければこちらから伝えるので、打診はしてこないように」と答えたという。なお、成田知辰巳元委員長や衆院議長を務めた土井たか子氏、国務大臣を経験した山花貞夫氏も死亡後叙勲を受けていない。

また、国会議員の永年在職者（衆院二五年、参院二四年）には、国の予算一〇〇万円を使って肖像画を制作し、国会内に飾るという〈特典〉がある。私はこれも辞退した。多額の貴重な税金を使って〈自分の顔〉が国会内の壁にかかっているなど、納税者に申し訳が立たないし、個人的にも落ち着かないことこの上ないからである。

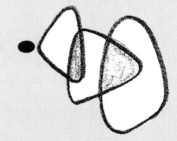

4章

疑獄の追及——政治の腐敗構造に抗して

1　ロッキード疑獄を追う

一九七六年二月四日、守谷市で街頭演説をしていた私に、東京の上田哲氏（社会党参院国会対策委員長）から突然の連絡が入った。「アメリカの議会で日本政府への賄賂工作という大変な事実が曝露された。党をあげて取り組む必要があるので、すぐに東京に戻ってほしい」と。私はあわただしく東京に向かった。それから数か月、戦後最悪とされるロッキード疑獄追及の渦中に巻き込まれることになった。

ロッキード疑獄の構造

一九七〇年前後、アメリカの大手軍需企業で、大手民間航空機メーカーでもあるロッキード社（ロ社）は、航空機を売込むため、対象国の政財界に大胆な賄賂工作を展開していた。それが米上院外交委員会の多国籍企業小委員会（チャーチ委員長）で追及され、同社が日本への航空機売込みのため、右翼の頭目・児玉誉士夫氏や商社の丸紅などに総額三七億円を超える工作資金を渡したことが明るみに出た。

当時のロ社の目玉商品は、民間航空機ではトライスター旅客機、軍用機ではＰ３Ｃ対潜哨戒機だった。民間機では、ほかにボーイング社やマクダネル・ダグラス社がラ

イバルとして存在し、ジェット旅客機の開発に遅れを取ったロ社は巻き返しに躍起となり、トライスター機の売込み先を全日空にしぼっていた。一方、対潜哨戒機の分野では、日本の海上自衛隊は次期対潜哨戒機（ＰＸＬ）の完全国産化の方針で、川崎重工はモックアップ（実物大の模型）まで製作していたので、Ｐ３Ｃの売込みのためには、この流れを政治的に逆転させる必要があった。

ちなみに、機種選定をめぐる賄賂攻勢や政界工作はロ社だけの「例外的」なものではない。一九五〇年代後半、岸信介内閣でのＦ86に代わる第一次ＦＸ（次期戦闘機）選定をめぐっては、ロ社（Ｆ１０４）とグラマン社（Ｆ11）が政府・自民党にくいこんで激しい攻防を展開し、国防会議は二転三転した結果、Ｆ１０４に落ち着くという〈前例〉があった。このときも多額のカネが動いたとされるが、だれがいくらもらってどう動いたかは結局、明らかにされることはなかった。

結果として、全日空はトライスター機導入を決め、政府は国産化方針を覆してＰ３Ｃの調達を決めたから、この巨額の工作資金は功を奏したというべきだ。実際、海上自衛隊のＰ３Ｃ調達数は一〇〇機を超え、一機一〇〇億円以上、部品交換や補修などライフサイクル・コストでは二〇〇億円にものぼるから、総額一～二兆円という大取引だった。この総額から見れば、三七億円という工作資金は〇・一九～〇・三七％にすぎない。ちなみに、本家の米海軍が世界に展開したＰ３Ｃは約二〇〇機とされるから、日本でのＰ３Ｃ配備の比重の異常な大きさがわかる。

この疑獄の舞台において、一方の主役となったのが田中角栄内閣だった。米上院での暴露から一四か月前の七四年一二月に、金脈問題追及で総辞職に追い込まれていた田中角栄氏は、ロッキード疑獄が発覚した七六年七月には受託収賄と外為法違反で逮捕されることになった。

しかし疑獄解明は奇妙なアンバランスなものとなった。立件されたのは、ほとんどが〈丸紅ルート〉とされるトライスター機導入にまつわる金銭の授受で、児玉誉士夫氏に渡ったとされる約二五億円の行方は闇の中のままとなった。丸紅から田中角栄氏に渡った〈総額五億円〉も、トライスターよりP3C導入決定のためとの疑いが濃かったが、それは解明されなかった。七二年一〇月の田中内閣による突然の「国産化白紙撤回＝外国機導入検討」決定の内幕は結局、閉じられたままとなった。

これは、アメリカの軍事戦略に関わる部分については巧妙に分離・隠蔽するというシナリオが働いた結果だと、私は考えている。「P3Cが日本の政界工作の本命だ」という指摘は多かったのだが、連邦議会の追及からも、提供された資料からも、関係者の証言からも、P3C導入をめぐる工作資金の流れを示すものはほとんど出てこなかった。東京地検特捜部の捜査も、衆参両院での追及も、マスコミの調査も、こうして〈P3C疑獄〉を迂回する形で進められることになった。

ロッキード本社を訪れた社会党調査団（左から杉山正三氏、大出俊氏、川崎寛治氏、著者）　（1976年2月）

アメリカに飛び資料を入手

さて、七六年二月の時点では、事件のこうした全貌がうかがい知れないまま、私は社会党調査団のメンバーとして、とりあえず訪米することになった。調査団は、衆院議員の大出俊氏と川崎寛治氏、参院議員の私、そして英語が堪能な杉山正三氏（党国際部長、のち東海大教授）の四人だった。

二月九日、ワシントンに着いた私たちは、上院に出向いて外交委員会のフランク・チャーチ委員長に面談、同委員会の調査内容の確認と資料提供を求めた。また、連邦証券取引委員会（ＳＥＣ）が、ロッキードの賄賂商法は株主の利益に反するとして調査していたので、ＳＥＣも訪ねて協力を要請した。

この時点では、私たちはまだ生資料を入手できていなかった。日本から同行したマスコミ各社の記者団も、社会党の調査団は〈要請訪問〉に終わったとみて、早くも興味を失いつつあった。ところが、ロサンジェルスにいるロ社のコーチャン副会長が「会う」という情報が飛び込んできた。私たちは急きょ、翌朝四時の便でワシントンを出てロサンジェルスに飛んだ。記者団には申し訳なかったが、連絡するいとまもなかった。こうして、当初は会えるか確信がなかったロ社首脳との会談が実現した。

コーチャン副会長とは、ロサンジェルス郊外のロッキード本社で会った。彼は、「私たちにやましいことはない」と言いつづけたが、やがて一言、「田中角栄に会った」と認めた。田中前首相がこの事件のどこかに関与していることを示唆したもので、今でも記憶に鮮やかだ。〈大きな感触を得た〉と感じつつ帰途に就く準備をしていたら、今度はチャーチ委員会の担当者から、「要請された資料を渡してもいい」との連絡が入った。大出氏と川崎氏は、衆院の予算委員会が始まるので帰国しなければならず、資料を受取るために私が杉山氏とともにワシントンに戻ることになった。

受取った資料は三〇〇ページに及ぶ膨大なものだった。飛行機内に持ち込んで、杉山氏が翻訳、私が問題点の整理・分析という分担をして作業をした。この資料から判明したのは、ロ社が取引先の丸紅に多額の工作資金を渡し、トライスター機の全日空への売込みに狂奔していたこと、〈ピーナツ〉とか〈ピーシズ〉という暗号名の領収証で賄賂が授受されたことなど、疑惑解明の糸口になるもので、これがのちに田中角栄氏に五億円のカネが渡ったことを裏づけるきっかけとなった。

私たちが持ち帰った資料の到着を待って、衆院では大出氏をはじめ横路孝弘氏、楢崎弥之助氏らが追及の先頭に立つことになった。社会党としては、ロッキード疑獄のうちトライスター機関連の追及は衆院側で、P3Cに関わる疑惑は参院側でと分担することになり、私が参院側の責任者になった。

P3C疑惑を追及

対潜哨戒機というのは、SOSUS（海洋音響監視システム）などで潜水艦の音響を探知した海域に飛び、上空から海中にソノブイ（音響探知機を備えたブイ）を投下して、潜水艦が発する音紋を探知し、磁気探知機とともに識別する。敵艦なら魚雷や爆雷で撃沈するというもので、米海軍は改良を重ねて一九六九年にP3Cを部隊に配

ロッキード疑獄の〈本命〉
と目されたP3C対潜哨戒
（写真は防衛省より）

備した。冷戦下で核戦争を想定していた米ソは、核を装備した原子力潜水艦を太平洋にも配備、展開していたので、アメリカは西太平洋地域を海上自衛隊にカバーさせ、データも得るために、日本にもP3Cの売込みを図っていたのである。

兵器というものは、開発・製造から実戦配備・使用まで複雑で繊細なメカニズムを伴う。これを使う軍と供給する軍需企業との間には密接な関係が生まれ、軍産複合の連携が進み、人的な癒着も定着していく。コロンビア大学のセイモア・メルマン教授は、「ペンタゴン（米国防総省）はロ社の工場に四〇〇人の職員を派遣、常駐させている」と指摘していた。ある上院議員は、一九六五年には国防契約の上位一〇〇社に天下った高級将官は二〇〇〇人を超え、ロ社だけで二〇〇人以上と言っていた。

こうして、経営不振に陥ったロ社が、ペンタゴンとのつながりを利用して自社の兵器売込みを拡大しようとするのも、ペンタゴンがアメリカ主導の軍事同盟の維持・強化とアメリカの軍事産業の支援・救済を兼ねることができる兵器輸出に力を入れるのも、コインの裏表の関係である。そのためアメリカの軍産複合体には、日本の次期対潜哨戒機の国産化方針をなんとしてもくつがえす必要があった。

P3C疑惑の中心と考えられたのが中曽根康弘氏だった。彼は六七年に佐藤栄作内閣（第二次）で運輸大臣、七〇年には佐藤内閣（第三次）で防衛庁長官、七二年には田中角栄内閣で通産大臣となったが、強力な「自主防衛」論者であり、「兵器国産化」を唱えていた。児玉誉士夫氏とも近しかった。このため、永田町界隈では、中曽根氏サイドにロ社の工作資金が渡っているに違いない、との見方がもっぱらだった。

防衛庁はＰＸＬ国産化の方針で数億円の予算を計上し、川崎重工などが研究開発を進めていた。この流れが、七二年の田中首相、後藤田正晴官房副長官、相沢英之大蔵省主計官らの密室協議で「白紙」に戻され、「輸入を検討」に切り替わった。防衛庁や国防会議事務局などもカヤの外の、突然の転換だったとされている。その後、アメリカ軍人が防衛庁にＰ３Ｃを売込みにきたり、〈検討〉に時間をかけることで国産化を時間切れに追い込むなど、そのシナリオに沿った動きが続いた。すでに児玉誉士夫氏や丸紅は、ロ社とＰ３Ｃ売込み工作の契約を結んでおり、実際に工作資金も動いていた。

では、名うての兵器国産化論者であり、田中内閣の通産大臣という要職を占めていた中曽根氏は、この方針転換にどのような役割を演じたのか、なぜ「沈黙」していたのか、それに児玉誉士夫氏や彼に渡った巨額の金はどう動いたのか、Ｐ３Ｃ疑惑の焦点はそこにあった。

そんなながで、Ｐ３Ｃ疑惑を担当する私の手元に、児玉誉士夫氏の秘書・太刀川恒夫氏あてで中曽根事務所から〈昭和四七（一九七二）年、二億八〇〇〇万円、四八（一九七三）年、三億二〇〇〇万円を受領〉した旨の領収証のコピーが入ってきた。合計六億円である。私たちは当然、色めき立ったが、問題はその信憑性だった。間もなく、私が入手したコピーと同じものを東京地検特捜部が入手したという、かなり確実な情報が入ってきた。そこで私は、参院ロッキード問題調査特別委員会で、このコピーをかざしながらも慎重に、中曽根氏の「六億円授受」の事実の有無を質した。

「私が持っている領収書のコピーと同じものを地検特捜部が入手したとの情報があるが、事実か。入手しているなら、その真偽はどうか」と法務省刑事局長に迫った。局長は当然、正面から答えることはなかったが、マスコミは私の質問を機に、〈中曽根六億円〉問題として大きく取り上げた。

中曽根氏は、この報道に激怒した、中曽根派の松永光衆院議員（弁護士で、私も旧知だった）が、矢田部の質問を精査して懲罰にかけるよう命じられた、との話が伝わってきた。やがて、松永氏から直接に電話があり、「委員会の会議録を丹念に読んだが、懲罰に引っかかるような内容は一つもない。恐れ入った」と打ち明けてくれた。

この問題はマスコミには大きく取り上げられたものの、解明は進まず、疑惑として残ったままとなった。前に述べたように、ロッキード疑獄が日米両政府が直接にからむ〈軍用機疑獄〉にまで発展すれば、日米安保体制に大きな傷がつき、自衛隊にも衝撃が及び、日本政府自体の根幹が大きく揺らぐとの懸念が日米両政府には強かった。したがって、三木内閣は稲葉修法相のもと、トライスター機疑獄の解明に焦点をすえ、P3C問題にはフタをしたかったのではないか、と思えてならない。

問題は、この構造はロッキード疑獄だけでなく、現在も強力に生き残り、「日米同盟」の裏で活発に脈打っているだろうことだ。これにメスを入れ、白日の下にさらす仕事は次の世代にゆだねたい。

＊　＊　＊

なお、〈政治家の腐敗〉ではないが、ある意味でそれに匹敵する〈官僚の腐敗〉の

防止・根絶も重要である。ロッキード疑獄の追及を進めていた私の手元に、会計検査院が、調査対象とした建設省から計八二三万円もの接待を受けていた証拠が飛び込んできた。その接待は、分刻みの接待計画書を作成し、一晩で二〇数万円の飲み食いをするとか、ウラ請求書を作らせるなど、会計検査という厳格であるべき業務をないがしろにさせるきわめて悪質なものだった。

私は七七年一一月の参院建設委員会と翌日の決算委員会でこの〈なれあい〉を追及した。建設省の官房長は当初、「ある程度の会食はやむをえない」と答弁していたが、重ねての追及に長谷川俊建設相は「今後、接待は一切行わない」と陳謝した。この問題は、単に税金の無駄使いにとどまらない。たとえば、七七〇〇万円もの無人潜函掘削機がほとんど使われず、〈くず鉄〉として一四八万円で売却された事実が見過ごされたり、コンクリートが設計図より一〇メートルも薄いのに、調査官は工事の手直しではなく設計図を訂正させるなど、重大事故になりかねないケースも指摘された。

〈官僚の腐敗〉には、このほか組織的な天下りや、天下りの〈持参金〉代わりの事業予算の約束、官製談合など、さらには内閣や自分たちに都合の悪い情報の隠蔽、廃棄、偽造など行政の私物化がある。その最も今日的で首相がからんだものが森友疑惑や加計疑惑であり、防衛省の南スーダンPKOの「日報」隠しである。このような権力者＝官僚の体質は、ある意味で〈百年河清を俟つ〉たぐいのものであり、絶え間ない警戒と監視、検証がなければならないと思う。

2　ダグラス、グラマン事件を衝く

航空機疑獄が新たに発覚

ロッキード疑獄の全容が解明できず、裁判の決着もつかない一九七八年一二月、またも航空機をめぐる疑獄が浮上した。この事件もやはりアメリカから火がつき、今度は証券取引委員会（ＳＥＣ）による航空機売込みをめぐる疑惑追及から表面化した。七八年一二月一五日、ＳＥＣがマクダネル・ダグラス社（ＭＤ社）の「８Ｋレポート」を公表し、同社がＦ４戦闘機の売込みで七五年に、日本政府高官に一万五〇〇〇ドルを渡したと告発した。明けて七九年一月四日には、グラマン・インターナショナル社（ＧＩ社）の８Ｋレポートが公表され、Ｅ２Ｃ早期警戒機の売込みで、代理店の日商岩井を通じて日本政府高官に不正な金を渡したと告発した。「８Ｋレポート」というのは、アメリカの企業がＳＥＣに提出する現況報告書のことである。

東京地検特捜部が日商岩井を強制捜査するうち、今度はボーイング社が日本航空に納めた７４７ＳＲジャンボ機七機について、一〇五万ドルの裏金が明るみに出た。

こうして、米大手航空機メーカーが軒並み行っていた海外不正支払いの概要が暴かれることになったのである。ロッキード疑獄では、全日空が大型機の導入を検討し始め、選定に動いたのは一九七〇～七二年ころのことだったが、新たに明るみに出た航空機疑獄は、一九六五〜七五年という長い期間に及ぶものもあった。

一九六八年に第二次防衛力整備計画のもとに、次期主力戦闘機（ＦＸ）の導入が動き出す。選考対象は事実上、ロ社のＣＬ１０１０－２かＭＤ社のＦ４だった。そして翌六九年、Ｆ４の日本バージョンであるＦ４ＥＪファントムの採用が決まる。ＳＥＣは、ＭＤ社がこの売込みで、七五年に日本政府高官に一万五〇〇〇ドル（当時で約四五〇〇万円）を渡したと公表したのである。

さらに、ＧＩ社が早期警戒機（Ｅ２Ｃ）の売込みのため、日本の政府高官らに、代理店の日商岩井を経由して不正なカネを渡したことが明らかにされた。この「政府高官」とは、岸信介、福田赳夫、中曽根康弘、松野頼三氏らではないかと、もっぱら取りざたされていた。

ロッキード疑獄に取り組んだが、軍用機（Ｐ３Ｃ）で苦渋をなめた東京地検特捜部は、ただちにＳＥＣから資料提供を受けて捜査に着手した。国会もロッキード問題調査特別委員会を「航空機輸入調査特別委員会」（航特委）と改称し、航空機輸入全般について新たな追及に入った。参院側では、野党第一党の社会党から野田哲氏と私がタッグを組み、解明に取り組むことになった。

第一次ＦＸ（次期戦闘機）をめぐる疑獄の系譜

航空機をめぐる疑惑の系譜は根が深く、長期にわたっていた。

まず、第一次防衛力整備計画による次期主力戦闘機（ＦＸ）の選定が進められた

第二次防衛力整備計画で採用されたF4EJ戦闘機には人事をめぐる暗闘が（写真は防衛省より）

一九五八年四月、岸首相を議長とする国防会議は、戦闘機を扱う防衛庁サイドが内々決めていたロ社のＦ１０４ではなく、ＧＩ社のＦ11Ｆの採用を内定した。この二社の競合は激しく、ＧＩ社の日本代理店は伊藤忠商事（のちに日商岩井に代わる）で、ロ社は三井物産から丸紅飯田に代わっており、日本では伊藤忠と丸紅の対決だった。

一機一〇〇万ドル、当時の日本円で三億六〇〇〇万円の超音速戦闘機を三〇〇機購入するという大商いである。一機当たり二・八％、二万八〇〇〇ドルのリベートになると言われており、そうなると約三〇億円が岸政権周辺に入って、それは四〇日後に迫った総選挙、その後の自民党総裁選挙に使われる、ともっぱらウワサされた。

ところが、国防会議にはロ社側の最新資料が出されていないと知ったのが、ロ社側で暗躍する児玉誉士夫氏だった（彼はのちに、ロ社の民間機の売込みでも暗躍する）。彼は、丸紅飯田に近い自民党総務会長の河野一郎氏らと組み、「ＧＩ社をめぐる汚職ではないか」と岸サイドを揺さぶったようだ。そして一四か月後の五九年六月、ＧＩ社採用が白紙にされ、同年一一月、最終的に採用されたのはロ社のＦ１０４だった。絵にかいたような「どんでん返し」だった。

つまり、第一次ＦＸの選定作業のときから、政治がらみの腐敗の構造が動いていたのである。航空機、とりわけ政府のからむ軍用機の売込み競争は、一機あたりの価格が大きく、機数も多いので、航空機メーカーや商社は血まなこになり、手段を選ばない工作に走るのが普通になっていた。

ダグラス社の対日工作

それから一〇年後の一九六八年、第二次防衛力整備計画における次期FXの選考では、ロ社のCL1010‐2とMD社のF4、スウェーデンのビゲン、フランスのミラージュF1が候補とされたが、ロッキード機は開発中で、欧州機は最初から可能性はないとされていた。翌六九年、次期FXはMD社のF4EJの採用が決められた。

SECが告発したMD社の8Kレポートにある「日本の政府高官への一万五〇〇〇ドルの支払い」は七五年とされ、F4戦闘機の採用決定からかなり時間がたっているかのように見える。しかし、次に見るように、ここに至るまで日本の政界では利権の構図と裏金が動きつづけてきた。

一九六四年、池田勇人首相の病気退陣のあとを佐藤栄作氏が継ぎ、翌六五年の内閣改造で佐藤氏の腹心だった松野頼三氏が防衛庁長官に就任する。それまで防衛庁内に影響力を持っていたのは佐藤氏の政敵である河野一郎氏で、その牙城に佐藤派の松野氏を送り込んで、庁内に根強かった河野氏の人脈を断ち切る狙いがあると見られていた。

焦点となったのは防衛庁内に強い発言力を握っていた海原治氏の扱いで、官房長から事務次官に昇任必至と見られていたのを、国防会議事務局長に遠ざけたのだった。この人事は、佐藤派の一員で松野氏のあとに防衛庁長官になった増田甲子七氏によって行われた。さらに、F4Eに批判的と言われ、空幕長候補と目されていた人物も外された。一方で、アメリカの軍用機売込みに粘る日商岩井も、防衛庁の内部情報を掴もうと、同庁から航空関係幹部を天下りさせるよう工作していた。

国会では、日商岩井の海部八郎副社長をはじめ、同社社長らも証人喚問して追及した。海部副社長が六五年七月にハワイで書いたとされる国内航空会社社長あての「海部メモ」には、岸信介氏とその秘書・川部美智雄氏（ＧＩ社の「コンサルタント」でもあった）、海部副社長らが話しあってＦ４ＥＪの導入が決まり、見返りとして岸側に二万ドルを払ったことなどが書かれていた。海部副社長は国会でも言を左右にして「記憶にない」と述べ、偽証罪に問われることになった。

また、松野氏は五億円を受け取ったことは認めながら、「日商岩井の政治献金だ」と述べるばかりで、工作資金と成功報酬だと主張する私たちの追及を逃れた。

しかし、私は法務省の伊藤栄樹刑事局長に対して、「巨悪」が松野氏であるかどうか、名前を明らかにするよう強く迫った。特捜で辣腕を振るった伊藤氏は、私の質問に対して「松野氏」の名を挙げ、「おおむね五億円、一九六七年秋ごろから七一年終わりごろまでの間、十数回というふうにご理解をいただきたい」、「その多くが（日商岩井の）故島田三敬氏によって手渡された」、「日商岩井側は、Ｆ４ファントムの売込み工作に関連して支出」などと述べ、私は明確な事実関係を引き出すことができた。

ＧＩ社のＥ２Ｃ疑惑

他方、日商岩井はＧＩ社のＥ２Ｃの代理店でもあった。ＧＩ社の場合、指摘された売込み工作は世界で三〇件にのぼっていた。ＧＩ社は対日工作では、ジャーナリストと称するハリー・カーン氏と岸信介氏の秘書・川部美智雄氏をコンサルタントとして雇い、岸、松野氏らと会談を持っていたという。そして、E2Cの対日売込みは、前述のように、一九七二年の田中・ニクソン会談のテーマの一つだった。

二〇一六年のNHK報道によれば、日商岩井で航空機部門を担当した島田三敬常務は、長い取調べののちに検察官に対し、「軍用機導入を政治家に働きかけた」、「どんなに費用がかかっても利益は大きい」、「政府高官に個人口座から裏金として渡した」、そして政府高官には田中角栄氏らの名前があった、などをついに認めたという。

ところが二月一日の夜、島田氏は東京赤坂の本社ビルから〈投身自殺〉をした。こうして、伊藤刑事局長が「巨悪は逃さない」と大見栄を切ったのに、検察は七九年五月、「政治家の刑事責任追及は、時効、職務権限のカベに阻まれ断念する」として、この事件の捜査終結を宣言した。刑事責任追及は海部副社長ら日商岩井の三人を起訴するにとどまり、〈巨悪〉は逃れることになった。

松野氏は、いったん議員を辞職し、迫る選挙に備えた結果、カムバックするのだが、その後、背後に〈岸信介〉がいたことをかなり明確に認める発言をしている。岸氏にごく近かった松野氏は、海部副社長と何度も接触しており、海部氏を松野氏に紹介したのは岸氏の秘書である中村長芳氏だったことなど、その裏に岸氏の存在が大きく見えていたのだが、捜査陣は確たる手掛かりをつかめなかった。

岸氏は、東条内閣の閣僚であり、戦犯として巣鴨刑務所入りしたが、東京裁判の判決を免れ、戦後の政界に再登場、首相の座まで手にした。黒いカネには自分では触れ

Ｅ２Ｃ早期警戒機購入で政治家工作を認めた商社幹部が自殺し、追及は阻まれた（写真は防衛省より）

ず、それを巧妙に〈濾過〉する装置を作り、法の網を逃れて政治資金とするのが彼の手法だと言われていた。岸氏には、軍用機のみならず、インドネシア賠償、石油開発、日韓関係など、とかくの疑惑が取り沙汰されながら、ついに司直の手にかかることはなかった。ちなみに、岸氏は安倍晋三首相の祖父である。

もっとも、ＧＩ社は売込みに成功し、この機種を採用させることができたが、政府高官へのコミッション支払いの密約はロッキード疑獄発覚のためか、その年に解約されて、高官への支払いは実行されなかった、ともいう。

政界を揺るがす、このような腐敗が長期にわたって隠され、しかも海外での追及をきっかけに初めて表面化したのである。もしアメリカでのＳＥＣの摘発がなかったら、巨額の税金によるカネが動いていた事実は埋もれたままになっていただろう。

産軍複合体の危険

アメリカは政府を中心に、その軍事戦略に沿って世界の同盟諸国を巻き込み、軍事協力の旗印のもと、軍需産業各社が民間や軍用の巨額の航空機や広範にわたる武器の輸出を執拗に進めてきた。まさに産軍複合体による軍事体制の推進構造である。それは今も変わっていない。

しかし、このような軍需重視の経済は、仮想敵の存在を必要とし、国家間の緊張を高め、それが軍需を刺激し、増強された軍事力がまた緊張の要因になるという悪循環、すなわち〈安全保障のジレンマ〉をもたらしている。そこに働く利益優先や過信によ

同僚の野田哲参院議員と共著の『巨悪を撃つ』の表紙カバー（1979年9月刊行）

る政治判断が、戦争の引き金を引くことにもつながってくる。その結果、戦闘に従事する兵士が血を流すばかりでなく、多くの無辜の民までが犠牲にされている。

いまでは軍事技術の進展により、自国の兵士らを戦地に赴かせることなく、遠隔地からの兵器の操作によって対立国の住民の生命、財産を無差別かつ大量に奪い去ることが可能になってきた。近代型の戦争自体の倫理性が問われるところだ。

アメリカ政府のこのような軍事戦略をうしろ盾に、巨大な軍需企業が執拗に賄賂や工作資金をもって日本の保守政界に迫る――それが一連の航空機疑獄の構図だった。その対象となった当時の自民党長期政権は、政策決定を独占するとともに、大企業の支援を受けつつ大企業に利益を還元する仕組みを恒常化させていた。官僚システムをも取り込んだ、政財官の癒着の構造である。〈日米同盟〉が当たり前のようになってきた今日だが、この軍事同盟と経済関係の危険な側面は見落とすわけにはいかない。

＊　＊　＊

私は、同僚の野田哲参院議員と共著で『巨悪を撃つ――航空機疑獄追及の記録』（北泉社、一九七九年九月）を出版した。このなかで私はこう書いた。「ロッキードに続くグラマン、ダグラス等の疑惑は、本質的には民主主義の根幹にかかわっている。国の政治や政策決定が国民の意思によらずに、利権や賄賂によってまげられることになれば、民主主義そのものを危殆におとしいれることになるからである。自民党は、その金権腐敗の体質を隠蔽し、疑惑の解明を妨害して民主主義に敵対したばかりか、……委員会の開催を認めずに国会を終幕させ、議会制民主主義をも公然と蹂躙した。その意味で二重に民主主義に挑戦した大平内閣と自民党のファッショ的強権政治については、きびしく糾弾されなければならない」と。

問題は、この構造がいまも隠然と生き続けているのではないかということである。

3　リクルート疑獄——政財官の癒着構造をあばく

リクルート疑獄の発覚と広がり

自民党の長期政権を切り崩す大きな契機の一つとなったのがリクルート疑獄だった。リクルート疑獄の発端は、川崎駅前再開発に便宜をはかってもらうために、川崎市助役にリクルートコスモス社（以下、コスモス社）の未公開株が譲渡されたことを、朝日新聞が掘り起こしたことだった。未公開株は一九八四年末から翌年四月にかけて譲渡され、八八年六月に表面化し、贈収賄として摘発された。

コスモス社の親会社リクルート社は、職業紹介などの雑誌等の発行という新ビジネスを江副浩正氏が興した企業で、急成長していた。江副氏は政治的な地位を高めるとともに、リクルート社発行の求人情報誌の規制などの動きに対応し、政界、官界、財界、報道関係など広い範囲に未公開株をばらまいた。この株を公開後に売り抜ければ、かなりの利益が入るという仕組みだった。

リクルート社は、現職の首相、首相経験者、閣僚、自民党幹部、与野党の衆参議員ら九〇人もの政治家をはじめ、文部省や労働省の幹部、ＮＴＴや金融機関、経済団体の首脳部、大手新聞社の役員などにも未公開株を配った。議員たちが開くパーティ券を買い受けるなど、政界工作に余念がなかった。

政治家の多くは職務上の権限に直接関わりがないなどとして追及を免れたが、これだけのカネがばらまかれ、平然と授受が行われることが許されていいのか。カネの力で、制度や法の運用が動かされていいのか。政治家として政治的、道義的な責任を感じないのか。このような基本的な歪みを許すことはできないとして、私たちはこの疑獄の解明と追及に取り組んだ。

東京地検特捜部は八九年、このうち一二人を贈収賄容疑で起訴し、全員が有罪となった。この事件の政治的波紋はきわめて大きく、竹下内閣が総辞職に追い込まれ、次期首相候補とされた宮澤喜一、小渕恵三、安倍晋太郎、橋本龍太郎、渡辺美智雄といった派閥領袖らがその機会を逃し、野党党首らまでが失脚するという一大スキャンダルとなった。このことは長期政権の自民党にとっても、また日本の政治の進路にも、思いがけない変動をもたらした。

つまり、このスキャンダルは自民党の信頼をさらに失わせ、政権の座を明け渡すことにつながったが、他方で、政治腐敗防止の抜本策を講じるべきものが、「政治改革」の名のもとに民主主義に逆行する小選挙区制の導入へとすり替えられていくことになったのである。

竹下首相（左）周辺や閣僚、自民党、そして野党やジャーナリストまで株をがばらまかれていた

次々にくつがえったウソの答弁

メディアの取材が汚職摘発の動きを加速する一方、国会の追及にも拍車がかかり、政財官の癒着、カネで動く利権構造など、実態が次々に暴露されていった。野党は、竹下首相周辺、中曽根前首相らの証人喚問を求めて、その政治的、道義的責任を追及しようとしたが、議席数に勝る自民党は頑強に応じようとせず、むしろ事実関係の解明を妨げる壁としてたちはだかった。またリクルート社の利益追求にからむ文部、労働両省の行政対応とその責任の追及も重視して取り組んだが、この方はむしろ検察の捜査の進行を待つかたちとなった。

社会党のリクルート問題調査特別委員会の事務局長となった私は、この事件を自民党長期政権下の政財官癒着による構造汚職として広く追及することにした。たとえば、政府の税制調査会の委員に江副浩正リクルート社前会長のほか、コスモス社株を譲渡されたとされる前毎日新聞編集局長や東大教授らがいたので、八八年八月の参院予算委員会で、法人税、資産課税を審議する税調の議事録の公開を強く求めた。だが、事件の広がりを恐れる宮澤蔵相、小倉武一税調会長はこれを拒否した。

同年一二月には、参院税制問題特別委員会で、秘書が未公開株を譲渡されていた宮澤蔵相を追及した。蔵相はそれまで、秘書に対する株の話は江副氏からではなく別人からだ、と答弁していたが、その誤りを認めて謝罪した。また、竹下首相も当初、株の譲渡は元秘書のみとしていたが、ほかにも関係者がいたことを認めた。このように、追及をかわすためのウソの答弁は、新事実の前に次々に崩れていった。答弁が三転した宮澤蔵相は、私の追及の数日後に辞任した。

このほか、コスモス社の第三者割当増資先五社からの未公開株譲渡先リスト、延べ六五人の氏名をつかんだことから、「信託銀行四行の役員が含まれているのは見逃せない。四行は大がかりな融資でリクルート社側の内部情報に通じているはずだ」と追及した。また、このリストには二人の民間人の名があり、その一人のフリージャーナリストは譲渡関係を否定、名前だけ使われていた可能性をうかがわせた。

「秘書が、秘書が」で逃げきれなかった宮澤蔵相

コスモス社の未公開株が宮澤喜一蔵相側に〈譲渡〉されたとの報道が出たのは八八年七月だった。私は宮澤氏追及の先頭に立ち、また江副氏の証人喚問でも口火を切った。宮澤氏は最初の報道に対して「名前が出て驚いている」と全面否定したが、翌日は「ノーコメントにしたい」。その後、「服部恒雄秘書が名前を貸したが、取引には関与していない」、「報酬は受け取っていない」と答弁は二転三転。その後も、株入手の時期、売却益などについての答弁を変えた。

次いで、内部告発で〈宮澤喜一〉の名前が出ると、今度は、名前を貸した人物が、秘書の名よりも宮澤の名前の方がいいとして、宮澤の印鑑などは勝手に町で買い、売却者や入金の口座には服部の名前を使った、と言う。だが、江副氏は国会の証人喚問で、リクルート社側が服部秘書に未公開株譲渡の話を直接に持ちかけたことを明らか

宮澤蔵相（左）の答弁は二転三転し、ついに辞任に追い込まれた（右は筆者）　（1988年）

にした。宮澤氏もこれを認めざるを得ず、リクルート社側と直接の関係があり、服部秘書が二〇〇〇万円の利益を得たことが明らかになった。私たちの追及に対して、江副氏は宮澤氏側が株購入代金を払い込まず、融資を受けていたことも認めた。

私は国会質問で、客観的な証拠を出して国民の納得のいく真実の証明を果たすよう、服部氏の証人喚問とともに、株式売買約定書、代金の払込証明、売却代金の振込証明の〈三点セット〉の提出を求めた。しかし宮澤蔵相は資料提出に応じないまま、一二月に引責辞任に追い込まれた。

宮澤氏は長い政治生活で、最も身ぎれいでエリートコースを走ってきたインテリと思われていたが、これほど食言、虚言を重ねたのは初めてだったろうし、人生最大の屈辱ではなかったかと思う。こうして、実態解明はほぼできたが、法的な処分に進めることはついにできなかった。

竹下首相本人が疑惑の的に

宮澤蔵相辞任の波紋は大きかった。消費税国会に取り組んだ竹下内閣にとって、税制論議の中心となる蔵相の退陣である。当の竹下首相は、秘書の青木伊平氏が二〇〇〇株の譲渡を受け、四〇〇〇万円の利益を得たのだが、当時の竹下氏は自民党幹事長なので、職務権限もなく心配はない、と受け止めていたようだ。ところが、八八年一一月九日に事態は急変する。

社会党の追及チームの同僚議員が調査した資料で、第三者割当で増資したコスモス社の非公開株のうち、〈ビッグウェイ〉なる会社から江副氏に還流した一二万株が一四人に再譲渡されたというリストがあった。このなかにあったのが、一万株を取得した〈福田勝之〉の名前だった。

実は、リストの一四人のうち一三人の素性はすぐにわかったが、〈福田勝之〉だけは何者なのか、なぜ一万株も譲渡されたのかわからなかったので、私たちはリストの公表に手間取っていた。これに突破口を開いたのが、社会党のリクルート調査チームの議員秘書の自称「少年探偵団」だった。彼らは数人で夕方、〈福田勝之〉の住所を訪ねた。そこは日本興業銀行の社員用の住宅団地だった。サラリーマンが一万株も譲渡されたというのは何かの間違いかもしれないと思ったが、念のためチャイムを鳴らすと、応答はあったがドアは開けない。そこでインターフォンで「リクルート株のことを聞きたい」と言うと、「そんなものは知らない」。「では、東京地検から事情聴取をされたか」と訊くと、「それには答えられない」との返答。アタリだった。

これで一四人全員が確定したので、私たちはマスコミに公表したが、〈福田勝之〉の名は社会部の記者たちにもなじみがなく、リストはそのまま本社に送られた。ところが、政治部の記者がそれを見て驚いた。〈福田勝之〉はドンピシャリ、竹下氏筋の人物だったからだ。加えて、私たちのリスト公表の夜、首相官邸で竹下、青木、小沢の三者が緊急に集まって相談したという情報も届いた。

福田勝之氏（のち株式会社福田組社長、新潟商工会議所会頭）は、地元新潟の大手建設業者福田組の一族だった。そして、姉の一人は田中派―竹下派で育った小沢一郎

リクルート疑獄――首相、蔵相を辞任に追込む

1988年8月24日（金）参議院予算委員会から

矢田部理　コスモス株の流れは、59年の76人に譲渡、60年２月と４月の第三者割当、江副氏直通その他が考えられます。（中略）宮澤さんの周辺にいつ、どんなコースで渡ったのでしょうか。

宮澤喜一蔵相　私も秘書もこの株の取引や勧誘を受けたことはありません。秘書の知人の河合氏が取引したいので名前を貸してくれと言い、どうぞと。昭和61年９月ごろという報告です。

矢田部　河合氏はいくらで買われた？

宮澤蔵相　１万株を５千万円余りで売り、利益は２千万円余りだそうです。

矢田部　蔵相は記者会見で河合氏が買った時期はいつと言われましたか。

宮澤蔵相　60年１月末頃と言いましたが、誤りだと分かり訂正しております。（中略）河合氏の話では、取得価格は（一株）３千円ぐらいで、そうなら61年９月が正確だろうと思いました。

矢田部　全く違います。河合さんは週刊誌などで60年初めと言っている。（中略）建設会社の幹部と二人で千数百万ずつ３千万円出して１万株、４千万円利益が出て、山分けして２千万円になったと。どちらかがウソを言っている。（中略）60年初めだと59年末の76人コースの延長線上で、江副氏とのつながりが直になるかもしれぬ。（中略）61年９月なら、職務権限を持つ大蔵大臣に株が近づいたことになり、贈収賄につながる可能性もある。

宮澤蔵相　（秘書が）名前を貸したのは軽はずみだった。誤解を受けやすく、監督者の私も申しわけない。

矢田部　竹下総理の場合はどうですか。

竹下登首相　（青木）本人から、61年９月にある財界人からいただいて店頭登録後分売したと報告を受けました。

矢田部　青木さんが７月７日に新聞記者に59年だったと思う、購入代金は数百万円だったと答えている。59年なら５千株ぐらい買えて、２千万円程度の利益になる。総理のお話と食い違う。（中略）銀行口座があるなら出し、財界人の名も明確にされたほうがいい。

竹下首相　善意の第三者かもしれない方は言わないのが私の考え方に合う。

矢田部　そういう総理の癖が自民党全体に行き渡っているんでしょうか。宮澤さん、友人からで直接関係はない、中曽根さん、さる人からで第三者の好意、安倍（晋太郎）さん、証券業の人から、渡辺（美智雄）さん、一度人の手に渡ったものを買ったと。そして名前はどなたも言われない。

竹下首相　政治的、社会的、道義的責任は、不徳はすべて私にあり、他人のことは申さないのが私の生き様です。

矢田部　第三者とは誰か、大蔵省は名簿を出していただきたい。

角谷証券局長　公開は控えたい。

矢田部　出せないなら私が出します。(リストを配る)内容を確認できますか。

竹下首相　詮索する能力はありません。

宮澤蔵相　判断の道がございません。

氏の夫人、もう一人の姉は竹下登氏の実弟の亘氏（衆院議員）の夫人で、竹下首相との関係が深い人物だったのである。

竹下退陣と参院選での与野党逆転——「ヤマが動いた」

こうして竹下政権の尻に火がついた。危機感に駆られた自民党は、疑惑の解明どころか、数を頼んで衆院の委員会で消費税の導入など六法案を単独強行採決し、成立に踏み切った。

私は、青木秘書のみと言っていた竹下首相に、〈福田一万株〉とのかかわりを追及した。竹下首相あてのコスモス社株一万株を福田名義にし、二〇〇〇株を青木秘書の取り分にしたとみられ、江副氏がそのような指示をしていた形跡もあった。竹下答弁は宮澤氏と同様、秘書への責任転嫁や何回もの発言訂正のオンパレードだった。

さらに、竹下氏は八七年一一月に首相になる直前は自民党幹事長だったが、竹下氏の後援団体が主催する岩手県のパーティ券を三〇〇〇万円分、また、同じ月に東京でも「竹下幹事長を励ます会」のパーティ券を、リクルート社が二〇〇〇万円分、コスモス社が三〇〇〇万円分も買っていた。献金としても四年間で総額二億円であり、一万二〇〇〇株の売却益やパーティ券を含めると、三億円を超すようだった。違法にして異常な献金の事実が見えてきた。

八八年一二月、竹下改造内閣がスタートした。「閣僚にはリクルート汚染者はいない」はずだったのが、翌日には超党派の「政治倫理綱領を実行する会」座長である長

首相官邸で小渕恵三官房長官にリクルート疑獄の究明を申入れる。筆者は右端　（1988年7月）

谷川峻法相が一二年以上にわたって六〇〇〇万円余の政治献金を受けていたことがわかり、就任四日目で辞任した。小渕恵三官房長官、小沢一郎官房副長官もリクルート献金を受けていたことが判明。さらに、衆院リクルート問題調査特別委員長だった竹下派幹部の原田憲経企庁長官も献金受理を認め、辞任した。原田氏の後任の愛野興一郎長官もパーティ券を買ってもらっていた。さらに、原健三郎衆院議長、山口敏夫衆院議運委員長、大野明衆院予算委員長らもパーティ券購入や献金などが明らかになった。

このようななかで、昭和天皇が八九年一月に死去し、新年度予算審議の遅れで暫定予算案編成を迫られるなか、四月に、竹下首相に江副氏から五〇〇〇万円の借入金があったことが判明する。自民党は、新年度予算案を単独強行採決に踏みきるが、首相は四月、辞意表明せざるをえなかった。

竹下内閣退陣を受けた自民党総裁選では、ポスト竹下と目されていた安倍晋太郎、宮澤喜一、渡辺美智雄氏ら派閥の領袖は、いずれもリクルート疑獄に関連していたため立候補できず、関連がないとされた宇野宗佑氏が選ばれ、八九年六月に首相に指名された。ところが首相就任の三日後に週刊誌「サンデー毎日」が宇野氏の女性スキャンダルを報じ、海外メディアでも大きく伝えられた。

その一か月後の参院選挙では、「リクルート」「消費税」「農産物の輸入自由化」が三大争点となり、宇野首相の女性スキャンダル問題もあって自民党は三九議席しか取れず惨敗した。逆に社会党は土井委員長の下で四五議席と大躍進し、〈マドンナ旋風〉と呼ばれ、土井氏の「山が動いた」という言葉が有名になった。自民党は参院で過半数を失い、二〇一六年の参院選まで単独過半数を回復することはなかった。宇野氏はわずか六九日で辞任することになった。

余談だが、リクルート疑獄では、主任検事として活躍したのは東京地検特捜部の宗像紀夫検事で、江副氏側の弁護団長は日野久三郎弁護士、参院で追及したのは私と、期せずして中央大学真法会の出身で旧知の仲だった。立場は違うが、それぞれの役割を果たしたと言えるのかもしれない。

中曽根疑惑――スーパーコンピュータ購入、審議会委員の任命

リクルート疑獄の追及は、宮澤蔵相の辞任、竹下内閣の退陣、自民党の派閥領袖の沈黙、参院選での逆転など大きな政治的変化をもたらすことができたが、この疑獄がひそかに展開したのは中曽根内閣の時期だった。そのため、追及の的の一つは中曽根前首相とその周辺でもあった。

中曽根前首相のもとにはコスモス社株二万九〇〇〇株が〈譲渡〉され、仲間の藤波孝生氏、渡辺美智雄氏らも疑惑のなかにいた。しかし、中曽根前首相はノーコメントを貫き、八八年六月の朝日新聞の報道以来、初めて記者会見の場に出てきたのは八か月後の翌年二月だった。

中曽根政権は当時、「戦後政治の総決算」と称して行政・教育・税制の三大改革を進め、「小さな政府」をめざす民営化、いわゆる民活の旗を振っていた。それが、NTTや国鉄の民営化、都市再開発と規制緩和、国公有地や国有林の利活用などの政策

となり、そこにNTT汚職、川崎、浦和の都市再開発、岩手県の安比スキー場開発などにまつわる不正が取り沙汰されることになった。

しかも、政策推進の手法として、自らの思想に近い顔ぶれを集めた「審議会」を多用し、思い通りの方向に誘導できる体制を作り上げていた。リクルート事件に労働省、文部省がからんだのは、就職や進学の情報誌の法規制を緩和し、民間の自主規制にして、有利な状態にすることがリクルート社の工作の狙いだったからだ。創業者の江副氏自身、新行政改革審議会の土地対策検討委員、教育課程審議会委員、政府税調特別委員などとして、中曽根改革の各方面に絡んでいた。前文部事務次官の高石邦男氏の逮捕も、教育課程審議会の委員選任の疑惑に関わるものだった。

もう一つの焦点が、スーパーコンピュータ（SC）の導入問題だった。中曽根首相とレーガン大統領は、八五年一月に首脳会談を開いたが、当時は日米間に深刻な貿易摩擦があり、アメリカの電気通信、エレクトロニクス、コンピュータなどの企業はこぞって日本側に購入を迫っていた。そこに、同年四月に民営化したばかりのNTT経由で、リクルート社が購入したクレイ社のSC、X‐MP216型機が絡んだ。それは貿易摩擦の緩和策とみられた。中曽根氏は「首脳会談でSCの話は一切なかった」と否定したが、三月には江副氏が首相公邸を訪ねて一時間も話し込んでいる。

リクルート社がNTTにクレイ社のSC購入を依頼したのは同年九月というが、五月には業界紙に「NTTが二台目購入をクレイ社に交渉中」と出ている。そして中曽根首相は一〇月、国連総会出席の際の記者会見で、「NTTはすでに二台購入しているが、われわれの考えを組み入れて、また一台をクレイ社から買う」と発言している。しかし、NTTがリクルート社に転売する二台目を買うことを正式に決めたのは翌八六年四月で、契約は五月だった。このため、前年三月に江副氏と会談した首相は、NTTの正式決定前に購入を知っていたはずである、との疑惑が強まった。

NTTの進藤恒社長は〈中曽根民活〉に乗って電電公社の民営化を推進し、リクルートの未公開株を一万株譲渡され、収賄罪で有罪となった人物である。つまり、首相は江副、真藤両氏との間で、クレイ社のコンピュータ購入について事前に関与し、レーガン大統領と話し合った疑いが濃かった。

税制調査会などの委員任命問題も疑惑の焦点だった。中曽根首相は国会で、「各省庁が案を持ってきて、首相が承認するものは承認する。しかし、個々の委員をどうするかまでは干渉、介入しない」、「税調については、暴れ馬みたいな人を入れなさいと言ったことはある」と答えた。しかし、江副氏が税調の特別委員になった経過を質問すると、大蔵省主税局長は「任命権者は総理大臣で、（大蔵省は）実際のリストアップなり選定等には関与しない」と答えた。とすれば、大蔵省の事務方は江副氏らの人選には関与せず、もっぱら首相の任命、中曽根首相のイニシアティブによるものとなる。この首相答弁と大蔵省答弁との食い違いで、国会審議は三日間ストップした。

この問題に私がこだわったのは、官邸の中曽根氏側が江副氏から未公開株をもらい、のちに判明したように税調特別委員の任命が官房長官の「専決事項」であり、その当事者が首相側近の藤波官房長官で、彼もまた株疑惑を抱えた人物だったためだ。税

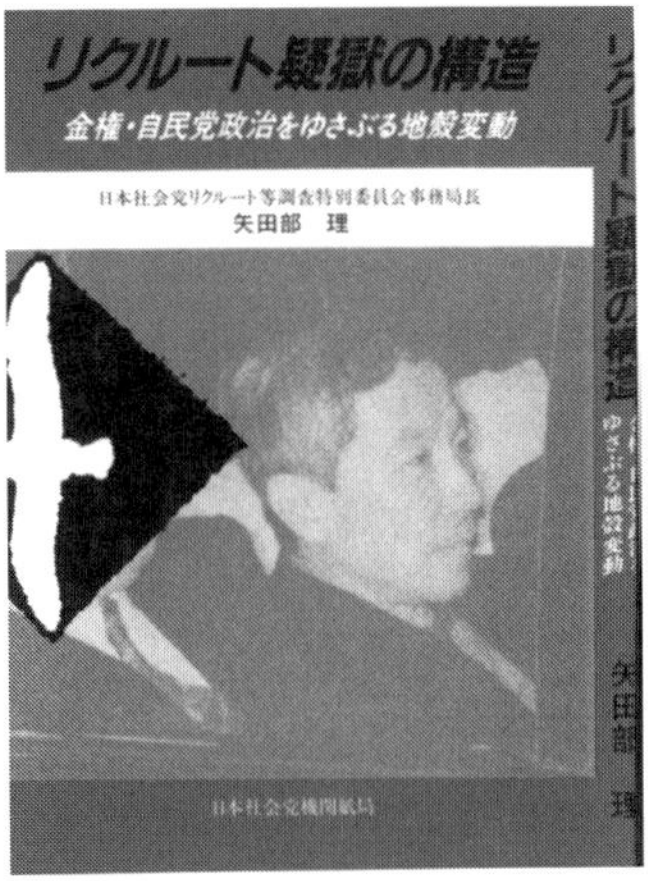

著書『リクルート疑獄の構造』の表紙カバー
（1989年5月刊行）

調特別委員になった一〇人のうち、江副氏はじめ、飯島清（政治評論家）、公文俊平（東大教授）、牛尾治朗（ウシオ電機会長）の四氏は、日ごろから中曽根氏に近いとされていた。これらの人物が、間接税や資産課税などを論議する税調第三部会メンバーとなり、消費税の基本もここで作られたのだから罪は深い。

中曽根氏も「秘書が」と逃げたが

第三の疑惑は、中曽根氏側が〈譲渡〉された二万九〇〇〇株の問題である。これは秘書の筑比地氏名義の二万三〇〇〇株、同じく上和田氏名義と太田氏名義の各三〇〇〇株で、政界ではもっとも多い株数だった。株の〈譲渡〉は八六年九月に行われたが、この時期はＮＴＴがリクルートにコンピュータ購入の便宜をはかり、契約にこぎつけた五月と近接しており、首相の職務権限にからむ微妙な問題で、〈首相の犯罪〉に発展しかねないとして多くの関心が寄せられていた。

中曽根氏は、秘書が買ったもので、自分は首相在任中は知らず、その後に聞いたとかわした。しかし、①六〇〇〇万円以上の譲渡益が見込まれた株を秘書個人が買えるのか、②秘書が、派閥などの慶弔費や交際費などに使ったと言う以上、これは政治資金としての使途になる、③秘書の私的な用途だと言うなら、中曽根氏に会計報告など不要である、といった疑問があった。加えて、リクルート社幹部が融資付きの〈譲渡〉だったと証言し、中曽根氏分が二万株、秘書三人に三〇〇〇株ずつで、いずれも株式公開直後に売却して莫大な利益を得たということまで明らかになった。

中曽根氏には一九七二年、「殖産住宅事件」という疑惑があった。やはり未公開株の譲渡を秘書の名義で受けるという手口だった。また、公開前の第三者割当増資リストには、子会社や幽霊会社まで載っていた。私はこの問題を洗い、リクルート疑獄追及のノウハウを得ることにもなった。

野党は一斉に中曽根前首相の証人喚問を求め、予算も成立もせず暫定予算を組む事態となった。しかし、竹下内閣総辞職という〈政局〉によって、疑惑追及は事実上、打ち止めとされた。

なお、リクルート疑獄が表面化した八八年六月に、中曽根氏の提唱で「世界平和研究所」という財団法人が設立された。初代理事長兼会長は中曽根氏で、大蔵、外務の中堅官僚が出向した。電力、電機・電子・通信、自動車、銀行などの業界に寄付を求め、約三〇億円を集めようとした。権力者が疑惑追及中に大企業から巨額の寄付を集める行為は、理解に苦しむものだった。

韓国の朴槿恵前大統領は、知人の財団への巨額寄付工作にからみ、情報漏洩問題もあって二〇一七年三月に弾劾が決議され罷免された。日本での政治腐敗との闘いは、前途遼遠である。

4　小選挙区制にすり替えられた政治改革

根深い政治腐敗に高まる政治不信

この時期、ロッキード疑獄（七六年）、ダグラス・グラマン事件（七八年）に続きリクルート疑獄（八八年）と、大きな政治腐敗が相次いで表面化し、しかも、政界の不祥事がその後も続々と浮上した。①矢野絢也公明党委員長の明電工のカネ疑惑に伴う辞任（一九八九年五月）、②宇野宗佑首相の女性問題による政権投げ出し（同年七月）、③山下徳夫官房長官の女性問題をめぐる辞任（同年八月）、④稲村利幸自民党代議士の一七億円脱税事件（九一年一月）、⑤橋本龍太郎蔵相の大手証券会社の損失補てん問題に絡む辞任（同年一〇月）、⑥阿部文男前北海道・沖縄開発庁長官が共和汚職事件で受託収賄罪で逮捕、有罪（九二年一月）、⑦竹下登、金丸信、小沢一郎氏ら自民党首脳のからむ東京佐川急便事件（一九九二年二月）などである。

極めつけとなったのは、金丸信自民党副総裁が東京佐川急便から五億円のヤミ献金を受けた問題で議員を辞職し、さらに妻の遺産相続に伴う脱税や不正蓄財が明るみに出て逮捕されたことである。政治への怒りがますます噴出し、「政治改革」は必至の課題になっていった。

私は、自民党を中心とする積年の政治腐敗の根絶策を講じることが政治改革の大前提であり、この間の腐敗追及の「出口」でなければならないと考え、罰則のついた

「政治倫理基本法」（政治腐敗防止法）の制定を主張しつづけた。リクルート疑獄をきっかけに公職選挙法が改正され、収賄罪で有罪が確定した政治家は、執行猶予つき判決でも失職することになったが、イギリスの政治腐敗防止法では、汚職・腐敗に問われた政治家は政界から永久追放されるという。少なくとも、国民の信託を受けて国政に携わる者は、このくらい厳しいルールを受け入れるべきである。

しかし、こうした世論の厳しい批判や真の腐敗防止・政治改革の提案は、自民党などの政治家にとってはなんとか回避したい問題であった。そこから、腐敗防止には踏み込まず、〈政治改革〉の名で自民党に都合のいい選挙制度を導入するという、彼らにとって一石二鳥の策謀が進められた。

「小選挙区制導入」が浮上

竹下首相は八九年、〈政治改革元年〉をうたい、自民党に後藤田正晴氏を長とする「政治改革委員会」を設置、政府内でも「政治改革に関する有識者会議」が置かれた。そこでは一応、政治資金の透明化、資産公開の拡大、葬祭時の寄付規制の強化などが課題として打ち出されたが、同時に、当時の中選挙区制が「カネがかかる制度」として弊害が強調され、小選挙区制導入への布石が打たれはじめた。

自民党は、投票の過半数を獲得できなくなった状態が続くことに危機感を抱き、恒久的に過半数の議席を手にできる選挙制度として小選挙区制導入を考えていたからである。

竹下内閣退陣後の宇野宗佑政権は、女性問題のスキャンダルで短命に終わったが、置き土産のように第八次選挙制度審議会だけは発足させ、〈政治改革〉の論議を進めさせたが、そこには巧みな陰謀が仕組まれていた。まず、その委員にはマスコミ関係者を大量に起用した。狙いは、改革案が客観的な議論のうえにできたというイメージを、メディアを使って国民に広く印象づけようとしたのである。

一九九〇年、審議会は海部政権に答申を出すが、政治とカネの不透明性を解決することより、新しい選挙制度導入の方向が強く打ち出された。それは、小選挙区六割、比例制四割の定数五〇〇とする小選挙区制導入だった。だが、自民党内にはさまざまな思惑や異論が出てまとまらない。海部首相は小派閥の出身のため発言力も弱く、衆院解散・総選挙に訴えることもできず、退陣を余儀なくされた。

こうして九一年一〇月、宮澤喜一氏が復権し、宮澤政権が登場する。宮澤氏は、政治改革にそれほど熱意を持たなかったが、宮澤派の事務総長も務めた阿部文男氏がこれまた受託収賄事件で逮捕されたため、批判をかわすためにも政治改革法案の取りまとめに乗り出さざるを得なくなった。

しかも、政権を支えるはずの金丸信副総裁・竹下派会長に五億円ヤミ献金問題が浮上したうえ、わずか二〇万円の罰金という処置に批判が噴出した。そして、自民党を事実上仕切ってきた大派閥の田中―竹下派の内部で、金丸系の小沢一郎氏と、集団指導制を求める梶山静六、小渕恵三、橋本龍太郎各氏らが対立した。これが宮澤政権の命取りになり、非自民の細川連立政権に取って代わられるきっかけとなった。

この流れの中で、「民間政治臨調」（政治改革推進協議会）が大きな影響力を持ち、「小選挙区制導入こそ政治改革」という機運を盛り立てた。この偽りの〈政治改革〉キャンペーンに乗ったのは、財界関係者、「連合」などの労働界、それにマスコミ人や一部の学者たちで、「中立的な第三者機関」、「客観的な立場」、「広範な支持の広がり」といったイメージで、与野党の多くの議員を中選挙区制廃止の流れにからめとっていった。すでに世論も、迷走して進まない政治改革論議にウンザリし、多くの報道関係者を取り込んだことでメディアも大きく取り上げ、また一部の政治学者らはあえてこの制度の欠陥と危険性を無視・軽視して、危険な世論形成に拍車がかけられた。〈各界参加の大衆運動〉に見せかけたこの活動が生み出した小選挙区制は、結局、私たちの危惧と批判のとおり、議会制民主主義の形骸化をもたらすことになった。

小選挙区制度の重大な欠陥

小選挙区制の問題点は、いまでは広く知られるようになったが、この選挙制度で当選した議員、特に与党議員にとっては〈うまみ〉となり、逆にそれが障害となって選挙制度の改正はなかなか進まない。私なりに、政治改革の課題と小選挙区制度の問題点をあらためて明確にしておきたい。

第一に、政権政党の長期支配が続くと、議席多数によるおごり、そして不正腐敗に無感覚となって、民意にそむく政治が横行するようになる。そのため私は、〈政治腐敗の解明なくして改革なし〉の姿勢で取り組んできた。リクルート疑獄など相次いだ事件は、自民党の〈エラー〉などではなく、〈体質〉であった。その刑事責任を問うのはもちろんだが、それを超えた政治的、道義的な責任を、国会の場で解明しなくてはならない。しかし、ロッキード疑獄の際に設けられた政治倫理審議会のように、多数を占める自民党によってすべて窓口の段階で拒否され、追及の道を阻まれてきた。

第二の問題は、まずなすべきことは政治腐敗の防止だったにもかかわらず、あたかも中選挙区制が諸悪の根源であるかのように仕立て上げ、「これを変えることが政治改革なのだ」とすり替えられたことである。小選挙区制に反対する者は〈政治改革の反対派〉、〈守旧派〉だと非難された。

政治腐敗の根絶・防止と、議会制民主主義の根幹となる選挙制度とは、取り組むアプローチや方法が異なる。この両者を一緒に論じるのは誤りである。だが当時は、政治倫理と選挙制度を同列に扱うか、政治倫理の問題を選挙制度改革にすり替え、「それが政治改革だ」という風潮がつくられていった。

第三に、中選挙区制にも問題はあるが、小選挙区制はさらに深刻な欠陥を持っている。すなわち、①「死票」が膨大になり、②民意が反映されにくくなり、③大政党が得票率以上に議席を獲得でき、④小政党は消去され、⑤批判や選択の余地を狭める、などである。実際、二〇一二年の衆院選では、小選挙区での自民党の得票率は四三%なのに当選者は七九%だった。「死票」は長野三区で七二%以上、東京一区や二区、三区、五区で約七〇%、北海道一区六九%、京都三区や愛知五区六八%などとなった。民意を最も正確に反映する選挙制度は比例制だが、大政党に有利になるよう意図された小選挙区制度は、価値観が多様化し利害が複雑化した現代社会の実態を反映せず、むしろ逆行させる。この批判をかわすために、小選挙区三〇〇、比例代表一八〇の「小選挙区比例代表並立制」とされたのだが、小選挙区の比重が圧倒的で、この制度の欠陥を弱める効果は小さい。この結果、政権獲得を争う二大政党は、目先のメリットを追って短期的、〈現実的〉な政策判断が横行するようになり、それはポピュリズムへの傾斜をもたらし、政党内、ひいては政権内の中央集権的な権力行使に拍車をかけることになる。民主主義をますます形骸化させる小選挙区制度は、断じて〈政治改革〉の名に値しない。

小選挙区制導入をめぐる隠微な駆け引き

宮澤政権は九三年四月、政治改革法案を提出した。野党は内閣不信任案を出し、竹下派を割って出た小沢氏らのグループも同調して不信任案は可決された。小沢氏らは「新生党」を立ち上げ、「さきがけ」が生まれ、細川護熙氏が結党した「日本新党」などが、解散後の総選挙に臨むことになった。

総選挙の結果、自民党は議席を大きく減らし、長期政権の座から転落した。代わって細川氏を首相にすえた、かつての野党を軸とした連立政権が登場した。このこと自体は、自民長期政権という政治状況を一変させ、政財官の癒着をただす契機が生まれるということで、私にも歓迎の気持ちがあった。

ところが政権誕生間もなく、細川首相は〈政治改革政権〉を唱え、小選挙区比例代表並立制に賛同するかどうかを連立参加の踏み絵として突きつけた。結果としては、社会・公明・民社・新生・日本新党・さきがけ・社民連・民主改革連合の八会派が合意し、連立政権はスタートしたが、社会党内では大論争が起こった。なぜなら、その年の早い時期に開かれた党大会で、「小選挙区制は憲政の根幹に反する」として反対を決定していたからだ。ところが、その方針提案をした山花貞夫書記長自身が、連立政権に加わるためとして小選挙区導入賛成に変心し、細川内閣の政治改革担当相に就任し、また担当の自治相に社会党の併用制推進派の佐藤観樹氏が就くという、社会党封じ込めの人事が固められた。

私は当時、参院社会党の議員会長を務め、政治改革プロジェクトチームの副委員長でもあった。午前中の会合では、細川首相が示した小選挙区二七四、比例制二二六の案に全員が反対したが、夕方になると形勢が変ってきた。つまり、この案の中身は反対だが、自民党の一党支配を終わらせるためには、連立政権に参加することが政治の大義であり、政治判断としては賛成と言い出す議員が増えたのだ。

選挙で労組から資金や支援を受ける議員たちは、選挙制度を含む〈政治改革〉を推進する「連合」から求められ、心ならずも態度を変えざるを得なかったのだろう。実際、ある大労組などは、「誰と誰が青票（反対票）組か？　リストを出せ。青票を入れた議員は次の選挙で落とす」などと威嚇した。私は早くから青票を決意していたが、同じ気持ちの同僚議員たちとは「ここは各議員の信念と良心にゆだねる問題だ」として、グループやリストはつくらないことにしていたので、リストなど存在しなかった。

これに先立ち、小沢一郎氏がグループとして自民党を離れ、野党側と手を組んで政権をねらうという話し合いが、小沢氏と連合初代会長の山岸章氏の間で行われた。九三年二月のことである。その年の六月、小沢氏は新生党を結党、七月の衆院選で自民党政権は過半数を割り、政権が細川氏らの従来の野党に渡るという激動に至る前段階での密談だった。二人はそれまで不仲がうわさされていた。この会談について、山岸氏はのちに朝日新聞のインタビューに「悪魔とも手を組もうと思った」と話している。また、山岸氏は社会党議員に「青酸カリ以外は何でも飲め」と迫った。

そこには、この選挙制度によってもたらされる日本の民主政治そのものの低迷や崩壊などへの深慮などなく、ただ多数派工作による政権奪取の計算しかなかった、ということがわかる。

〈青票組〉の造反で否決、土井議長の仲介で一転

連立与党と野党になった自民党との間では、政党への公費助成の金額、政治家の資金団体への企業などの献金の可否などで対立したが、細川首相は小選挙区二七四、比例制二二六の議席配分で譲歩、自社両党に造反者を出しながら、衆院を通過した。しかし、年が明けた九四年一月、会期延長後の参院本会議では、反対一三〇、賛成一一八で否決され、細川首相は窮地に立たされた。

この参院本会議の直前の数日間、永田町は重苦しい緊張感に覆われた。与党になった社会党内で意見がまとまらず、小選挙区法案賛成が「党議」とされたが、青票（反

対票）を入れる議員が多く出ると予測されたからである。息詰まる本会議での投票の結果、社会党から反対一七、欠席三の造反者が出て小選挙区法案は否決され、衆参で議決が異なる結果となった。このため衆参の両院協議会がもたれたが、その委員は賛否同数のため決裂。本来なら、この時点で小選挙区法案は廃案となるはずだった。

ところが、驚いたことに衆院の土井たか子議長が「混乱収拾のため」として、細川首相と野党である河野洋平自民党総裁の協議の場を設けたのである。そこで自民に有利な小選挙区三〇〇、比例制二〇〇とする妥協案がつくられた。この案が衆参両院にかけられ、今度は自民党も賛成して小選挙区制導入が議決された。土井議長がこのような舞台を設定したこと自体、政治判断を誤ったと考えざるをえない。

こうして、衆院選挙に小選挙区制が持ち込まれ、二〇一四年まで六回の衆院選が行われたが、社会党は九六年に分解、その後の社民党も消えかかる状況となった。それ以上に、小選挙制の欠陥が猛威を振るい、復活した安倍自民党政権が「数」を力として、特定秘密保護法、集団的自衛権行使の容認、沖縄の新基地建設強行、原発の再稼働、武器や原発の輸出促進、ＴＰＰ、労働法制の改悪など、憲法も民意も顧みない危険な暴走を続けてきた。

政党交付金にひそむ危険性

ここでは、次の二つのことを付言しておきたい。

まず、〈政治改革〉のなかで一九九四年に成立した政党交付金制度についてである。

甘利明氏を「あっせん利得罪」で告発したことを記者会見で発表。東京地検は「嫌疑不十分」として不起訴に（筆者は左端、2016年3月）

一定の条件を満たした政党に対して税金をもとに国家が助成金を出すという仕組みで、国民一人当たり、年に二五〇円ずつ負担させられている。いまも各党はこれを受け取っており、受け取りを拒否しているのは共産党だけである。

政党は議会制民主主義に不可欠のものであり、意見や政策などで一致し、自発的に形成される集団であるべきで、権力の介入を許さず、憲法に規定された「結社の自由」により、自主性が尊重されなければならない。したがって、政党は本質的に国家から自由な独立した存在でなければならない。

このような観点から見て、税金をもって、国家が政党に対して助成することがいいのか。たとえば、政党助成法では、「政党」の要件を設け、これに満たない小政党には助成金は出ず、切り捨てている。結社の自由、選挙の自由、法の下の平等など、憲法上も多くの問題がある。そのうえ、企業・団体献金は禁止されなかった。これでは政党は、大企業や有力団体の影響から自由になりにくい。政党の自由と独立を確保するには、政党は自らの活動の財政を自ら集め、まかなうべきである。

自民党が二〇一二年に発表した改憲草案には「政党条項」があり、国が政党の「健全な発展に努め」、政党に関する事項は「法律で定める」とある。すなわち、政党の活動が「健全」であるかどうかを政府が判断し、政党の規定も国会の多数党が決めることになるのである。戦前、各政党が「国策に協力」するとして自ら解体の道を選び、戦争の方向を助長した〈一国家一党〉という翼賛体制にのめりこんだ歴史を繰り返さない自覚と反省が必要である。

政党助成については、私たちが新社会党を立ち上げたとき、この原則と脆弱な財政基盤との矛盾に悩んだ。そして、助成を拒否すれば、その分は大政党に再配分されるという仕組みであることと、選挙の全面公営化を主張していたことから、いったん受け取って全額を選挙費用のみに当てることにした。一般にはわかりにくかったと思うが、私たちなりの苦肉の策であった。

「あっせん利得罪」法案をつくったが

もう一つは、当時、私たちが「腐敗防止議員懇談会」でまとめた「国会議員等のあっせん利得行為等の処罰に関する法律案」である。リクルート疑獄では政治的、社会的責任はある程度取らせることができたが、贈収賄罪では限界があるので、九四年に私や大脇雅子氏、山口哲夫氏が提起したものである。

その趣旨は、刑法のあっせん収賄罪が「不正の行為」や「賄賂」を構成要件にしているのに対し、不正の行為であったかどうか、賄賂であったかどうかを問わず、「あっせん行為」と「利得」の二つの要件で罪が成立することにした。対象は国会議員、地方議員、首長で、国会議員などはその「地位を利用したかどうか」によらず、その身分を持つ者が右の行為をした場合に罪に問われることになる。

だが、この法案は立法化できず、同じ名前の法律が制定されたのは二〇〇〇年だった。しかも、成立した法律には、「(公職にある者が) その権限に基づく影響力を行使して」という規定が盛り込まれた。あっせんして利得した議員などが「権限に基づく影響力」を行使したかどうかの立証が必要となり、適用がきわめて難しくされた。公明党などが考えたこの骨抜きにより、自民党も賛成に回ったのである。

二〇一六年一月に「週刊文春」が報じた甘利明経済再生担当相とその秘書への現金授受問題で、安倍晋三首相に近い甘利氏は閣僚辞任に追い込まれた。私は、これは「あっせん利得罪」に当たるとして社会文化法律センターに提起し、その弁護士の面々が東京地検に告発した。しかし、やはりここでも、甘利氏や秘書の「権限に基づく影響力」という要件がネックとなり、地検は立件できなかった。

こうして、日本の政治にはいまも抜本的で包括的な腐敗防止のシステムは存在せず、いくつかのシステムは機能マヒに陥り、ザル法になっている。

新社会党を立ち上げる

5章

飛鳥田一雄委員長との思い出は深い　(1980 年)

社会党と私

私は一九五九年から社会党員であった。この年に弁護士になったが、茨城県議選に立候補することになり、生地の大子町の社会党支部の副委員長になった。この時は落選し、その後は弁護士として黒田寿男事務所を拠点に各地を飛び回る日々が続いた。そして七四年の参院選に茨城選挙区で社会党公認候補として出馬し、当選。以後、四期連続当選し、二四年間、参院社会党の一翼を担った。

七六年には、ロッキード疑獄の追及に没頭していた私を、成田知巳委員長がねぎらってくれた。横浜市長だった飛鳥田一雄氏が次の委員長となり、八〇年の衆参同日選挙で茨城に応援に来て県内各地を回ってくれた。その後、飛鳥田氏から「委員長指名の中央執行委員」になるよう要請されたが、私はそれには衆院議員が適当と考えて辞退した。また、社会党を支持する法律家が結集する「社会文化法律センター」(社文センター)は、私が中心になって七六年に立ち上げた。砂川判決で有名な伊達秋雄氏を会長に推し、私自身は会員を募るため、山花貞夫衆院議員(のち社会党書記長)とともに東京を中心に主な法律事務所や弁護士を訪ね歩いた。

この努力に対し、飛鳥田委員長は後日、次の言葉を寄せてくれた。「私は横浜市長でしたが、そのとき参議院には鋭い論客がいるものだと感心したのを覚えています。

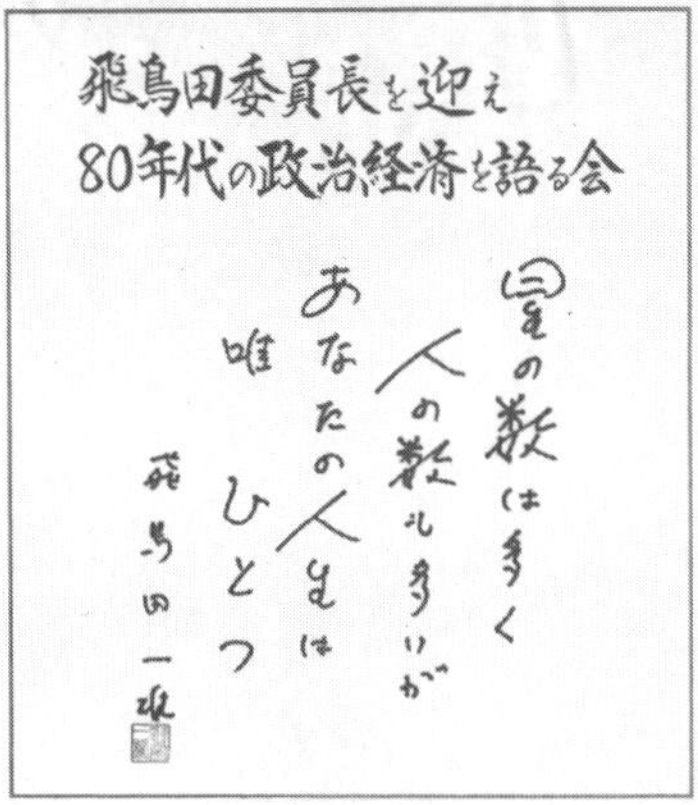
飛鳥田委員長を迎え
80年代の政治経済を語る会
星の数は多く
人の数も多いが
あなたの人生は
唯ひとつ
飛鳥田一雄

飛鳥田委員長から送られた色紙

こうした矢田部君の精力的な活動は、彼が弁護士をしていたときから現在まで変わることのない『常に弱い者の立場に立って考える』という思想のあらわれだと思います。一九七六年には『社会文化法律センター』を中心となって結成するなど、党のためにも大きな貢献をしてくれております」と。

このように、私の人生は社会党と深く結びついていた。それだけに、戦後政治の一方の柱であった社会党が変質し、消滅したことは、日本の議会制民主主義にとってだけでなく、人権と国際平和への取組みなどにとって大きな損失だったと無念でならない。

実り多かった平和戦略研究会

一九八三年八月、衆参の社会党議員有志を中心に「平和戦略研究会」を立ち上げ、私は幹事として積極的にその活動に参加した。飛鳥田氏が私に、「社会党には護憲・平和・中立などの柱はあるが、それを実現する『平和戦略』がない」と語ったことがあり、研究会の名称もそれからいただいた。共同代表は衆院の上原康助氏と参院の寺田熊雄氏で、事務局長は衆院の矢山有作氏。この会は、マスコミなどは「左派の研究団体」と評したが、あくまで平和問題の理論的研究団体として、党の人事など派閥とは無縁であると宣言し、実際に〈左派〉ではない人も参加した。

会は、ほぼ毎週水曜日に朝八時から勉強会を重ね、さまざまな分野の学者、専門家の意見を聞いて議論し、その研究報告を季刊誌『平和戦略』で発表した。テーマは、核抑止論や軍縮、中東や朝鮮半島の情勢、食糧・農業問題、国連改革、憲法見直し論や創憲論の検証、ODA問題など多岐にわたった。

また、「『自衛隊違憲・合法』論に対する意見書」を石橋政嗣執行部に提出し、「自衛隊は違憲・法的存在」と見解が変更されることになった。「非武装中立論争の論点」（八三年）、「われわれの朝鮮政策」（八四年）、「安保・戦略援助に代わるもう一つの選択：経済協力――共生と自立、連帯を求めて」（八五年）、「自衛隊軍縮のモデル・プログラム」（九三年）などの研究報告を発表し、八五年の「経済協力」の報告には、私が参加したフィリピン現地調査報告も含まれている。

しかし、政策課題を理論的に検討し、思考を鍛える貴重な場となった平和戦略研も、社会党が細川連立政権に加わるため基本政策を変更したり、自民・社会・さきがけ連立の村山内閣で会員が閣僚になったり、党自体が改名・消滅するという事態になる九〇年代半ばには、その激動に耐えられなくなって活動を停止した。

社会党の躍進と没落

冷戦が終わりを告げる一九八九年に行われた参院選では、リクルート疑獄、消費税、農産物自由化という三大テーマを掲げた社会党は、土井ブームに乗って四六議席を獲得。自民党は三六議席だったので、与野党逆転が実現した。「山が動いた」とはこの時の土井たか子氏の言葉で、参院が土井氏を首班指名したのもこの時である。しかし、翌九〇年の衆院選では、社会党は一三六議席（公認漏れを含めると一四〇議席）を得

社会党は最大野党としての
責任と誇りをもっていたが
（1992年）

て、党としては大躍進だったが、自民党は二八六議席の安定多数を確保し、政権交代には遠かった。そして、このときが社会党にとって最後の輝きとなった。

八九年には民間と官公の大労組が合流して「連合」を結成し、戦後労働運動の大黒柱だった総評が解散した。このため社会党の護憲・平和運動を支えてきた基盤がなくなり、社会党には大打撃となった。九一年の統一地方選で社会党は大敗し、土井氏は委員長を辞任、続く九二年の参院選では二二議席と大敗。九三年の総選挙では新党ブームに飲み込まれ七〇議席と半減した。この選挙で自民党は過半数を割り込み、初めて野党に転落した。そこから社会党、新生党、公明党、日本新党、民社党、新党さきがけ、社会民主連合の七党と民主改革連合が連立する細川内閣が生まれたが、スローガンは「政治改革政権」で、その核心は小選挙区制の導入だった。

実は、小選挙区制の導入は、永久政権をもくろむ自民党の悲願でもあった。このため社会党は、九三年春まで「小選挙区制は憲政の根幹に反する」として〈絶対反対〉だった。その時の書記長は、私の親しい山花貞夫衆院議員だった。ところが、経済界や労働界、有識者、報道関係者など約一五〇人による「政治改革推進協議会」（民間政治臨調）が、四月に〈小選挙区比例代表連用制〉を提唱し、大手メディアや社会党の一部も巻き込まれ、「連合」も推進に回った。これに呼応して社会党主流は、「小選挙区制に賛成して非自民連立（細川）政権に加わる」と大転換を強行した。その旗を振ったのも山花書記長らであった（4章4「小選挙区制にすり替えられた政治改革」参照）。

阪神・淡路大震災の被災地・神戸で公的な支援制度の勉強会を開く　（中央、1995 年）

私は、党の誤った方針や大労組の圧力に従わず「青票」（反対票）を投じ、参院では小選挙区制導入法案は否決された。ところが、土井たか子衆院議長が細川・河野（自民党総裁）の首脳会談をセットし、一部修正で成立させてしまった。私は、党の方針に背いたとして「党員権停止」の処分を受けたが、間違っていたのは党主流であり、私は天下に恥じることは何もなかった。事実、社会党を引き継いだとする社民党はその後、小選挙区制で壊滅状態になり、消滅寸前である。

村山内閣と私

細川連立政権は、九四年に羽田孜内閣となるが、連立与党内部で小沢一郎氏を中心に「社会党はずし」の動きがあり、これに反発して社会党は連立から離脱した。羽田内閣は少数与党になり、わずか二か月で総辞職した。ここで成立したのが、〈自民党にかつがれた社会党首相〉という村山内閣だった。私たちは、この奇妙な政治構造は一時的なもので、村山内閣の任務は国民に政治への信を問う「選挙管理内閣」であるべきで、すみやかに衆院の解散・総選挙を行うべきだと主張した。しかし村山首相はそのようには動かず、七月の所信表明演説で「日米安保堅持」と述べ、衆院の代表質問で「自衛隊合憲」と答弁。自民党席は大喝采、社会党席は呆然となった。

その前夜、五十嵐広三官房長官から会いたいとの連絡があったので、革新市長会の同僚で護憲派の山口哲夫氏を入れて三人で会うことになった。五十嵐氏の用件は、村山首相の所信表明演説についての打診だった。私は、「さきがけとの連立合意でも憲

被災者支援法の制定めざし小田実氏らに協力、同氏から著書『市民立法』を贈られる　(1999 年)

法問題は触れておらず、与党内で意見が違う憲法問題には触れないで、『自衛隊は自衛隊法に基づいて掌握する』と言うにとどめたらどうか」と主張し、山口氏と二人で〈自衛隊合憲〉演説に反対したが、物別れに終わった。この私たちの主張を憲法学者の山内敏弘氏に伝えたら、「それでいいのでは」と賛成してくれた。

私は、五十嵐氏に伝えただけでは不十分と思い、その夜、念のために直接、村山首相の公邸に電話した。村山氏は、「安保条約は軍事的側面より経済的側面を強調したい」と言うので、「『軍拡ではなく軍縮』という方向を打ち出したらどうか」と提案した。しかし村山首相は、翌日の本会議で「安保条約は堅持」と明言してしまった。村山氏は後日、「『安保条約は維持』と言うつもりだったが、つい口が滑って『堅持』と言ってしまった」と弁解したが、そんな弁解は通用しない。

九五年一月一七日、阪神・淡路地方を巨大地震が襲った。被災地の救援と生活再建に全国から支援の手が差し伸べられたが、私も現地に入って住宅や雇用に関する公的な支援制度の勉強会を開いた。また、住宅再建などは〈自己負担の原理〉と主張する大蔵省などに対し、作家の小田実氏ら被災市民を中心に「被災者支援法」制定の運動がひろがり、私たちも政府交渉などで協力した。

その夏の参院選で、社会党は一六議席しか獲得できず、野党の新進党は四〇議席と飛躍した。その後も村山首相は、日本軍「慰安婦」問題で国の責任を回避する「アジア女性基金」の発足（七月）、アジア諸国からも評価された「村山談話」の閣議決定（八月一五日）、私が精魂込めた水俣病問題の政治解決（九月）、沖縄の軍用地強制使

村山首相の「日米安保堅持」演説の罪は重い
（1995年6月）

用の代理署名を拒否した大田昌秀沖縄県知事を提訴（一二月）など、自民党や官庁の圧力と世論の間を大きく揺れ動いた。私は村山内閣の〈善政〉は支持するが、〈悪政〉には反対するという行動をとる一方、「護憲の旗」を掲げる準備を進めた。

社会党は、委員長である村山氏が首相として国会で発言したことに党の政策を合致させる必要があるという本末転倒の論理を用い、九五年五月二七日の臨時大会で、「自衛隊合憲、日米安保堅持、ＰＫＯへの自衛隊派遣」を明記した「九五年宣言」と、社会党の看板を替えて新党を結成し解党するという方針を採択した。これに対し護憲派は、国会議員を含む代議員三三人の連名で「二一世紀への宣言」を対案として提出したが否決された。この日、これに抗議して、秋葉忠利、岡崎宏美、小森龍邦、竹内猛、濱田健一（以上衆院）、稲村稔夫、大脇雅子、栗原君子、山口哲夫、そして私（以上参院）の一〇人が中心になって「護憲懇談会」を立ち上げた。

護憲懇談会から新社会党へ

護憲懇談会は、社会党が基本政策も党名も捨てることに対抗し、「護憲の党」を生み出す母体となった。九五年八月、私の地元の茨城県の大洗で第一回全国集会を開き、三五都道府県から一七〇人余が参加した。田英夫参院議員と伊藤誠東大教授が来賓となり、高畠通敏立教大教授が記念講演した。社会党再生の努力をしてきた「護憲全国ネット」が参加を表明し、広島フォーラムフリー、千葉政治懇談会、兵庫護憲社会党など各県の護憲組織が連帯の発言を行い、茨城でも一二〇人で「新護憲茨城」を旗揚

“小さくとも志は大きく”
新社会党が立ち上がった
（1996年3月）

げしたことが報告されるなど、熱気にあふれた集会となった。そして私と秋葉氏、女性議員（調整中）の三人が代表世話人に、山口哲夫氏が事務局長に就任することになった。

社会党は九月の臨時党大会で、「新党・解党」路線を実施に移そうとした。これに対して、護憲懇談会を中心にした代議員は、修正案と全党員投票を求める特別決議案を出し、二四の県本部も決議案を提出したが、大会運営委員会は「議案としない」と却下し、「一〇月下旬に解党、新党移行」の執行部原案を強引に採決した。その夜、護憲懇談会を中心に代議員や各県代表者など一五〇人が集まり、護憲・平和の社会党再建をめざし「再建社会党」の組織的基盤をつくることを決めた。

九五年一一月、護憲懇談会は「社会党結党五〇周年記念――いま『護憲の党』の再建を！」という集会を主催した。これには予想を超える多数の人びとが参加し、國弘正雄前参院議員、奥平康弘国際基督教大学教授、新垣洋子社会党沖縄県本部委員長代理、大脇雅子参院議員・弁護士など多くの来賓が理解と支持を表明してくれた。

一方で社会党は同月、山花貞夫氏らの「創憲論」を基礎に、新党の「理念」と「政策目標および重点政策」を起草した。そこには自衛隊の軍縮は視野になく、日米安保条約の解消には言及せず、沖縄の少女暴行事件は無視、「専守防衛」から「限定防衛」に言い換えたが何が変わるのか不明で、それを「新しい時代の平和モデル」と称しただけだった。また、原発反対も取り下げた。要するに、批判精神を捨てれば保守的社会で支持を集められるという発想によるものだった。

暮も押し詰まった一二月三〇日、私は山口哲夫氏と二人で、伊豆の旅館に滞在していた村山首相・党委員長を訪ね、社会党から離れることを伝えた。そして私たち二人と小森龍邦衆院議員、岡崎宏美衆院議員、栗原君子参院議員の五人の国会議員で、翌九六年元旦に「新社会党」を旗揚げした。その準備も忙しかったが、新社会党の発足後も、全国的な組織づくりや宣伝などの作業に追われる日々が続いた。三月三日、東京で開いた新社会党の第一回全国大会には、全国から一三〇〇人が集まり、新たな意気込みに満ちた大会となった。私は満場一致で初代委員長に選ばれた。

しかし、志を同じくするとして、「近く新社会党に合流する」と言っていた何人かの地方幹部が、それぞれの地域の事情や支持母体の意向などを理由に社民党に残った。転換された社民党の政策を彼らが唱える姿には寂しいものがあった。

国会で議席を失ったが

新社会党としての私たちは、村山内閣退陣後に復権した自民党政権に対し、その政策の問題点を明確にし、反対票を投じた。たとえば、九七年の介護保険の導入は、「介護の社会化」として鳴り物入りで宣伝され、マスコミも野党も労組もなだれをうって賛成にまわった。しかし、介護の施設も介護職員の数も待遇も圧倒的に不足し、劣悪な状態に手をつけずに保険制度に移行すれば、その矛盾は介護を受ける人と介護職員にしわ寄せされる、税金が保険料に名を変えるだけで、保険料は次々に引き上げられ、庶民の負担が増える仕組みにすぎないと批判し、反対票を投じた。それか

〈憲法を生かす会〉も行動をつづける

ら二〇年、介護保険制度の矛盾は大きくなるばかりである。

ＮＧＯ活動の育成や寄付を促すためとして、辻元清美議員などが推進した九八年の特定非営利活動促進法案（ＮＰＯ法案）についても、その意図は支持しながらも、あまりに厳格な資格要件を課し、行政の統制・管理を強める要素があることから、あえて「棄権」した。

また、沖縄の米軍用地の強制使用を強引に継続する駐留軍用地特措法の改悪案に強く反対し、九七年に一〇〇人の新社会党訪問団で沖縄に行き、反基地運動の人びとと交流を深めた。私は参院で沖縄社会大衆党（社大党）の島袋宗康委員長と親交を結んでいたが、この一連の連帯行動を通じて、社大党とは「友党」となることで合意し、沖縄には新社会党の組織をつくらないことにした。そして、私や各地の党員は、沖縄で国政選挙があるときは社大党の応援を行ってきた。これは今も続けている（３章３「日米安保と対峙する沖縄のたたかい」参照）。

九六年一〇月、新社会党は最初の衆院選で小森、岡崎両氏を当選させられなかった。続く九八年の参院選でも、私と山口氏が比例区で、栗原氏が広島選挙区で立候補したが、「鳩山ブーム」もあり、惜しいところで全員が落選した。こうして結党二年後には国会の議席をすべて失った。

その後も、私は二〇〇一年の「小泉ブーム」の時の参院選に出馬したが当選できず、四期二四年の議員生活に終止符を打った。また、岡崎氏は二〇〇〇年の衆院選と〇一年の参院選に、小森氏は〇一年の参院選に、栗原氏は〇一年と〇七年の参院選に挑戦するが、いずれも当選できなかった。この間、党委員長には、〇二年に小森氏が、〇五年に栗原氏が就任し、一七年には岡崎氏になった。

新社会党は国政政党としての足場を失ったが、県や市区町村の自治体議員は、今もそれなりに健在である。住民に日常的に接し、地方政治だけでなく国政や国際問題にも発言し、市民運動を推進する新社会党員は、信頼を得て再選されている。〈葉は落ちても、根は生きている〉のである。

超党派の「憲法を生かす会」を立ち上げ

護憲を掲げていた社会党の分解により、最も勢いづいたのは自民党などの改憲派であった。私は憲法改悪への動きが強まることを危惧し、旧社会党の中で護憲派と目された人びとが、所属政党は別々になっても「護憲」の一点で手をつなぐ場が必要だと考えた。また、それは国会議員、政治家だけではなく、広く学者、文化人や市民活動家などの共同行動を推進する集まりである必要があると考えた。こうして、社会党がなくなった翌年の九七年四月、「憲法を生かす会」が結成された。

「生かす会」は、「憲法に関わる重要な政治課題について、個人で構成される超党派のゆるやかな協議・研究・協力の組織」という原則で、代表世話人は新崎盛暉・沖大教授、伊藤成彦・中大教授、植野妙実子・中大教授、小林孝輔・青学大名誉教授、暉峻淑子・埼玉大名誉教授、武者小路公秀・明学大教授の六人、世話人は糸井玲子・キリスト教政治連盟、内田雅敏・弁護士、加藤晋介・弁護士、北野弘久・日大教授、島

政府の暴走に〈5・3憲法集会〉は年々大きくなっている

袋宗康・参院議員（社大党）、鈴木裕子・女性史研究家、武田邦太郎・参院議員（日本新党）、富岡幸雄・中大名誉教授、富山洋子・日消蓮運営委員、中小路清雄・平和と地域労働運動、濱田健一・衆院議員（社民党）、坂内義子・日本友和会、保坂展人・衆院議員（社民党・現世田谷区長）、福沢康博・日教組組織部長、矢田部理の一五人で、事務局長は社民党衆院議員の濱田健一氏、同次長は弁護士の内田雅敏氏となった（肩書は当時）。

そして翌九七年には、高田健氏たちの「STOP！改憲・市民ネットワーク」（九九年に「許すな！憲法改悪・市民連絡会」が発足）や全労協などとともに実行委員会をつくって「5・3私と憲法のひろば」を江戸東京博物館で開いた。これが、その後東京での「5・3憲法集会」の母体となり、やがては二〇一四年一二月の「戦争させない・9条壊すな！総がかり行動実行委員会」結成という、戦後の革新運動の分裂と対立を乗り越える大きな成果を生む原動力ともなっていった。

二〇〇〇年一月に衆参両院に憲法調査会が設置された。私たちは、いよいよ憲法改悪が日程に上り始めたとみて、世話人会で「生かす会」のあり方を大きく変えることにした。それは、①〈東京＝中央〉だけに存在するのではなく、全国の都道府県と市町村に憲法を守り生かす運動と組織をつくりだし、その大きなネットワークを発展させる、②各地域の「生かす会（運動）」は上下や中央・支部の関係でなく、あくまで水平・対等な協力関係であるとし、その立場で各地域の「憲法を生かす会」の結成を呼びかけることになった。これに応え、その年のうちに二五都道府県の約五〇市区町村で、名称はさまざまでも「生かす会」的な組織が結成または準備中となった。

これに呼応して、私は地元の茨城で「憲法を生かす会・茨城」を立ち上げ、会員は六〇〇人を超えた。〇五年六月の在京世話人会では、各地で一二〇を超える「憲法を生かす会」が発足し、いくつかの県では地域の生かす会をネットワークする「連絡会」もできたと報告された。関東連絡会が発足したのもこの年である。さらに報告は、独自組織をもつ社民党系や共産党系を結ぶ役割を市民運動や宗教者のネットワークが果たしており、それを〈大同円の中の多極〉と表現して、共同行動を積み重ねる必要性を強調していた。東京の生かす会が、若い世代と協力してイラク戦争に反対した「ワールド・ピース・ナウ」の運動に参加し担ったのも、この時期である。

こうして憲法を生かす会は、アフガニスタン戦争や有事法制、イラク戦争、戦争法（安保法制）などに反対する反戦平和の運動や憲法集会、秘密保護法や共謀罪反対、脱原発など数多くの運動を各地で推進してきたし、戦争法などに反対する「総がかり行動」の柱の一つである「憲法9条を壊すな！実行委員会」や「さようなら原発一〇〇〇万人アクション」、「『止めよう！辺野古埋立て』国会包囲実行委員会」などのメンバー団体としても活動している。衆参両院で改憲派が三分の二を上回り、安倍自民党が明文改憲を公言して憲法審査会をリードしている今、「憲法を守り生かす」運動はいよいよ重要になっている。

1934年、満2歳、
右は次男・敬治

子ども時代と、まわりの人びと

最後に、私の子ども時代の政治的、社会的な状況の中での家族の暮らしや親戚の思想や行動について簡単に触れておきたい。

父母や祖母のこと

私は、一九三二年(昭和七年)二月一五日に、茨城県久慈郡佐原村左貫(一九八〇年の合併により現大子町)で父・矢田部憲と母・トキの長男として生まれた。

佐原村は、茨城、栃木(黒羽町)、福島(矢祭町)の三県にまたがる阿武隈山系の一角にあり、三〇〇〇人程度の集落で、山が三分の二を占め、田畑が少ない山村である。矢田部家はその中でかなりの山林と田畑を所有し、長男はその家を継ぐが、次男以下は明治時代から東京の中学に進ませるなど教育に熱心な家柄であった。

他方、祖母・みのが生まれた国谷家は、代々村長を務めていたから、祖母の父・国谷順太郎、兄・祐介、甥・順一郎も佐原村長を務め、合併後は大子町長や県会議員など地方の政治で活動した。

祖母・みのは、夫・栄之助が三三歳で早逝したので、家産を長男・矢田部順に譲り、四歳だった次男・憲(私の父)を連れて隠居した。父は、母・みのから仕送りを受けて東京の成城中学に入ったが、途中、脚気にかかり、神奈川県鎌倉の大叔父の世話で鎌倉中学に転校した。そして夏休みで帰郷中に関東大震災があり、おりしも一九年の世界恐慌と農村不況の真っただ中で母の負担も難しくなり、退学して家業の手伝いをすることになった。やがて若干の山林や田畑を分けてもらい分家した。その後、村長歴のある伯父の勧めもあって村役場（後に大子町役場）に勤め、地方公務員として生涯を終えた。

父は大学進学ができなかったことから、子どもの教育には熱心であった。私も村の小学校を卒業した後、戦争の真っただ中に太田に下宿し、太田中学・太田一高を経て中央大学に進学した。三人の弟たちも東京の大学に進学したので、その間、子どもたちに学費を送ることになると大変な負担であったはずである。父は、所有していた山林や田畑を売ったりして仕送りを続け、戦後は母が農業をしてそれを助けた。

祖母・みのは、一人暮らしの寂しさもあって私をかわいがり、しばしば私を隠居所に呼んで国谷家の昔話などをしていた。子ども心に印象に残ったのは、父が橘牧場から山羊を買ってきて、祖母が飼い、山羊の乳を搾って飲ませてくれたことである。

また、母・トキの父・桜岡庄左衛門（大金クマと結婚して大金姓となる）は、袋田村池田（現大子町）の生まれで、生家は徳川時代、医師を務めていた。江戸末期、そこに多賀郡大久保村（現日立市）の大窪家から光近が婿入りしてトキ（母・トキとは同名だが別人）と結婚し、詩佛と妹・もつの二人の子をもうけた。その後、光近が離縁となり、光近は詩佛を連れ、もつを残して大窪家に戻った。やがて光近は江戸に出て日本橋で小児科医を営んだ。後を追って江戸に出た詩佛は漢詩の道を歩み、大窪詩佛として一家をなした。私は、池田に残された〈もつ〉の末裔であり、その縁で詩佛ともつながる。

一方、祖父の弟（私の大叔父）斉藤勇之介は、第二次大戦後、第一回の衆議院選挙に出馬したが落選した。以後、町の教育委員などを務めていたが、社会党を支持するようになり、私が中学時代に斉藤家を訪ねると政治の話をすることが多かった。埃のかかったクロポトキンの本を渡してくれたことが今でも記憶に残っている。

大叔父はある事件にかかわって逮捕されたこともあったという。その時に「花井の前に花井なし、花井の後に花井なし」と言われた弁護士の花井卓蔵氏に依頼をして無罪となったことを語り、のちに私が司法試験を受けることを歓迎し、合格したときには大変喜んだ。私が弁護士そして政治家への道を歩んだのも、その影響が大きかったと思う。

太田中学から中央大学へ、菅野さんとの出会い

私は佐原小学校を卒業したが、近くに中学校がなかったので、一一歳で故郷を離れ、進学校として有名な太田中学（現太田一高）に入学した。親元を離れた六年間の下宿生活を余儀なくされたが、当時は太平洋戦争の真っただ中で、食糧難で苦しい生活だった。学業はまずまずの成績で、級長などを務めたが、太田も空襲を受けて下宿を断られて実家に戻り、自転車で三里（約一二キロ）の道を大子に出て、そこから水郡

中央大学で一念発起し、真法会に入会。3人とも会員で弁護士になった（左端が筆者、1954年）

線と太田線を乗り継いで中学に通った。

一九四五年八月一五日、玉音放送があるというので近所のラジオのある家に行き、大人の後ろで聞いたが、雑音ばかりで何と言っているかだれもわからなかった。そして、防空壕を掘っていた。夜になって父が役場から戻り、日本は戦争に負けたと聞いて初めて敗戦を知り、衝撃を受けた。中学二年生であった。

将来は軍人になるべく、陸軍幼年学校（旧制中学一～二年から）に内定していたものの、三年から新制中学となり、四年生から太田高校に進むことになった。

大学は、東大が希望だったが中央大学に入学したため、恥ずかしくて一年間は一度も通わなかった。しかし、当時は大不況で就職難だったので、これではダメだと思い直し、二年生のときから猛勉強を始めた。三年生から司法試験をめざし、模擬試験を受けてトップになり、真法会入会を勧められた。こうして二四歳で司法試験に受かり、東京第一班で二年間の修習を経て弁護士となった（その後は「弁護士としての五八年」参照）。

中央大学に入学して東京で下宿生活をすることになったが、その下宿先でたまたま同じ部屋で暮らすことになったのが菅野善弘さんである。菅野さんは終戦後に復員した方で、私の一〇歳年上である。当時、製めん業を始めたばかりで、夜遅くまで働いていた。私に仕事を手伝ってほしいと声をかけてくれ、私も学費の一部にしたいと考えて、喜んでアルバイトをすることになった。

一年も経たないで製めん業は軌道に乗り、菅野さんは大田区蒲田に中古住宅を買った。蒲田で一緒に暮らそうと言ってくれたので、私も引っ越し、ひきつづき製めん業を手伝った。製めん業はますます繁盛し、私に求人の相談をされたので、故郷の大子から若い働き手を何人も紹介した。菅野さんは、蒲田の家の隣に二階建ての家を新築し、二階に従業員を住まわせ、私には特別に部屋を用意してくれた。

菅野さんは二〇〇〇年二月に亡くなられたが、製めん業は株式会社菅野製麺所として大きくはばたき、長男の善男さんが代表を務めている。私も、顧問弁護士として今なお交流が続いている。この菅野さんとの出会いと製めん業での労働が、私の初めての、そして貴重な実社会の経験となった。

おわりに

議員活動で最初に取り組んだのは環境問題でした。経済の発展は大切ですが、目先の利益を追うばかりで将来に禍根を残す自然の破壊があってはなりません。しかし、政府・省庁はいったん決めた計画を改めたがらず、与党や企業の利益、利権にこだわる体質には根強いものがあります。私は、現地に行って調べ、地元の人びとの意見や問題点を探り、国会の論戦に臨むという姿勢を貫いたつもりです。

地元の茨城県には原子力発電の拠点があります。福島原発の大事故は、原発災害の影響が長期にわたり、きわめて広範に及ぶことを示しています。東海村にある住友金属鉱山の子会社ＪＣＯが起こした一九九九年九月の臨界事故などは、〈フクシマ〉に先立つ警告でした。「安全、安心」と言い続けた政府や電力会社、研究者などへの信頼は崩れ去りました。いまだに核廃棄物処理の確たる方策はありません。生命、生活に危険をもたらしかねない原発に依存していいのか。また、コストが安いと説明されてきましたが、実際には，廃炉や核廃棄物の処理、事故が起こった場合の被害や補償などを含めれば，天文学的な数字になります。東海第二原発阻止の弁護団の先頭に立ったのも、このような不安が強かったからです。

＊

〈国家秘密法案〉は阻止できたが、安倍内閣は〈秘密保護法〉として強行成立させた（1985年）

憲法の原点である「平和」の確保についても、力を入れました。

一九八〇年代の半ば、中曽根首相は軍拡路線を突き進み、防衛費のＧＮＰ（国民総生産）比一％枠をはずして、防衛予算を膨張させました。このため、海峡封鎖、洋上防空、シーレーン防衛などを呼号する中曽根康弘氏とは、彼の防衛庁長官時代から首相になってまで論戦を重ねました。

私は、八五年一一月の参院予算委員会で、中曽根首相、安倍晋太郎外相、加藤紘一防衛庁長官らに対して、「国家秘密法」案（いわゆるスパイ防止法案）について追及しました。そのなかで、アメリカ提供の「防衛秘密」が一一万六〇〇〇点、国内の「防衛庁秘」が一三五万点、外交文書では年間約二七万点のうち「極秘」が五〇〇〇点、「秘」が八万点にのぼるという実態を明らかにしました。

この法案は、知る権利と報道の自由を侵害するとして世論とマスメディアの猛反対を受けて廃案となりました。しかし、地元の茨城県では、県議会や五〇の市町村が「賛成」し、わずか一〇余の市町村が「反対」の議決をしただけで、表現・報道の自由についての認識が未成熟だと痛感させられました。

＊

二〇一三年一二月、安倍晋三内閣は、行政情報に広範な〈秘密〉指定をして隠す秘密保護法の成立を強行しました。一五年九月には、集団的自衛権の行使は憲法違反との歴代内閣や憲法学界の解釈をくつがえして、安保法制（戦争法）の制定を強行しました。一七年六月には、〈テロ対策〉を口実に、犯罪の実行以前に、「話し合い」、「準備行為」（いずれもあいまい）をしたという理由で取り締まり、処罰する〈共謀罪〉を二七七の罪名に拡大する「組織犯罪防止法改正案」を強行採決で成立させました。

これらは、憲法九条を空文化して日本を〈戦争できる国〉にし、知る権利を否定して、行政と官僚に都合の悪い情報を人びとの目から隠し、政府の暴走や企業の不正に反対する運動を抑圧する暴挙です。国会周辺で、そして全国各地で、多くの若者を含む抗議行動が近年まれにみる規模で起こったことは当然でした。

＊

「権力は腐敗する。絶対的権力は絶対的に腐敗する」という有名な格言があります。権力の横暴に対しては、ブレーキをかける機能が常に、絶対に不可欠です。「国民のために」と言いながら、裏では自分たちの利益を図る政官業癒着を許すことはできません。それを容認すれば、腐敗はさらに拡大し、根を張ります。そのツケは私たちの生活に回され、不正や不平等の拡大につながります。私は、腐敗防止は民主主義の土台を守る大切な作業だという思いから、政治腐敗防止策の立法化に取り組みました。

＊

安倍首相は、憲法施行七〇年になる二〇一七年五月三日の憲法記念日に、「憲法を改正し、二〇二〇年の施行をめざす」、「九条に自衛隊の存在を明記」など、改憲の日程や具体的項目を初めて打ち出しました。安倍政権は、従来の「専守防衛」の基本方針すら投げ捨て、安保法制（戦争法）で自衛隊が海外で武力行使できるようにしまし

来日し、国会で演説したゴルバチョフ大統領夫妻と（1995年2月）

たので、その自衛隊を憲法九条に明記するということは、九条とくに2項を空文化し、名実ともに日本を〈戦争できる国〉として完成させようとするものです。

二〇一七年四月、ペンス米副大統領は安倍首相に、「平和は力によってのみ達成できる」と言い放ちました。驚くべき誤りです。〈武力で平和はつくれない〉ことこそ真理です。武力による〈解決〉は、平和的解決の失敗や外交の誤りの結果でしかなく、多くの生命の喪失、甚大な破壊、恨みの炎をもたらします。それを〈平和〉と呼ぶのは、倒錯した論理です。〈憲法を生かす〉か、〈憲法の破壊〉か、生活と人権、平和にとって、いよいよ正念場となってきました。

＊

近隣諸国民に対するヘイト・スピーチ、〈脅威〉の誇大喧伝、軍事的威嚇と挑発の応酬による悪循環は断ち切らなければなりません。相互に不信の種をまき、軍備増強の口実を与え、軍拡競争に拍車をかけるだけだからです。私は、三〇回以上外国に行き、各国の首脳や政治家、知識人などと平和のチャンネルを開くことに努めました。体制が異なり日本と国交が国との間でも平和をめざす野党外交を進めてきました。強調したいのは、どの国の民衆も平和と友好を強く望んでいることです。

＊

私が力を尽くした「新社会党」結党の背景などについても、記録として残しておきます。社会党が戦後日本でそれなりに果たしてきた役割を一挙に投げ出してしまい、瓦解してしまうことへの怒りがありました。小党といえども、社会に発信する新たな拠点を作り、物事を考える一つの指針を示せれば、という思いがあったことも事実です。困難な道を歩むことになりましたが、やむにやまれぬ有志による結党でした。

＊

以上のような思いと活動を課題ごとに整理し、可能な限り、現在の状況や問題との結びつきにも触れておきました。できるだけ簡潔にまとめたつもりですが、その結果、説明やデータが不十分な部分があるかもしれません。より深く知りたい方は、当時の状況やデータを検索し、確認していただければ幸いです。

＊

本書の出版にあたっては、金沢工業大学教授で元参院外交防衛調査室長の櫻川明巧氏から活動の記録を残すよう勧められ、ODA基本法案をめぐるデータを提供していただきました。秘書の吉岡洋子さんは、国会の会議録や書籍、雑誌その他の膨大な資料や写真などの管理と整理をしてくれました。元政策秘書の筑紫建彦君は、国会や国際舞台の多くで私に伴走した経験から、原稿全般の整理を手伝ってくれました。また、土井たか子さんの秘書であった五島昌子さんには、梨の木舎の羽田ゆみ子社長を紹介していただきました。梨の木舎の編集の方々のご指摘や精密な校正により、本書を完成させることができました。みなさんのご協力に心からの感謝を申し上げます。

二〇一七年一〇月――日本国憲法施行七〇年の年に

矢田部 理

著者プロフィール
矢田部理（やたべ　おさむ）

1932年、茨城県大子町生まれ。中央大学法学部卒。59年、弁護士。水戸弁護士会会長、日弁連理事を歴任、東海第二原発訴訟弁護団共同代表。74年、社会党から参議院議員に当選（以後4期連続）。外交総合安保調査会・国際経済社会小委員長、懲罰、建設、逓信、WTO特別、各委員長など歴任。社会党環境部会長、外交調査会長、参院議員会長。96年、新社会党委員長。98年、2001年の参院選で落選。06年、アジア人権基金理事（～10年）。

○著書『くらしと法律』（編著、矢田部理法律事務所、1986年）、『巨悪を撃つ』（共著、北泉社、1979年）、『リクルート疑獄の構造』（社会党機関紙局、1989年）

いつも全力。
こんな議員が国会にいた
――原発、金大中事件、ODA、水俣病、PKO、ロッキード事件…奮闘記

2017年10月20日　　初版発行

著　者：矢田部理

装　丁：宮部浩司

発行者：羽田ゆみ子

発行所：梨の木舎
〒101－0061
東京都千代田区三崎町2－2－12 エコービル1階
Tel. 03-6256-9517
Fax. 03-6256-9518
eメール　info@nashinoki-sha.com
http://nashinoki-sha.com

ＤＴＰ：具羅夢

印刷所：株式会社 厚徳社

教科書に書かれなかった戦争

㊻歴史を学び、今を考える

——戦争そして戦後

著者：内海愛子・加藤陽子

A5判／ 160頁／定価1500円＋税

◉目次　1部　歴史を学び、今を考える／それでも日本人は「戦争」を選ぶのか?　加藤陽子／日本の戦後——少数者の視点から 内海愛子／2部　質問にこたえて／「国家は想像を超える形で／国民に迫ってくる場合があります」 加藤陽子／「戦争も歴史も身近な出来事から考えていくことで社会の仕組みが見えてきます」内海愛子／資料　①英米共同宣言／②開戦の詔書／③『内外商業新報』1941年12月9日より／④『朝日新聞』1941年12月9日より／⑤敵国および断交国一覧／⑥連合国共同宣言／⑦カイロ宣言／⑧ポツダム宣言／⑨南方の連合国軍陸軍兵力概算表／⑩終戦の詔書／⑪日本軍の武装解除　など

978-4-8166-1504-7

㊺2015年安保、総がかり行動

——大勢の市民、学生もママたちも学者も街に出た

著者：高田　健

A5判／ 186頁／定価1800円＋税

◉目次　1章 暴走を始めた安倍政権/ 2章 2014年6月30日、官邸前に人びとは集まり始めた/ 3章 2015年安保闘争の特徴/ 4章 同円多心の共同をつくる/ 5章　市民連合の誕生/ 6章 016年参院選は希望のある敗北だった/ 7章 これから——野党＋市民の共闘、この道しかない

「ゆくのは、わたしら」若者たちも街に出た。いま歴史を動かしているのは、改憲の政治勢力だけではない、戦争する国への道に反対する広範な市民の運動がある。

978-4-8166-1702-7

アングリーヤングボーターズ

——韓国若者たちの戦略的選択

李泳采 著

A5 判 /144 頁／定価 1700 円＋税

2016年4月13日、若者たちの投票は、87年民主化抗争以来30年ぶりに、韓国社会を揺さぶった。さて日本のアングリーヤングボーターズの選択は？

◉目次　1「民主化」後を生きる者として／2 韓国の歴史的な4・13総選挙と若者たちの戦略的選択／3 韓国の市民社会からみた日本の政治状況／4 韓国の「反日」は、なぜ今も続いているのか？

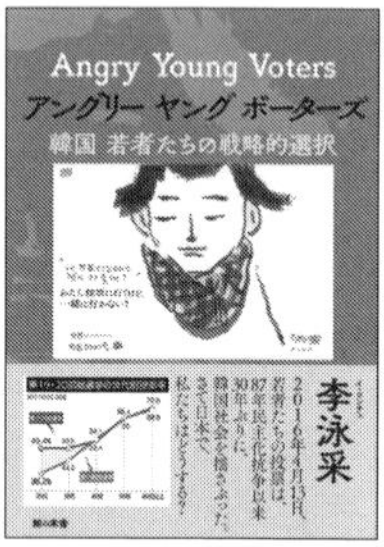

978-4-8166-1607-5

旅行ガイドにないアジアを歩く

マレーシア

高嶋伸欣・関口竜一・鈴木　晶 著

A5判変型／ 192頁／定価2000円＋税

◉目次　1章 マレーシアを知りたい　2章 クアラ・ルンプールとその周辺　3章 ペナン島とその周辺　4章 ペラ州　5章 マラッカとその周辺　6章 ジョホール・バルとその周辺　7章 マレー半島東海岸　8章 東マレーシア

「マラッカ郊外の農村で村の食堂に入り手まねで注文した。待つ間に年配の店員が出てきて「日本人か」と聞いた。「それでは戦争中に日本軍がこのあたりで住民を大勢虐殺したのを知っているか」と。ここからわたしの長い旅がはじまった」（はじめに）

978-4-8166-1007-3